天津经济发展报告
（2022）

主　　编　靳方华　蔡玉胜

执 行 主 编　王立岩

天津社会科学院出版社

图书在版编目（ＣＩＰ）数据

天津经济发展报告. 2022 / 靳方华，蔡玉胜主编
. -- 天津 ：天津社会科学院出版社，2022.1
（天津蓝皮书）
ISBN 978-7-5563-0790-6

Ⅰ．①天… Ⅱ．①靳… ②蔡… Ⅲ．①区域经济发展
－研究报告－天津－2022 Ⅳ．①F127.21

中国版本图书馆CIP数据核字(2021)第240652号

天津经济发展报告. 2022
TIANJIN JINGJI FAZHAN BAOGAO 2022

出版发行：天津社会科学院出版社
地　　址：天津市南开区迎水道7号
邮　　编：300191
电　　话：（022）23360165（总编室）
　　　　　　（022）23075307（发行科）
网　　址：www.tass-tj.org.cn
印　　刷：天津午阳印刷股份有限公司

开　　本：787×1092　毫米　　　1/16
印　　张：19.25
字　　数：300千字
版　　次：2022年1月第 1 版　 2022年1月第 1 次印刷
定　　价：108.00元

《天津经济发展报告（2022）》
编辑委员会

前　言

　　2021 年，是中国共产党成立一百周年，也是全面实施"十四五"规划建设的开局之年，面对全球经济复苏减缓、通胀压力逐步加大、经济增长呈现分化等复杂经济形势，以及国内部分地区受到疫情、汛情多重不利冲击，在以习近平同志为核心的党中央坚强领导下，牢牢把握中华民族伟大复兴战略全局和世界百年未有之大变局，科学统筹疫情防控和经济社会发展，持续推进新发展格局建设，国民经济呈现总体平稳、持续恢复态势，在全球主要经济体中实现了较快复苏。2022 年，是我国实现全面建设社会主义现代化国家、向第二个百年奋斗目标进军新征程的重要时刻，中央经济工作会议确定经济工作要稳字当头、稳中求进，着力稳定宏观经济大盘，保持经济运行在合理区间，政策发力适当靠前，确保经济航船行稳致远，以优异成绩迎接党的二十大胜利召开。

　　过去的一年，天津坚持以习近平新时代中国特色社会主义思想为指导，深入贯彻新发展理念，准确把握新发展特征，积极融入新发展格局，实现"十四五"规划建设良好开局，宏观经济发展稳中有进，经济效益不断提高，重大项目"压舱石"作用突出，"专精特新"种子企业快速成长，市场主体活力不断释放，疫情防控和经济社会发展成果得到持续巩固。2022 年是天津乘势而上、加快落实"十四五"规划目标、展现"天津之为"的关键一年，天津要深入贯彻落实党的十九届六中全会和市委十一届十一次全会精神，紧抓时代发展机遇，深度融入新发展格局，加快经济转型步伐，畅通经济循环各环节，深耕优势制造业链式发展，着力打造具备国际竞争力的产业集群，加快完善与现代化大都市相匹配的现代服务经济结构，有序推动碳达峰碳中和工作，持续推进经济社会高质量发展。

《天津经济发展报告（2022）》由天津社会科学院联合天津市统计局、天津市经济发展研究院、天津市科学技术发展战略研究院以及天津滨海综合发展研究院等单位共同编写完成，天津社会科学院出版社出版发行。

《天津经济发展报告（2022）》分为总报告、产业篇和区域战略篇三部分，收录了天津经济发展 2021 年十大亮点和 2022 年十大看点及 21 篇研究报告。总报告包括天津经济发展形势分析与预测报告、天津宏观经济运行分析与预测报告，产业篇聚焦信创产业、生物医药、海洋产业、石化工业等战略性新兴产业和优势产业，区域战略篇关注推动京津冀城市群协同发展、建设国际消费中心城市、构建"津城""滨城"双城格局、打造北方国际航运核心区等区域发展的重大现实问题。

《天津经济发展报告》正在成为全国了解天津、认识天津、研究天津的重要载体，本报告始终坚持问题导向与目标导向相结合，致力于深度分析和系统总结天津经济转型发展过程中出现的新形势和新特征，预测、判断未来经济和产业的发展走势。《天津经济发展报告（2022）》作为具有科学性、前瞻性的最新智库研究成果，将为天津市委、市政府及相关部门科学决策提供有价值的参考，为建设社会主义现代化大都市提供智力支持，为天津经济社会高质量发展贡献智库力量。

目 录

区域战略篇

天津经济发展 2021 年十大亮点和 2022 年十大看点

天津社会科学院课题组[①]

一、天津经济发展 2021 年十大亮点

亮点一："十四五"高质量起步开局　宏观经济运行企稳向好

2021 年是实施"十四五"规划的第一年，也是开启全面建设社会主义现代化大都市的开局之年。我市坚持高质量发展不动摇，强化系统思维，打好"智引育稳促"组合拳，充分发挥重大项目"压舱石"关键作用，以项目之质提振发展之势，安排重点建设、重点储备项目共 702 个，投资规模达到近年来最高水平。前三季度，宏观经济运行亮点纷呈，服务业增加值占全市生产总值的比重达到 63.6%，发挥了经济调结构、稳增长基石作用。市场投资主体信心持续增强，第三产业投资同比增长 6.6%，制造业投资同比增长 17.0%。民营经济成为经济高质量发展的重要力量，民营企业增加值同比增长 11.3%。我市经济运行趋势向好、结构向好、质量向好的局面进一步加强。

亮点二：京津冀"三链"联动显成效　协同发展向纵深推进

京津冀三地产业对接和创新协作不断深化，尤其是在新能源汽车、生物医药、氢能、机器人等领域，三地携手打造产业链，以创新链带动产业链、供应链，加快提升京津冀产业能级，"三链"联动成效初显。中关村企业在津冀两地设立的分支机构就超过 9100 家，前三季度，引进京冀地区投资同比增

---

① 执笔人：王会芝

长 18.2%，中国核工业、中国通用技术等 44 家央企在津新设机构 127 个。实施"京津冀产业链金融支持计划"，设 125 亿元货币政策资金支持京津冀产业链上的小微企业和民营企业融资，京津冀科技产业链加快形成。京津冀国家技术创新中心生物医药工程实验室、京津冀国家技术创新中心天津中心等先后揭牌，为推动优质科技成果在津落地转化提供有力支撑。京津冀产业协作"串起来"，协同链条"联起来"，握指成拳的力量越发强劲。

亮点三：国务院"点赞"产业链经验　制造业立市吹响"集结号"

我市坚持制造业立市，制定实施《制造强市建设三年行动计划（2021—2023 年）》。前三季度，制造业提质增效动力十足，高技术产业（制造业）增加值同比增长 16.7%，战略性新兴产业增加值同比增长 13.1%。质量效益稳步改善，规模以上制造业增加值同比增长 11.7%，对全市工业增长的贡献率达到 80%。制造业投资向高端化迈进，高技术制造业项目投资增长 42.0%。制造业技改投资增长 11.0%。产业链发展能级持续提升，出台了产业链高质量发展三年行动方案，全面推行"链长制"，深耕筑牢 12 条产业链，在链企业产值、增加值占规模以上工业企业的比重分别为 61.4%、75.1%，同比增长 23.5%、11.7%，产业链高质量发展经验获得国务院第八次大督查通报表扬，成为制造强市的坚实支撑。

亮点四：连续揭牌五家海河实验室　创新创业持续迸发澎湃动能

2021 年，我市加强基础研发投入，抓紧布局国家实验室，建设重大创新基地和创新平台，努力实现更多"从 0 到 1"的突破。连续揭牌现代中医药、先进计算与关键软件（信创）、细胞生态、合成生物学、物质绿色创造与制造等五家海河实验室，助力产业跨越式发展。共建中国医学科技创新体系核心基地天津基地，为"健康天津"建设增添动力。国家企业技术中心达到 68 家，位居全国重点城市三甲。国家科学技术奖获奖项目创历史新高，22 项获奖成果在数量和质量上均有新突破。高新技术企业倍增行动计划硕果累累，全市高企总量达到 7422 家，国家科技型中小企业评价入库 8556 家，完成全年任务的106.95%。细胞产业创新型产业集群成功入选国家级创新型产业集群试点。我市把"创新"融入城市血脉，越来越多的津版"国之重器"亮相，持续迸发出城市创新的澎湃动能。

亮点五：入列首批国际消费中心城市　逐浪新消费新商业蓝海

我市成功入选首批国际消费中心城市。2021年，我市着力推进国际消费中心城市和区域商贸中心城市建设，海河国际商业中心"一带九轴九商圈"格局加快形成，推出海河国际消费季活动，累计组织600多场促消费活动。爱琴海购物公园、仁恒伊势丹等14个新建商业综合体建成开业，天津金街成功入选"全国示范步行街"，东疆湾沙滩景区入选首批国家体育旅游示范基地，"双十一"网络零售额同比增长14.5%，跨境电商出口销售全国排名第四，社区商业中心建设扎实推进，中心城区便利店覆盖率达到98%。这些充分体现了天津经济发展潜力大、韧性好、内力足的优势，消费领域新场景、新业态、新应用不断涌现，提高了市民的幸福感和获得感。

亮点六：东疆港租赁业务领跑全国　自由贸易试验区"新"意盎然

天津自贸区多领域持续释放改革红利。2021年，自贸区两大联动创新区正式挂牌，是我国第一批自贸区联动创新区。截至2021年8月底，自贸区新增市场主体近6万户，是设立前新登记市场主体之和的3倍。东疆港租赁业务持续领跑全国，1至10月，新增飞机、船舶、海工等跨境租赁资产同期增长112.6%，跨境租赁资产累计超过1000亿美元，保税租赁海关监管新模式案例成功入选国务院自贸试验区最佳实践案例。商业保理基本确立全国领先地位，前三季度，保理融资款余额超2207亿元，资产总额、发放保理融资款余额双双跃居全国第一。自贸政策效应不断外溢，发行全国首单"碳中和"资产支持票据、全国首批"高成长型企业债务融资工具"。自贸区高质量发展掀起澎湃之势。

亮点七：集装箱吞吐量突破 2000 万　天津港实现历史性跨越

我市高质量推进世界一流绿色智慧枢纽港口建设。2021 年，全球首个"智慧零碳"码头正式投运，成为以全新模式引领世界港口智能化升级和低碳发展的中国范例。集装箱吞吐量首次突破 2000 万标准箱，实现历史性跨越。前三季度，船舶直靠率达到 94%，集卡平均作业时间 18 次刷新码头作业效率纪录，成为全国大型沿海港口中唯一一个外贸船舶等泊时间为零的港口，进出口整体通关时间对比 2017 年压缩近 80%。持续做优做强内贸航线，开启"海上高速–FAST"品牌，海上行驶时间平均压缩 10% 以上，为南北海运物流大通道建设注入新动能。环渤海"两点一航"内支线运量增长 40% 以上，海铁联运作业量和中蒙过境班列运量分别同比增长 20% 以上，跨境陆桥运量稳居全国沿海港口首位。凝心聚力的天津，跑出了因港而兴的加速度。

亮点八：国家会展中心（天津）启用　引领会展经济新起点

国家会展中心（天津）是绿色技术与产品应用最多、智慧化水平最高的现代化国家级展馆。2021 年 6 月迎来首展，陆续举办了大型展会，2021 中国（天津）国际汽车展览会吸引观众 63.3 万人次，成交额突破 30 亿元，展览规模和品牌影响力显著增长。会展经济逐步发力，会展经济功能片区建设取得突破，正式公布《天津国家会展经济片区规划》，累计落户会展企业 900 余家，初步形成绿色会展经济产业体系，打造海河中下游高端服务业发展带和中国北方国际会展城。会展活动带动周边住宿餐饮业业绩提升，前三季度，国家会展中心周边 18 家限额以上住宿餐饮业企业合计营业额同比增速超过 50%。国家会展中心（天津）日益成为国际消费中心城市和区域商贸中心城市建设的重要节点。

亮点九：跻身数字经济新一线城市　打造数字发展新优势

促进数字经济发展，天津正持续发力。2020 年，我市入选首批国家数字服务出口基地，一年多以来，引入和培育了天津港智能码头、天河三号、华为数字经济示范基地等数字经济龙头项目和一批具有潜力的数字服务企业。赛迪顾问发布《2021中国数字经济城市发展白皮书》，我市位列数字经济城市第8位，成为数字经济新一线城市。腾讯研究院等联合发布《数字化转型指数报告2021》，我市用云量规模全国第9，赋智量增速全国第6。中新天津生态城获批设立北方大数据交易中心，打造辐射我国北方的全链条数据交易服务基地。云账户技术（天津）有限公司入围中国企业500强，荣列中国战略性新兴产业领军企业100强第58位，数字化持续赋能传统模式变革。"数字城市"已成为天津城市建设新名片。

亮点十：重大突破纷至沓来　生物医药产业实现"加速跑"

生物医药是我市城市产业发展的重点"赛道"，产业规模超600亿元，经济效益水平在全市工业行业中名列前茅。生物医药创新产品不断涌现，康希诺与军事科学院联合研发的新冠疫苗是全球为数不多的单针有效疫苗，可快速实现大规模接种。瑞普生物是动物疫苗领域唯一拥有5个国家级创新平台的企业，市场占有率国内第一。赛诺医疗研发的冠脉支架填补我国生物医药领域空白。协和干细胞建立了世界上第一座脐带间充质干细胞库。千亿医疗IPO凯莱英医药集团正式挂牌港交所，完成"A+H"两地上市之旅。全市涌现一批高水平产业创新平台，集聚了150余家规模以上医药制造企业，天津国际生物医药联合研究院累计引进培育科技企业340余家，累计注册资本35亿元。我市生物医药产业步入快车道。

二、天津经济发展2022年十大看点

看点一：稳字当头、稳中求进　高质量发展格局不断夯实

稳字当头、稳中求进，稳定宏观经济大盘是高质量发展的重要基础。2022年，我市将坚持稳中求进工作总基调，立足新发展阶段，完整、准确、全面

贯彻新发展理念，服务融入新发展格局。加快创新动能引育，落实"揭榜挂帅"制度，推进科技体制机制改革。提升对外开放层次水平，推动天津港建设世界一流的智慧港口、绿色港口。优化营商环境，激发各类市场主体动力和活力。坚持"双碳"目标牵引，促进经济社会发展全面绿色转型。统筹疫情防控和经济社会发展，统筹发展和安全，不断巩固拓展我市高质量发展态势。

看点二：轨道上的京津冀加速跑　协同画卷日日展新颜

我市坚持京津冀"一盘棋"的合作导向，深入参与推动京津冀协同发展。2022年，我市将持续深化京津冀三地科技合作，推动天津京津冀国家技术创新中心建设，加强三地技术市场信息数据互联互通，提升对产业转移项目的吸引力和承载力，推动产业链、供应链、创新链深度融合，为京津冀三地形成资源集成、人才集成、成果集成的原始创新协同体系贡献"天津之为"。实施轨道交通系统工程，打造轨道上的京津冀。预计2022年底京滨铁路、京唐铁路将建成通车。未来，天津市到北京将拥有多条高铁通道，加速形成京津冀主要城市1小时高铁交通圈，"轨道上的京津冀"越跑越快。京津冀三地相互依托、相互促进，协同画卷日日新。

看点三：高标准绘就国土空间蓝图　双城重塑发展新势能

打造"津城""滨城"双城发展格局是我市"十四五"时期经济社会发展的主要目标之一。备受关注的《天津市国土空间总体规划（2021—2035年）》公开向社会征求意见，"津城""滨城"双城发展空间蓝图绘就。未来，"津城"将充分发挥区域超大规模市场优势，驱动内需和消费增长升级，形成若干现代服务业标志区，现代活力"津城"建设加快推进，高端服务业加速集聚，中西合璧、古今交融的历史文化底蕴和特色不断展现。"滨城"将进一步增强城市综合配套能力，强化创新功能培育。谋划实施美丽滨城"十大工程"，共安排重点项目221个，总投资5731亿元。"津滨"双城建设将开启"相映成辉、竞相发展"新格局。

看点四：战略性新兴产业"链出"新格局　经济发展基石愈发稳固

我市坚持制造业立市，着力实施产业创新能力提升工程、串链补链强链工程、智能制造赋能工程、制造业品质提升工程、绿色制造工程等六大工程。到 2023 年，制造业增加值年均增长 8.7% 以上，制造业增加值占全市 GDP 比重达到 23.5%，工业战略性新兴产业增加值占规模以上工业比重达到 34%，高技术产业（制造业）增加值占规模以上工业比重达到 25%。我市将产业链高质量发展作为制造业立市的主要抓手，《天津市产业链高质量发展三年行动方案（2021—2023 年）》提出到 2023 年，打造形成若干具有全国影响力和竞争力的产业链，为制造强市建设提供坚实产业支撑。伴随着产业创新中心、制造业创新中心、技术创新中心等多层次产业创新平台的加快建设，一座更加智能、更有活力、富有实力的制造强市正大踏步向我们走来。

看点五："双碳"目标引领经济绿色转型　释放发展最大效能

实现碳达峰碳中和是一场广泛而深刻的经济社会系统性变革。我市 2021 年 11 月实施的《天津市碳达峰碳中和促进条例》是全国首部"双碳"地方性法规，为经济绿色转型、实现"双碳"目标提供坚强的法治保障。落实"双碳"目标，我市将加快建设绿色低碳示范城市，不断优化产业结构、能源和交通结构、大力推广绿色建筑和倡导绿色低碳生活方式，持续削减煤炭、增加天然气供应、本地非化石能源使用，加快推动电力、钢铁、新能源等领域率先行动。加速推进电力"双碳"先行示范区建设，打造能源低碳转型的"天津模式"，为实现"双碳"目标持续贡献天津力量。

看点六：实施数字化发展三年行动方案　打造城市数字化发展新底座

我市出台《加快数字化发展三年行动方案（2021—2023 年）》，提出到 2023

年，数字经济增加值占地区生产总值比重不低于55%，数字化发展整体实力进入全国第一梯队，成为全国数字经济和实体经济深度融合发展新高地。2022年，天津将以场景牵引和数字赋能为主线，协同推进数字经济、数字社会和数字政府发展，完善新型基础设施建设、数字科技创新攻关、数据要素市场培育、数字生态营造四位一体保障体系，加快打造升级"津产发"数字经济综合应用平台、"津心办"数字社会综合应用平台、"津心办"数字社会综合应用平台和"津心办"数字社会综合应用平台。数字化持续释放经济潜能，城市数字化发展"新底座"不断夯实筑牢。

看点七："双中心"城市建设按下快进键　激发市场消费巨大潜能

我市将加快建设国际消费中心和区域商贸中心城市建设。《天津市培育建设国际消费中心城市实施方案（2021—2025年）》提出打造消费地标、聚焦消费国际化、打造引领消费新高地、创建国际水准消费环境、构建国际消费自由便利制度环境和构建区域消费联动发展新格局等重点任务。未来，我市将打响文旅品牌、促进商业繁荣、提升城市形象、做大产业规模、增强集散功能、畅达交通网络，成为具备高知名度和美誉度的国际消费目的地、全球消费资源聚集地、全国消费者向往地和展示国内大市场风范的靓丽名片。

看点八：百业互联　全国一流5G城市建设"智领未来"

我市围绕智慧城市、智能制造等重点领域打造5G应用试点示范，累计建成5G基站3.5万个，重点打造了282个应用场景，每万人5G基站数位居全国前列移动宽带、固定宽带下载速率跃居全国第三，被评为"宽带中国"示范城市。5G、千兆光网的加速建设和应用为新动能发展拓展了新空间、提供了新活力。2022年，天津将推动5G应用推陈出新，为千行百业发展持续赋能，重点打造一批智慧城市、智能制造、智慧港口等5G应用示范标杆项目，建设全国一流5G城市。

看点九：向海图强　"蓝色经济"赋能现代海洋城市建设

我市拥有 153 公里长的海岸线，蕴含着强劲的"蓝色实力"。《天津市海洋经济发展"十四五"规划》提出要高水平建设现代海洋城市，明确建设海洋强国支撑引领区、北方国际航运核心区、国家海洋高新技术产业集聚区、国家海洋文化交流先行区、国家海洋绿色生态宜居示范区。2022 年，我市将着力培育海水利用业、海洋装备制造业、海洋药物与生物制品业、航运服务业等新兴海洋产业，积极谋划海洋经济发展新动能；做强海洋交通运输业、海洋油气及石油化工业、海洋旅游与文化产业、海洋工程建筑业等优势海洋产业；优化海洋渔业、海洋船舶工业等产业发展，促进传统海洋产业转型升级和绿色发展。"蓝色经济"正逐步成为天津城市发展的新引擎。

看点十：世界智能大会持续添彩　提升城市发展新能级

世界智能大会已经成为世界智能科技领域学术交流、展览展示、开放创新、深化合作的顶级盛会。智能大会以会兴业成效显著，五届大会共签署 563 项合作协议，协议投资额达到 4589 亿元，紫光云、360、TCL、麒麟软件、华为鲲鹏生态、腾讯 IDC 数据中心等一批好项目落户天津，打造了天津城市发展的"新名片"。第六届世界智能大会将于 2022 年 5 月在国家会展中心（天津）举办，本次大会展览面积和论坛数量将实现新突破，也必将为参会嘉宾、企业与观众带来更多便利及更丰富的体验。发展与创想一道加速，以"智变"引"质变"，以"智能"汇"质能"，世界智能大会持续为天津高质量建设再添新彩。

总 报 告

2021—2022 天津经济发展形势分析与预测

天津社会科学院经济分析与预测课题组①

摘 要： 2021 年，全球经济复苏分化明显，债务和通胀双重风险持续上升，结构性失衡矛盾突出，全球政经格局复杂严峻。2021 年前三季度，天津经济持续稳定加快恢复，制造业立市扎实推进，服务业综合实力不断增强，新动能引育成效显著，消费场景不断拓展，港口服务持续升级，外向型经济发展迅速，营商环境持续优化，市场主体活力显著增强。按照中央经济工作会议要求，2022 年我国经济工作稳字当头、稳中求进，保持宏观经济运行处于合理区间，在天津经济继续保持当前稳中向好发展态势的情况下，预计 2022 年地区生产总值同比增长在 5.2%～5.8%之间。为进一步增强天津经济发展内生动力，推动经济持续稳定加速恢复，提出提升产业链现代化水平、推动产业数字化转型、完善产业创新生态体系、发挥有效投资关键作用、持续激发释放消费潜能、培育对外贸易新优势等对策建议。

关键词： 天津经济 高质量发展 内生动力 情景预测

① 课题组成员（按姓氏笔画排序）：王立岩、王会芝、石森昌、李晓欣、单晨。

一　天津经济运行的国内外环境

（一）全球经济复苏进程加快，国际经济走势复杂严峻

全球性新冠肺炎疫情暴发加剧了世界经济格局、产业格局变化的复杂性。2021年，全球经济进入加快复苏轨道的同时，经济走势仍面临严峻挑战。全球疫情持续期延长，导致复苏分化更为严重，世界政治经济格局更加复杂。同时，国际金融危机后，贸易保护主义兴起，尤其是美国在全球范围内挑起贸易摩擦，主要发达经济体贸易保护主义升温，世界贸易增速大幅减慢。面对百年未有之大变局，以外向型经济作为重要支撑的天津，外部环境存在极大的不确定性，转型压力和难度加大。

第一，全球经济复苏分化明显，经济不确定性、不稳定性增加。2021年以来，随着新冠疫苗接种进程不断加快，加之主要经济体保持政策刺激力度，全球经济逐渐复苏。国际机构普遍上调了对全年经济增速的预测，国际货币基金组织2021年10月发布的《世界经济展望报告》预计2021年全球经济将增长5.9%，发达经济体增长5.2%。其中，美国和欧元区预计分别增长6%和5%，新兴市场和发展中经济体将整体增长6.4%。同时，全球经济复苏不平衡、不稳定，复苏分化态势凸显。由于新冠疫苗接种不均衡以及疫情对脆弱经济体冲击较大等因素，比如，印度、巴西等新兴市场经济体的疫情不断反复甚至恶化，叠加经济的政策空间收窄，部分新兴市场和发展中经济体回归正常经济增长面临困境。复苏分化态势造成各主要经济体之间、发达经济体与新兴市场之间的政策调整不平衡，全球经济同步复苏受阻，整体政治经济格局更为复杂。

第二，全球面临债务风险和通胀双重压力。一是全球国债负收益率继续增长，美国等国家持续推行大规模经济刺激计划，进一步加剧全球经济的不确定性。国际货币基金组织预测到2021年底发达经济体政府负债将为GDP的125%，达到历史最高点，全球债务风险加剧。同时，疫情导致全球就业形

势严峻，居民失业率攀升，也进一步加大了居民债务违约风险。二是全球通胀压力上升。新冠肺炎疫情暴发以来，全球美元流动性不断膨胀，疫情使得一些国家的生产投入出现短缺情况，供给紧张与需求释放形成矛盾，造成大宗商品价格大幅上升，全球通胀压力显著抬升。9月份美国CPI通胀同比增长5.4%，为2008年7月以来的最高点。随着通胀压力持续加大，全球宏观政策空间收窄，如乌克兰、巴西等经济体在经济尚未复苏的情况下采取加息政策，面临通胀和资本外流的压力。

第三，结构性失衡矛盾阻碍全球经济恢复增长。一方面，全球发展环境不确定性加大。当前不同经济体间经济增长差距逐步拉大，全球经济潜在增长率下降，特别是以劳动密集型产业为主的新兴经济体和发展中国家，经济复苏面临的形势更为严峻。另一方面，经济全球化遭遇逆流，贸易保护主义、单边主义、经济民族主义抬头。今年以来，我国外贸外资延续增长势头，持续的贸易战和贸易保护主义将对我国外贸造成潜在风险，一旦外部环境逆转，我国生产的缺口、产能过剩的局面将更为严峻。同时，由于贸易保护主义势力抬头、疫情冲击等多重因素影响，国际产业链面临重构压力。天津外向型经济比例较高，逐步占据中高端产业链环节，才能提升在国际产业链分工中的竞争位势。

（二）国内经济持续复苏，逐步从快速复苏向常态化回归

2021年是"十四五"规划开局之年，也是我国经济持续复苏并走向常态化的一年。前三季度，我国宏观经济运行稳中加固、稳中向好，经济延续了恢复性增长的态势，需求不断扩大，市场预期逐步向好，在全球主要经济体中率先开启常态化进程。

一是国民经济持续恢复增长，经济韧性不断显现。在以习近平同志为核心的党中央坚强领导下，中央、地方积极出台一系列金融财政政策，经济稳步复苏，前三季度，国内生产总值为823131亿元，按不变价格计算，同比增长9.8%，两年平均增长5.2%。其中，第一产业增加值同比增长7.4%，两年平均增长4.8%；第二产业增加值同比增长10.6%，两年平均增长5.7%；第三

产业增加值同比增长 9.5%，两年平均增长 4.9%。服务业支撑作用得到加强，服务业增加值对经济增长的贡献率达到了 54.2%，比上半年提高 1.2 个百分点。制造业占比得到提升，增加值占国内生产总值的比重为 27.4%，比上年同期提高 1.1 个百分点。

二是外贸外资延续强劲增长态势。前三季度，我国外贸进出口继续保持较快增长，货物贸易进出口总值同比增长 22.7%。其中，出口同比增长 22.7%，进口同比增长 22.6%。外贸进出口、出口、进口较 2019 年同期，分别增长 23.4%、24.5% 和 22%。外商投资企业进出口增长 14.7%，国有企业进出口增长 25.1%。实际使用外资同比增长 19.6%，其中，服务业和高技术产业表现亮眼，实际使用外资的增长速度均快于平均增长速度，服务业实际使用外资金额同比增长 22.5%，高技术服务业增长 33.4%。

三是消费实现恢复性增长。消费市场呈现出了逐步改善的态势，上半年，最终消费支出对经济增长的贡献率达到 64.8%。社会消费品零售总额同比增长 16.4%，两年平均增长 3.9%。消费升级类商品销售较快增长，限额以上单位体育娱乐用品类、通信器材类、化妆品类的商品零售额两年平均增速都超过了 10%。网上直播带货、平台经济等新业态新模式快速兴起，全国网上零售额同比增长 18.5%，其中实物商品网上零售额同比增长 15.2%，占社会消费品零售总额的比重为 23.6%。

四是固定资产投资规模扩大。前三季度全社会固定资产增速（不含农户）同比增长 7.3%，两年平均增长 3.8%，低于 2019 年同期的 5.8%，整体投资增速尚未恢复至疫情前的正常水平。其中，基础设施投资同比增长 1.5%，复苏较慢，制造业投资同比增长 14.8%，保持较快恢复态势，两年平均增速为 3.3%，高技术产业投资快速增长，高技术产业投资同比增长 18.7%，两年平均增速 13.8%。高技术制造业中，计算机及办公设备制造业、航空航天器及设备制造业、仪器仪表制造业投资同比增速分别为 40.8%、38.5% 和 22.4%，高技术服务业中，电子商务服务业、检验检测服务业投资同比分别增长 43.8%、23.7%，这反映出全国投资结构不断优化，新旧动能转换效果逐渐显现。

五是新动能带动作用不断增强。前三季度，创新投入不断增加，绿色低碳智能化水平提升。高技术制造业增加值同比增长 20.1%，两年平均增长 12.8%，高技术制造业利润同比增长 33.6%，增速高于规模以上工业平均水平 19.3 个百分点。从产品看，前三季度新能源汽车、工业机器人、集成电路产量同比分别增长 172.5%、57.8%、43.1%，两年平均增速均超过 28%，彰显了我国经济新动能发展迅猛，产业转型升级不断加快。

六是劳动力市场持续回暖，政策保障效果不断显现。前三季度，全国居民人均可支配收入 26265 元，同比增长 9.7%。两年平均增长 7.1%，与经济增速的差距缩小，城乡居民人均收入比值 2.62，比上年同期缩小 0.05，对消费形成有力支撑。前三季度，全国城镇新增就业 1045 万人，已经完成全年目标的 95%，全国城镇调查失业率三季度均值为 5.0%，比 2019 年同期下降 0.2 个百分点，回到疫情前水平，就业形势向好，经济发展动力进一步增强。

总体来看，前三季度全国主要经济指标持续改善，经济运行延续复苏态势，同时经济复苏放缓趋势不容忽视，有效需求不足仍是当前主要问题之一。

刚刚结束的中央经济工作会议指出，我国经济发展面临着需求收缩、供给冲击、预期转弱三重压力，但我国经济韧性强，长期向好的基本面不会改变。会议要求，2022 年我国经济工作要稳字当头、稳中求进，保持经济运行在合理区间，政策发力适当靠前，宏观政策要稳健有效，微观政策要持续激发市场主体活力，结构政策要着力畅通国民经济循环，科技政策要扎实落地，改革开放政策要激活发展动力，区域政策要增强发展的平衡性协调性，社会政策要兜住兜牢民生底线，着力稳定宏观经济大盘和保持社会大局稳定。

二 2021 年天津经济运行形势分析

2021 年，天津坚持以习近平新时代中国特色社会主义思想为指导，认真贯彻落实习近平总书记系列重要讲话和指示要求，在天津市委、市政府坚强领导下，进一步巩固拓展疫情防控和经济社会发展成果，准确把握新发展阶段，深入践行新发展理念，积极融入新发展格局，扎实推进新动能引育，积极谋划智能科技产业布局，推进国际消费中心城市和区域商贸中心城市建设，打造国内大循环的重要节点和国内国际双循环的战略支点。前三季度，天津市经济运行持续总体平稳、稳中有进，生产需求保持稳定，质量效益持续向好，高质量发展态势进一步显现。

（一）经济运行延续稳定恢复态势

根据地区生产总值统一核算结果，前三季度我市地区生产总值为11417.55亿元，按可比价格计算，同比增长8.6%，比2019年前三季度增长8.6%，两年平均增长4.2%，两年平均增速分别比上半年、一季度加快0.7个百分点和1.8个百分点。其中，第一产业增加值为139.97亿元，同比增长5.2%；第二产业增加值为4024.18亿元，同比增长8.5%；第三产业增加值为7253.40亿元，同比增长8.7%。主要宏观指标继续保持在合理区间，运行走势与全国同频共振。

（二）强化政策指引，制造业服务业"双轮驱动"特征明显

1.制造业立市扎实推进

2021年，紧密出台《天津市制造业高质量发展"十四五"规划》《天津市制造强市建设三年行动计划（2021—2023年）》《天津市产业链高质量发展三年行动方案（2021—2023年）》《天津市高端装备产业链工作方案》等文件，加快构建"1＋3＋4"的现代工业产业体系，助推全市制造业高质量发展。前三季度制造业表现出三个特征：一是贡献度上升，制造业增加值占比69.9%，增速快于全市工业1.1个百分点，对全市工业增长的贡献率达到80%；二是内部结构进一步优化，产业链、供应链短板加快弥补。装备制造业、高技术制造业增加值增速均快于全市工业平均水平，市场紧缺的集成电路、金属集装箱产量分别增长70.0%和1.7倍；三是制造业企业效益持续向好。1—8月，制造业利润总额同比增长67.9%，快于全国制造业19.7个百分点，比2019年同期增长47.9%，两年平均增长21.6%。制造业营业收入利润率为5.07%，同比提高1.3个百分点，比2019年同期提高1.25个百分点。

2.现代服务业综合实力不断增强

印发《贯彻落实〈天津市服务业扩大开放综合试点总体方案〉任务分工》《天津市服务业发展"十四五"规划》《天津市商务发展"十四五"规划》《天津市加快发展新型消费实施方案》等文件，加快建设国际消费中心城市和区域商贸中心城市，着力构建现代服务业产业体系，现代服务业综合实力不断增强：一是形成了一批功能特色鲜明、辐射带动作用强的服务业发展集聚载体，现代服务业重点集聚区加速建成；二是围绕制造业创新需求，积极探索推动先进制造业和服务业融合发展，引育布局一批涵盖芯片、操作系统、整机终端、应用软件等全产业体系的上下游创新创业企业，产业融合不断深化。前三季度，服务业增加值占全市生产总值的比重为63.6%。1—8月，规模以上服务业营业收入同比增长27.1%，两年平均增长5.9%，其中科学研究和技术服务业同比增长22.1%，租赁和商务服务业增长19.7%，信息传输、软件和信息技术服务业增长16.1%。

（三）新动能引育扎实推进，新产业新产品提质加速

1.新动能引育成效显著

2021年以来，我市深入落实《天津市战略性新兴产业提升发展行动计划》《关于强化串链补链强链进一步壮大新动能的工作方案》，扎实推进新动能引育工作，持续优化引资结构，加大新一代信息技术、高端装备制造、数字创意、高技术服务业等战略性新兴产业项目招商力度。前三季度，高技术制造业投资增长2.0%，其中，电气机械和器材制造业、计算机通信和其他电子设备制造业投资分别增长1.2倍和43.8%。制造业技改投资增长11.0%，增速快于全市投资5.8个百分点。其中，黑色金属冶炼和压延加工业、计算机通信和其他电子设备制造业技改投资分别增长1.5倍和39.1%。制造业投资向高端化迈进，为构建天津高端产业链、推动高质量发展注入强劲动力。

2.新产业新产品提质加速

前三季度，高技术产业（制造业）增加值同比增长16.7%，两年平均增长8.8%；战略性新兴产业增加值同比增长13.1%，两年平均增长7.8%。新兴

服务业快速发展，1—8 月战略性新兴服务业和高技术服务业营业收入分别增长 16.4%和 18.8%。从产品产量看，服务机器人、新能源汽车、集成电路产量分别同比增长 2.1 倍、96.8%和 70.0%。

（四）消费场景持续创新，升级类商品消费活跃

1.消费场景不断拓展

一是多角度激活消费市场，补齐消费短板，打造消费新平台。印发《天津市培育建设国际消费中心城市实施方案》《天津市 2021 年发展夜间经济重点工作》，推出"海河国际消费季"、第二届天津夜生活节等活动，激发消费潜力。前三季度，全市社会消费品零售总额同比增长 7.8%。其中，限额以上社会消费品零售总额同比增长 9.4%，两年平均增长 2.1%，比上半年加快 0.6 个百分点。二是文旅商深度融合，推出红色游、踏青游、研学游等特色文旅活动，"五一""十一"假期，全市累计接待游客分别为 642.21 万人次、730.98 万人次，文旅市场发展态势持续向好。三是会展经济溢出效应显著。国家会展中心正式启用，举办中国建筑科学大会暨绿色智慧建筑博览会、2021 中国（天津）国际汽车展览会、第 105 届糖酒会、海河国际消费高峰论坛等重要展会，带动周边住宿餐饮营业额快速增长。

2.消费升级特征明显

一是数字经济新业态快速增长。2021 年，全市深入贯彻落实国家数字经济战略，印发《天津市加快数字化发展三年行动方案（2021—2023 年）》，积极培育数字化生态，围绕场景牵引和数字赋能"双轮驱动"的发展主线，推进数字产业化、产业数字化、治理数字化。前三季度，限额以上商品网上零售额同比增长 0.1%，两年平均增长 10.8%。二是消费升级类商品快速增长。前三季度，限额以上商品中，金银珠宝、化妆品等升级类商品零售额分别增长 57.5%和 27.6%，新能源汽车、智能手机等新产品零售额分别增长 81.7%和 18.6%。全市居民人均服务性消费支出增长 28.3%，其中教育文化娱乐服务支出增长 80.1%。

（五）创新升级港口服务模式，外向型经济发展迅速

1.创新升级港口服务模式

一是持续增强服务产业链供应链能力，着力服务贸易便利化水平，推出东疆"全球仓"服务新品牌，打造"仓储＋租赁＋加工＋物流＋分拨＋贸易＋金融"的全链条服务，全方位提升服务质量和效率。二是积极推动海铁联运提质增量，"公转铁""散改集"运量稳步提升；强化海港空港合作，加强物流、客运业务合作，推进技术创新与人员交流，促进形成联动发展效应。三是优化调整外贸集装箱航线资源配置，新开通7条集装箱航线；贯通升级南北海上大通道，深化津冀港口干支联动，促进内贸大循环纵深发展。前三季度，天津港货物吞吐量为3.51亿吨，同比增长4.5%；集装箱吞吐量1580万标准箱，同比增长14.7%，创历史新高。

2.进出口量增质升，外向型经济延续向好态势

全球经济恢复继续拉动外需，带动进出口贸易延续较快增长态势，1—8月天津市外贸进出口总值达5514.2亿元，较2020年同期增长13.7%，较2019年同期增长15.1%。其中，出口额为2397.6亿元，增长20.3%；进口额为3116.6亿元，增长9.1%。积极拓展国际合作新格局，不断巩固和加强与"一带一路"国家的贸易投资合作，构建全方位、多层次、复合型的互联互通网络，1—8月主要外贸主体进出口均保持2位数增长，一般贸易进出口增速居前、占比提升，主要贸易伙伴进出口增长态势良好。贸易结构继续改善，1—8月机电产品出口1460.1亿元，增长10.8%，占同期出口总值的60.9%。

（六）投资结构不断优化，新基建持续推进

1.投资结构不断优化

围绕产业科技创新、基础设施、农林生态、社会民生和其他五大重点领域，加大项目投资和推进力度，不断优化投资结构，促进经济社会协调发展。前三季度，全市固定资产投资（不含农户）同比增长5.2%，两年平均增长

3.3%，比上半年加快 2.3 个百分点。其中，第二产业投资同比增长 4.5%，两年平均增长 3.7%；第三产业投资同比增长 6.6%，高于全国 1.6 个百分点，两年平均增长 3.2%。制造业投资同比增长 17.0%，两年平均增长 5.9%，分别高于全国 2.2 个百分点和 2.6 个百分点，比上半年加快 2.6 个百分点；基础设施投资同比增长 4.6%，两年平均增长 11.6%，分别高于全国 3.1 个百分点和 11.2 个百分点，比上半年加快 6.7 个百分点。高技术产业投资同比增长 35.2%，两年平均增长 28.8%，分别高于全国 16.5 个百分点和 15 个百分点，其中高技术制造业和高技术服务业投资同比分别增长 42.0% 和 28.0%，分别高于全国 16.6 个百分点和 24.1 个百分点。

2.持续推进新型基础设施建设

推进新型基础设施建设，印发《天津市新型基础设施建设三年行动方案（2021—2023 年）》，提出到 2023 年，本市新型基础设施建设达到全国领先水平，基本建成泛在互联、全域感知、数据融合、创新协同、安全可靠的新型基础设施体系，为经济高质量发展和城市高效能治理提供重要支撑。天津目前基本实现全市城镇区域及重点行业应用区域室外连续覆盖，移动、固定宽带下载速率双双跃居全国第 3 位。深化工业互联网创新发展与应用，推进工业企业上云，目前已培育紫光云、中汽研等一批行业工业互联网平台，上云工业企业超过 6000 家，大港油田、津荣天宇、吉诺科技等 6 家企业入选工信部企业上云优秀案例，不断推进传统产业转型升级。

（七）发展环境持续优化，市场主体活力持续增强

1.持续优化创新发展环境

推进自主创新和原始创新，加快新旧动能转换，出台《天津国家自主创新示范区"十四五"发展规划》《天津国家自主创新示范区 2021 年工作要点》《"科创中国"天津市三年行动计划（2021—2023 年）》《天津市科技创新"十四五"规划》等文件，深入实施创新驱动战略，推进"科创中国"试点城市建设，加速推动科技经济融合发展。

2.营商环境持续优化，市场主体活力不断增强

深入实施优化营商环境三年行动计划，继续落实减税降费政策措施，助企帮扶政策效果持续显现，民营企业和中小微企业等市场主体保持活跃，经济内生动力增强。前三季度，新增民营市场主体同比增长 8.3%；规模以上工业中，民营、中小微企业增加值增速分别快于全市 0.7 个百分点和 2.3 个百分点；限额以上批发和零售业中，民营、中小微企业商品销售额增速分别快于全市 4.1 个百分点和 1.9 个百分点；限额以上住宿和餐饮业中，民营、中小微企业营业额增速分别快于全市 7.1 个百分点和 4.0 个百分点；1—8 月规模以上服务业中，民营企业营业收入增长 26.5%，占比 59.1%，小微企业利润总额增长 1.4 倍。

总体来看，在天津市委、市政府的坚强领导下，我市经济运行总体平稳、稳中有进，结构优化调整持续推进，主要指标保持在合理区间，经济发展呈现出较大韧性和潜力。疫情防控态势不断巩固，经济发展危机中蕴含着发展亮点和机遇，制造业立市深入推进，消费需求加快释放，投资结构持续优化，港口资源优势逐步释放，营商环境不断优化，市场主体活力不断增强，持续推动我市经济社会实现高质量发展。

三　2022 年天津经济发展形势预测

2021 年前三季度，天津经济运行呈现总体平稳、稳中有进态势，疫情防控实现常态化管理，疫苗接种工作有序推进，全市疫情防控和经济社会发展成果持续巩固。结合近期国内外经济发展态势以及天津 2021 年宏观经济总体趋势，课题组认为，在各项政策措施有力保障下，2022 年天津经济运行将保持在合理区间，高质量发展成效会持续显现。

（一）不同情景下的主要经济指标预期

当前，全球疫情防控形势依然复杂严峻，呈现蔓延扩散趋势，受此影响，世界经济增长势头有所放缓，加之大宗商品价格持续攀升，经济运行风险挑

战有所增加；在跨周期政策调控下，疫情对国内经济产生的影响有限，经济运行持续恢复态势，产业结构调整稳步推进，各项宏观经济指标处于合理区间。2021年天津全力实现"一基地三区"功能定位，加快构建现代化经济体系，不断推进"双中心"建设，打造国内大循环的重要节点、国内国际双循环的战略支点，为2022年经济发展奠定了坚实基础。

课题组采用天津市统计局发布的年度、季度以及月度宏观经济数据，运用经济计量模型、灰色预测模型等方法对2022年主要经济指标进行预测，提供了95%置信水平下的组合区间预测值，并按照中性预期、乐观预期、悲观预期三种情景给出预测结果。

1.中性情景预期

在中性情景预期下，世界各国积极应对经济复苏放缓态势，大宗商品价格持续上涨趋势得到有效遏制，推动全球经济向好发展；国内经济发展继续保持稳定复苏，有效应对转型调整压力，经济效益持续提升；天津经济总体稳定向好发展，随着各项政策措施落地落实，有效激发需求侧发展潜能，持续推进供给侧结构性改革取得新成效，新动能新经济新产业不断壮大，宏观经济运行保持在稳步发展轨道上。在此种情景设定下，天津2022年主要指标预测结果见表1。

表 1 中性情景预期下天津主要经济指标预测

预测指标	2022年预测值
地区产值增长（%）	[5.2，5.8]
居民可支配收入（元）	[47972，48065]
工业增加值增长（%）	[5.7，6.3]
固定资产投资增长（%）	[7.8，8.2]
社会消费品零售总额增长（%）	[2.4，3.1]
一般公共收入（亿元）	[2289，2356]
CPI	[101.4，102.1]
PPI	[102.6，103.1]

资料来源：天津市统计局数据，后经作者计算整理所得。

2.乐观情景预期

在乐观情景预期下，全球经济复苏形势不断向好，经济增长中的各类风险能够得到有效控制和化解；我国宏观经济呈现扩张态势，国内需求市场消费和投资潜能不断释放，发展速度持续加快；天津经济彻底摆脱疫情冲击影响，需求侧消费、投资、外贸均呈现强劲增长势头，新动能快速积聚，智能科技、生物医药、新能源、新材料等新兴产业的迅速成长带动产业结构高级化水平持续提升，经济发展质量快速上升。在此种情景设定下天津2022年主要指标预测结果见表2。

表 2　乐观情景预期下天津主要经济指标预测

预测指标	2022 年预测值
地区产值增长（%）	[6.3，6.9]
居民可支配收入（元）	[48291，48610]
工业增加值增长（%）	[7.0，7.5]
固定资产投资增长（%）	[9.2，9.6]
社会消费品零售总额增长（%）	[4.0，4.6]
一般公共收入（亿元）	[2436，2504]
CPI	[102.5，103.0]
PPI	[101.6，102.2]

资料来源：天津市统计局数据，后经作者计算整理所得。

3.悲观情景预期

在悲观情景预期下，全球疫情防控态势更加严峻，贸易保护主义、发达经济体量化宽松政策等一系列外部风险加剧；国内经济结构性矛盾凸显，部分行业产业链供应链中断、金融部门不良资产积累、地方债等内部风险上升；天津出现消费低迷、投资和外贸疲软问题，供给侧改革与产业结构转型升级动力不足，经济增速下行压力加大。课题组认为，悲观情景是发展中的一种极端情况假设，属于小概率情景，在此种情景设定下天津2022年主要指标预测结果见表3。

表 3 悲观情景预期下天津主要经济指标预测

预测指标	2022 年预测值
地区产值增长（%）	[3.8，4.3]
居民可支配收入（元）	[47427，47746]
工业增加值增长（%）	[3.5，4.1]
固定资产投资增长（%）	[5.5，6.0]
社会消费品零售总额增长（%）	[1.2，1.8]
一般公共收入（亿元）	[1897，1974]
CPI	[100.1，100.6]
PPI	[97.6，98.3]

资料来源：天津市统计局数据，后经作者计算整理所得。

（二）预测结果描述

在我国宏观经济持续复苏、稳中有进的发展趋势和天津经济稳定向好的发展态势下，预计 2022 年天津地区生产总值同比增长在 5.2%～5.8%之间，实际经济增速基本回到潜在经济增速附近，各项经济指标处于合理运行区间，总体呈现向好变化趋势。

四 推动天津经济高质量发展的对策建议

天津经济转向常态化后，需要进一步实施扩大内需战略，特别是要促进扩大消费需求，释放内需潜力，同时加大供给侧结构性改革力度，在增强科技自立自强能力、提升产业链现代化水平、推进数字化等方面持续发力，培育新的增长点和经济增长内生动力，为"十四五"时期经济持续稳定发展创造条件。

（一）提升产业基础高级化和产业链现代化水平

第一，不断提高产业基础高级化水平。立足全国先进制造研发基地定位，围绕产业基础高级化、产业链现代化，以智能科技产业为引领，着力壮大生物医药、新能源、新材料等新兴产业，巩固提升装备制造、汽车、石油化工、航空航天等优势产业，加快构建"1＋3＋4"现代工业产业体系。实施产业基础再造工程，着力推动工业基础领域的研发创新和应用突破，强化产业技术基础研究攻关，提升产品和技术竞争力，支持企业通过"揭榜挂帅"等方式承担重大攻关项目，以国家技术创新需求为导向，加大企业主导提升在基础研究领域的贡献率，对技术领域的关键理论问题进行研究和突破，加快解决共性基础问题，增强自主保障能力。针对技术创新的关键节点，构建全过程系统化的技术供给与需求协同创新链。

第二，提升产业链供应链现代化水平。围绕我市优选的 12 条重点产业链、重点产业和龙头企业，以龙头企业带动中小企业朝着规模化、集群化、智能化的方向发展，推动产业链信息平台建设和资源共建共享。开展产业链供应链安全风险评估，围绕创新链上、中、下游构建全生命周期产业链，加强串链、补链、强链，做强优势产业链、壮大新兴产业链、培育薄弱产业链，推动产业链高端化、智能化、绿色化发展，提升产业链、供应链现代化水平，不断提升我市产业链的韧性和整体竞争力。

第三，推动产业深度融合发展。加大推动新一代信息技术和第二产业尤其是制造业的深度融合发展。一是推动企业智能化改造，推进制造业数字化、网络化、智能化升级。加快推进以智能生产线、高档数控机床、规模化工业机器人应用为核心的智能工厂建设，加大智能工业产品开发力度。二是加强先进制造业与传统产业间的技术关联，鼓励和支持传统产业引进新一代科学技术、使用新能源和新材料、推广新装备，充分发挥先进制造业的强关联效应，提高传统产业的技术创新能力，带动产业转型升级。三是加速生产性服务业与先进制造业深度融合，围绕先进制造产业高端化需求，完善现代金融服务体系、现代物流体系以及软件和信息服务体系，大力推进科技服务、研发设计、商务服务、数字贸易等重点行业发展，推进生产性服务业供给侧结构性改革，增加生产性服务业的有效供给，建立生产性服务业和制造业融合发展的现代产业生态系统。

（二）推动产业数字化转型发展，提升数字治理能力

推进数字产业化和产业数字化。围绕场景牵引和数字赋能"双轮驱动"的发展主线，推进数字产业化、产业数字化发展。

第一，推进数字产业化。通过"上云用数赋智"行动加强推动产业数字化转型，以制造业数字化转型行动为基础，推进智能制造工程、中小企业数字化赋能行动，鼓励行业、企业上云，通过大数据系统对数字企业研发设计、生产制造、营销管理等环节进行重构，加强行业、企业的数字化和智能化转型。建设数字经济全产业链条。打破现实物理边界，依托数字供应链，带动上下游企业实现全部数字化转型。加快数字技术与三次产业深度融合，推动农业、工业和服务业的智能化水平，提升各产业的全要素生产率水平。

第二，推进产业数字化。在数字产业化进程中培育壮大数据采集、存储、处理等产业，生成数字产业链条，打造数字产业集群。着力培育壮大人工智能、大数据、区块链、云计算、网络安全等新兴技术企业，提升通信设备、核心电子元器件、关键软件等产业水平。

第三，提升数字经济治理能力。树立公平共享的治理理念，建设部门监管、行业自律以及社会监督等多元化综合协同治理体系。推进治理工作的智能化、精细化发展。加强并拓宽大数据、人工智能技术在市场监管领域的应用场景，将被动监管转化为主动监管，将事后监管转变为实时监管，实现信息搜集、披露、监测、征信、评价等监管全流程数字化与各监管平台信息共享。

（三）发挥创新引领作用，完善产业创新生态体系

第一，完善科技协同创新机制。加强基础研究、应用技术研究和产业化的统筹衔接，着力打造以企业为主体，以市场为导向，以高校、科研院所、行业协会等多方共同参与的科技创新体系。以市场需求为导向，协调科研院所与企业进行关键科技的工程应用和成果转化，实现"基础研究—技术攻

关—技术应用—成果产业化"全过程科技创新链的无缝衔接。系统布局制造业创新中心、技术创新中心、产业创新中心等国家级创新平台，打通产学研用一体化的断点、堵点、卡点，实现重要领域技术领先、自主可控、安全可靠。积极打通与北京的线上成果展交平台，吸引北京、河北先进成果在津转化。

第二，加大科技创新服务保障体系建设。充分运用信息技术手段，构建科技领域全产业链、线上线下良性互动的科技成果转化应用网络，提升科技成果转化服务能力建设，形成科学分工、资源互补的科技研发和成果应用服务体系。完善知识产权服务体系建设。加强对科技领域知识产权保护工作的统筹和协调，提高企业保护知识产权的意识，搭建知识产权转化的平台，积极为企业开展知识产权方面的法律培训和法律服务，引导行业企业建立知识产权预警机制，保护自身合法权益。

第三，强化科技金融创新服务功能。加快构建和完善金融科技创新生态系统，加强科技融资平台的建设，拓宽技术创新的融资渠道，积极发展天使投资、风险投资基金等多元化金融支持体系，探索建立众筹融资平台，加快发展科技保险，建立多方位、多渠道的科技创新投融资体系，充分发挥金融对技术创新的助推作用。

（四）发挥有效投资关键作用，筑牢经济发展基本盘

第一，提升新型基础设施投资质量。稳步推进实施《天津市新型基础设施建设三年行动方案（2021—2023 年）》，做到科学规划、有序推进，并根据实际情况适时调整。在选择新基建项目时，要克服"捡到篮子里就是菜"的思维，保持定力，精准施策；在制定方案时，要全盘考虑，分年分批推进，形成开工一批、投产一批、储备一批的良性循环；对于"长期性"项目，要按照"倒推法"，分节点设置目标，确保能够稳扎稳打落实项目；对于需要"攻坚"的项目，更要小心求证，通过前期深度调研、方案对比和模拟来尽量选择最优方案。

第二，加大民生领域投入。加大对一些基础性、长期性、与人民日益增长的美好生活需要相结合项目的投资力度，通过改善公共服务和社会保障促

进居民消费，扩大内需。加大促进就业的资金投入力度，完善财政政策措施，健全就业服务体系，加大职业培训基地新建力度，增加就业服务设施，提高公益性就业岗位补贴，扩大创业企业小额贷款担保、贴息规模等。提高特殊人群收入水平，增加企业退休人员养老金待遇，增加优抚对象抚恤补助标准，加大困难群体救助帮扶力度，完善物价上涨与财政补贴联动机制，提高最低工资标准，发布社会平均工资及调整福利待遇标准。加大社会保障，提高城乡居民医疗保险财政补贴标准，增加困难老人居家养老财政补贴，增加财政安排住房保障资金用于保障房建设资本金和住房困难家庭租房补贴等。

第三，鼓励民间投资。进一步优化提升营商环境，为民间资本扩大投资创造更加公平的市场环境。一是深化"放管服"改革，优化审批核准程序，减少不必要审批，放宽市场准入，让市场主体"能参与"。二是要制定公开、透明、平等的参与方案，让市场主体、社会资本"愿参与"，不能只谈责任不谈收益，只提目标不谈落地方案。三是进一步优化审批服务，依托投资项目在线审批监管平台，全力推进行政审批事项无纸化办理，全面推广网上收件、网上审批和网上出件，确保投资项目立项、工程报建等服务不断档、审批更高效。

（五）促进消费回升和潜力释放，畅通经济良性循环

第一，推动消费高端化品质化。一是打造现代化国际化高品质商圈。对滨江道步行街等核心商圈，注入国际、时尚、智慧等元素，提升商圈发展能级，打造现代化国际化消费新地标。对小白楼、塘沽金街等重要商圈，重点打造场景式、品质化、时尚潮的消费示范区。促进传统购物中心向消费体验中心、休闲娱乐中心、文化时尚中心等新型发展载体转变。推动商业街区后街提升，加大建筑屋面整治和美化"第五立面"，加大与国内外知名商业街区的交流合作力度。二是加大高端商业业态引进和培育。做强"首店经济""首发经济"，支持国内外知名品牌在海信广场、鲁能城等商业载体设立品牌首店、旗舰店、总代理和体验店，吸引国际高端知名品牌在津首发或同步上市新品。着力引进商业领域世界500强企业和国际知名商贸企业在津设立区域总部，布局研发创新中心、运营中心等，发挥佛罗伦萨小镇聚集效应，提

升高端消费领域的影响力和话语权。积极申请世界性、全国性的公务、商务活动承办权，汇聚高端商务客源。

第二，推动新型消费增容扩面。促进电子商务跨越式发展，加快文化、旅游、体育、医疗健康、养老等产业数字化转型。培育新消费场景，积极在大悦城等综合体发展 AR 场景、直播带货和数字化创新营销场景等，积极筹划数字人民币消费场景。培育壮大零售新业态，推动传统零售业向体验化、智能化、服务化转型，同时通过环境、设施改造升级，推动步行街、商圈扩大区域、提高价值。改善消费环境，积极运用科技手段，促进供需两端精准匹配，推进数字化商圈建设。差异化特色化定位夜间经济示范区，打响"夜游海河""夜赏津曲"等"夜津城"品牌，优化夜间消费载体配套环境。

第三，促进老字号焕发新活力。鼓励创新市场运营机制，培育年轻团队，深挖天津饮食、曲艺老字号品牌文化，加强跨界合作，引入时尚流行元素开展产品创新，打造时尚潮品、新品。推动老商号、老字号与新媒体融合，扶持运营视频号，推动直播带货，鼓励创造宣传老商号、老字号的优秀短视频内容。推动老商号、老字号上平台、进机场、进高铁、进免税店、进社区、进景点，定期举办老商号、老字号为主题的各类文化节、购物节。建立市场监测制度，全面了解和掌握老商号、老字号的发展现状及存在问题。

第四，营造浓厚城市消费氛围。高水平组织实施好"海河国际消费季"，增浓消费氛围，丰富消费场景，促进优质资源集聚，持续提升对国内外消费者的吸引力，打造津城消费新品牌。充分发挥文化中心的载体功能，持续引入有较大影响力的文化团体、文化活动和文化地标，提升文化消费品牌形象。重视城市整体营销，充分利用各类赛事、会展、节庆活动，多渠道、多形式宣传推广"购天津"品牌，搭建促消费新媒体宣传平台，构建立体式促消费宣传格局。

第五，文旅商融合激发消费新活力。充分发挥天津历史街区、文博场馆、海洋港口资源优势，推动文化旅游消费业态创新，让景区、名人故居、非物质文化遗产、老字号等本土文化旅游资源焕发新的生机。增强老城厢—古文化街等文旅商消费场所的体验功能和社交功能，发展集合多种业态的消费集聚区和文化旅游综合体。围绕津派文化、港口文化、国际都会文化等特色文化资源，加快培育一批民俗游、研学游、康养游、会展游、邮轮艇旅游等地方特色突出、品牌知名度高、文旅融合紧密的产品，打造一批服务消费产业融合创新示范项目。

（六）培育对外贸易发展新优势，增强经济发展动力

第一，维护物流供应链的稳定和畅通。继续做好港口和运输部门的疫情防控和保通保畅工作，加强港口和运输部门从业人员疫苗接种和个人防护管理，港口装卸作业和空港转运要严格执行疫情防控管理制度。加快协调解决港口物流堵点，积极推进多式联运物流发展，健全港口集疏运体系。持续提升中欧班列跨境运输便利化水平，巩固"港场直通"作业制度，推广海铁联运过境班列货物"船边直提"作业模式。加强国际海运保障力度，深化与航运企业合作，确保主要贸易航线畅通。

第二，加快外贸创新发展。要抢抓外贸新机遇，大力推动跨境电商、市场采购等贸易新业态发展，扩大家电、电子元件等优势产品出口规模，加大大宗商品进口力度。加紧制定实施乳品、红酒、化妆品、母婴用品等商品进口促进计划。完善冷链物流基础设施建设布局，大力发展蔬果类、肉类、海鲜类等新鲜农产品国际贸易。要实施对外贸易高质量发展工程，根据新形势新任务，科学决策，抓紧出台实施稳外贸政策措施，大力优化产品结构、贸易结构、市场结构，不断挖掘外贸增长潜力。

第三，加快"口岸经济"转型升级。推动"口岸经济"由"通道经济"向"产业经济"转型升级。深入推进口岸"放管服"改革，优流程、减单证、提效率、降成本，着力解决当前市场主体关切的"堵点""痛点""难点"问题，持续改善口岸营商环境。发挥科技先导和创新驱动作用，构建全流程、智慧化的口岸管理运行服务体系。加快构建新时代口岸法治体系，营造公开、透明、廉洁、高效的口岸执法环境。发挥项目推动作用，加快推进各项重大试点、重大项目、重大平台建设，推动各项任务落实落地。

2021—2022 天津宏观经济运行分析与预测

李　娜　天津市统计局国民经济综合统计处高级统计师

刘永明　天津市统计局国民经济综合统计处

摘　要： 2021 年，面对复杂多变的国内外经济形势，天津切实打好"治、引、育、稳、促"组合拳，着力推动高质量发展，全市经济运行总体平稳、稳中有进。同时，京津冀协同发展深入推进，制造业发展稳定向好，"双中心"城市加快建设，新动能引育扎实推进，民营经济和中小微企业发展态势良好，经济运行质量不断提高，民生福祉持续改善。预计 2022 年将继续保持稳定增长态势。下阶段，进一步统筹好疫情防控与经济社会发展，完整、准确、全面贯彻新发展理念，稳定重点领域增长态势，持续提升内需拉动力，激发市场发展活跃度。

关键词： 稳中有进　新发展理念　新发展格局　高质量发展

2021 年是"十四五"规划开局之年，面对复杂多变的国内外经济形势，天津切实打好"治、引、育、稳、促"组合拳，着力推动高质量发展，持续巩固拓展疫情防控和经济社会发展成果，全市经济运行总体平稳、稳中有进，主要宏观指标继续保持在合理区间，生产需求保持稳定，质量效益持续向好，民生保障有力有效，宏观经济运行走势与全国实现了同频共振。但也要看到，当前全球新冠肺炎疫情和国际形势错综复杂，我国发展不平衡不充分问题依然较多，天津经济稳增长压力仍然较大。下阶段，要坚持稳中求进的工作总基调，进一步贯彻落实好新发展理念，加快新发展格局建设，着力畅通经济循环，推动经济社会高质量发展，确保实现"十四五"良好开局。

一　2021年天津经济运行总体情况

（一）经济运行稳中有进

根据地区生产总值统一核算结果，2021年前三季度，天津市地区生产总值为11417.55亿元，按可比价格计算，同比增长8.6%，比2019年前三季度增长8.6%，两年平均增长4.2%。其中，第一产业增加值为139.97亿元，同比增长5.2%；第二产业增加值为4024.18亿元，同比增长8.5%；第三产业增加值为7253.40亿元，同比增长8.7%。

主要指标两年平均增速加快。地区生产总值两年平均增速逐季加快，分别比上半年、一季度加快0.7个百分点和1.8个百分点；规模以上工业增加值两年平均增长5.2%，与上半年持平，比一季度加快0.6个百分点；固定资产投资两年平均增长3.3%，分别比上半年、一季度加快2.3个百分点和0.5个百分点；限额以上批发和零售业商品销售额两年平均增长24.4%，分别比上半年、一季度加快1.0个百分点和17.6个百分点；限额以上社会消费品零售总额两年平均增长2.1%，分别比上半年、一季度加快0.6个百分点和0.2个百分点。

就业、物价保持稳定。全市新增就业30.97万人。居民消费价格同比上涨0.9%，涨幅比上半年扩大0.2个百分点，其中食品烟酒价格同比上涨0.8%，衣着下降3.2%，居住上涨0.8%，生活用品及服务上涨0.9%，交通通信上涨3.5%，教育文化娱乐上涨3.5%，医疗保健下降0.3%，其他用品及服务下降2.9%。

（二）农业基础持续稳固

前三季度，全市农林牧渔业总产值同比增长5.6%。玉米播种面积增加，秋粮生产形势较好。生猪产能逐步提升，生猪出栏量同比增长29.1%。三季度末，生猪存栏量同比增长21.4%，为2019年以来最高水平，其中能繁母猪存栏量增长20.7%。

（三）工业生产稳步增长

前三季度，全市规模以上工业增加值同比增长 10.6%，两年平均增长 5.2%。分经济类型看，国有企业增加值同比增长 13.9%，民营企业同比增长 11.3%，外商及港澳台商企业同比增长 8.2%。分三大门类看，采矿业增加值同比增长 2.8%，制造业同比增长 11.7%，电力、热力、燃气及水生产和供应业同比增长 18.5%。

前三季度，在 39 个行业大类中，32 个行业增加值同比增长，行业增长面为 82.1%，增长行业合计拉动全市规模以上工业增长 10.7 个百分点。其中，计算机、通信和其他电子设备制造业增加值同比增长 15.0%，拉动 1.2 个百分点；燃气生产和供应业增加值增长 1.1 倍，拉动 1.1 个百分点；石油、煤炭及其他燃料加工业增加值增长 28.6%，拉动 1.0 个百分点；医药制造业增加值增长 17.5%，拉动 1.0 个百分点。

前三季度，在 402 种目录产品中，256 种产品产量同比增长，占比为 63.7%。大宗商品稳步增长，生产天然原油 2527.31 万吨，同比增长 4.1%；天然气 29.01 亿立方米，增长 6.4%；钢材 4501.12 万吨，增长 4.5%。去产能成效持续显现，生产生铁 1430.42 万吨，同比下降 17.2%；粗钢 1421.76 万吨，下降 16.2%。

（四）新兴服务业较快增长

前三季度，服务业增加值占全市生产总值的比重为 63.6%。其中，金融业增加值同比增长 2.4%，两年平均增长 3.8%，金融机构（含外资）本外币各项存、贷款余额分别增长 4.9% 和 6.3%；交通运输、仓储和邮政业增加值同比增长 8.3%，两年平均增长 2.7%；批发和零售业增加值同比增长 14.8%，两年平均增长 4.3%；住宿和餐饮业增加值同比增长 15.6%。

前三季度，规模以上服务业营业收入增长 24.0%，两年平均增长 6.0%。其中，互联网和相关服务增长 20.1%，专业技术服务业增长 17.4%，商务服务业增长 19.6%。

（五）固定资产投资平稳增长

前三季度，全市固定资产投资（不含农户）同比增长 5.2%，两年平均增长 3.3%。分产业看，第一产业投资同比下降 50.6%，两年平均下降 1.2%；第二产业投资同比增长 4.5%，两年平均增长 3.7%；第三产业投资同比增长 6.6%，两年平均增长 3.2%。

分领域看，前三季度，工业投资同比增长 4.8%，两年平均增长 3.8%，比上半年加快 3.5 个百分点；基础设施投资同比增长 4.6%，比上半年加快 6.7 个百分点，两年平均增长 11.6%；房地产开发投资同比增长 7.3%，两年平均增长 0.4%。新建商品房销售面积同比增长 16.1%，两年平均下降 1.5%。商品房销售额同比增长 18.7%，两年平均增长 1.5%。

（六）消费品市场继续恢复

前三季度，全市社会消费品零售总额同比增长 7.8%。其中，限额以上社会消费品零售总额同比增长 9.4%，两年平均增长 2.1%。限额以上重点商品中，石油及制品类零售额增长 28.8%，服装、鞋帽、针纺织品类增长 10.2%，汽车类增长 6.2%。限额以上商品网上零售额增长 0.1%。

（七）外贸出口增长较快

前三季度，全市外贸进出口总额为 6287.75 亿元，同比增长 14.7%。其中，进口额为 3510.94 亿元，增长 8.9%；出口额为 2776.81 亿元，增长 23.1%。从出口贸易方式看，一般贸易出口 1609.33 亿元，增长 26.9%，占到全市出口的 58.0%；加工贸易出口 899.75 亿元，增长 5.0%，占比 32.4%。从出口伙伴看，对欧盟、美国、日本、韩国出口分别增长 35.7%、8.0%、28.0% 和 23.9%，对东盟出口增长 8.4%。

二 2021 年天津经济高质量发展情况

（一）京津冀协同发展深入推进

承接北京非首都功能疏解取得新进展。落实抢抓重要机遇期，积极承接北京非首都功能疏解工作推进机制，出台支持重点企业发展服务保障指引，承接环境进一步优化。积极对接目标单位来津布局，"引"的作用进一步发挥。前三季度，北京企业在津投资 1039.96 亿元，同比增长 22.7%。

"一基地三区"建设扎实推进。三地签署京津冀自贸试验区战略合作框架协议，加强产业对接、金融创新、政务服务等多领域协作。高质量推进世界一流绿色智慧枢纽港口建设，货物吞吐量增长 4.5%，集装箱吞吐量 1580.17 万标准箱，增长 14.8%，创历史同期最高水平。海河产业基金累计签署 44 支母基金合伙协议。

重点领域协同持续深化。京滨、京唐、津兴铁路加快建设，津静线市域（郊）铁路加紧推进。全市累计开通异地就医普通门诊直接结算定点医疗机构 1015 家，三地异地居住人员领取社保待遇信息实现互通协同认证。

（二）制造业发展稳定向好

前三季度，天津市坚持"制造业立市"，紧紧围绕构建"1 + 3 + 4"的现代工业产业体系，推动制造业加快转型升级，全市规模以上工业中制造业增加值同比增长 11.7%，快于全市工业 1.1 个百分点，拉动工业增长 8.5 个百分点，占比为 69.9%，两年平均增长 5.0%。

行业结构进一步优化。装备制造业增加值增长 10.6%，两年平均增长 8.4%，快于全市工业 3.2 个百分点。其中，计算机通信和其他电子设备制造业增加值增长 15.0%，拉动全市工业 1.2 个百分点；金属制品业增长 27.8%，拉动 0.8 个百分点；通用设备制造业增长 13.4%，拉动 0.6 个百分点，带动作用突出。产业链、供应链短板加快弥补，市场紧缺的集成电路、金属集装箱产量分别增长 70.0% 和 1.7 倍。

发展后劲不断增强。全市制造业投资增长 17.0%，快于全市投资 11.8 个百分点，拉动全市投资增长 1.6 个百分点。新开工项目明显增多，全市新开工项目 720 个，同比增长 9.1%，其中制造业项目 301 个，增长 37.4%。调结构作用不断增强，全市工业技改投资增长 6.6%，三季度以来增速逐步加快，其中制造业技改投资增长 11.0%，增速快于全市投资 5.8 个百分点。招商引资持续加快，制造业国内招商引资项目 518 个，到位资金增长 1.7 倍，占全市实际利用内资的 18.4%，同比提高 9.5 个百分点；制造业实际直接利用外资同比增长 40.8%，占全市实际直接利用外资比重为 15.5%，同比提高 2.6 个百分点。

（三）"双中心"城市加快建设

流通市场保持较快增长。前三季度，全市批发和零售业商品销售额同比增长 32.8%，其中限额以上销售额同比增长 33.5%，两年平均增长 24.4%。在大宗商品价格高位运行的带动下，生产资料商品销售拉动作用明显，金属材料类同比增长 47.6%，拉动限上销售额 19.1 个百分点；化工材料及制品同比增长 47.5%，煤炭及制品增长 42.8%，石油及制品增长 25.5%，合计拉动 8.9 个百分点。

消费升级趋势明显。限额以上商品零售类值中，金银珠宝类零售额增长 57.5%，化妆品类增长 27.6%，体育、娱乐用品类增长 26.8%，新能源汽车增长 81.7%，智能手机增长 18.6%。全市居民人均消费支出 24387 元，同比增长 16.9%，其中人均服务性消费支出增长 28.3%，教育文化娱乐服务支出增长 80.1%。

商业载体设施更加完备，假日经济、会展经济、夜间经济发展势头良好。成功举办海河国际消费季，中秋、国庆假期消费市场活力持续提升；东丽万达广场、宁河吾悦广场等大型商业综合体相继开业，国家会展中心正式启用，成功举办中国建筑科学大会暨绿色智慧建筑博览会、2021 中国（天津）国际汽车展览会、第 105 届全国糖酒会等多个大型展会；倾力打造夜间经济升级版，第二届夜生活节顺利举办。

（四）新动能引育扎实推进

高技术产业投资快速增长。前三季度，全市高技术产业在建项目 417 个，同比增长 33.2%；高技术产业投资增长 35.2%。其中，高技术制造业项目 220 个，投资增长 42.0%；高技术服务业项目 197 个，投资增长 28.0%。新型基础设施建设稳步推进，全市每万人 5G 基站数达 13.28 个，位居全国前列。

新产业快速发展。前三季度，规模以上工业中，战略性新兴产业增加值增长 13.1%，两年平均增长 7.8%，均快于全市工业平均水平，占比为 26.3%，同比提高 0.3 个百分点；高技术产业（制造业）增加值增长 16.7%，两年平均增长 8.8%，均快于全市工业平均水平，占比为 15.6%，同比提高 0.2 个百分点；工业机器人、服务机器人、新能源汽车等新产品产量分别增长 43.3%、2.1 倍和 96.8%。前三季度，规模以上服务业中，战略性新兴服务业和高技术服务业营业收入分别增长 12.6% 和 13.6%。

（五）民营经济和中小微企业发展态势良好

前三季度，全市民营经济增加值按可比价计算同比增长 8.8%，快于全市地区生产总值增速 0.2 个百分点，占比为 35.7%；中小微企业增加值按可比价计算同比增长 10.2%，快于全市地区生产总值 1.6 个百分点，占比为 34.1%。

从重点指标看，规模以上民营企业工业增加值同比增长 11.3%，快于全市 0.7 个百分点，占比 26.6%，同比提高 0.9 个百分点；中小微企业增加值增长 12.9%，快于全市 2.3 个百分点。限额以上民营企业批发和零售业商品销售额增长 37.6%，快于全市 4.1 个百分点，占比 60.4%，同比提高 1.8 个百分点；中小微企业销售额增长 35.4%，快于全市 1.9 个百分点，占比 86.0%，同比提高 1.2 个百分点。限额以上民营企业住宿和餐饮业营业额增长 35.7%，快于全市 7.1 个百分点，占比 58.5%，同比提高 3.0 个百分点；中小微企业营业额增长 32.6%，快于全市 4.0 个百分点，占比 62.5%，同比提高 1.9 个百分点。前三季度，规模以上服务业中，民营企业营业收入增长 24.2%，占比 58.4%，小微企业利润总额增长 7.3 倍。

市场主体持续增加。前三季度，全市新增市场主体 20.83 万户，增长 8.4%，其中民营市场主体 20.67 万户，增长 8.3%，占全部新增市场主体的 99.2%。截至 9 月末，全市"四上"统计调查单位数 22914 家，单位数比 2020 年同期增加 2728 家，同比增长 13.5%。

（六）经济运行质量不断提高

财税收入稳步增长。前三季度，全市一般公共预算收入增长 19.5%，增速快于全国平均水平 3.2 个百分点，也快于北京、上海、重庆，完成年初预算 78.7%。税收收入增长 16.0%，占比为 75.4%，比上半年提高 2.4 个百分点。

资金保障较好。金融存贷款增速回升，9 月末，金融机构人民币存贷款余额同比增长 5.8%，比上半年加快 0.4 个百分点。利用国内资金增长较快，前三季度，全市实际利用内资增长 28.5%，其中北京企业在津投资占比 37.7%，河北占比 4.0%。

企业效益好于全国平均水平。前三季度，全市规模以上工业营业收入同比增长 22.6%，快于全国 0.4 个百分点；利润总额同比增长 63.5%，快于全国 18.8 个百分点，两年平均增长 10.1%。39 个行业大类中，25 个行业利润同比增长，增长面超过六成。

（七）民生福祉持续改善

民生支出保障有力。前三季度，全市一般公共预算支出中，社会保障和就业支出增长 12.9%，教育支出增长 3.7%，卫生健康支出增长 5.7%。教卫文体等社会领域投资增长 3.3%，其中教育投资增长 5.2%，卫生和社会工作投资增长 31.4%。

就业形势总体稳定。多措并举，稳定和扩大就业岗位，支持企业吸纳高校毕业生等重点群体就业，发放一次性吸纳就业补贴，鼓励多种形式灵活就业，以创业带动更多就业，前三季度，新增就业人员完成全年计划的 88.5%，超序时进度 13.5 个百分点。9 月份，全市企业就业人员周平均工作时间为 47.2

小时，比 6 月份增加 0.6 小时。

居民收入持续增长。就业稳定、养老金标准继续提高、企业效益改善，为居民增收营造了有利条件。前三季度，全市居民人均可支配收入 37572 元，同比增长 9.0%，其中工资性收入增长 9.7%，支撑性力量依然稳固，经营净收入增长 21.8%；城镇居民人均可支配收入 41009 元，增长 8.7%，农村居民人均可支配收入 21136 元，增长 10.7%，增速快于城镇居民 2.0 个百分点。

保供稳价成效良好。面对国际大宗商品价格上涨等输入性因素冲击，天津市全力做好稳定物价工作，市场供应总体充足，居民消费价格温和上涨，前三季度居民消费价格同比上涨 0.9%，涨幅同比回落 1.9 个百分点，在近年同期中处于较低水平。

空气质量进一步改善。前三季度，全市空气质量优良天数为 192 天、同比增加 18 天，$PM_{2.5}$平均浓度 37 微克/立方米，同比下降 22.9%，达到监测以来历史最好水平。

三 2021 年经济运行中存在的主要问题

总体上看，2021 年全市经济继续保持稳定运行，但受多重因素影响，主要经济指标同比增速有所放缓，部分指标回落幅度较大。

一是重点行业对工业生产影响突出。受汽车缺芯、电力紧张、部分重点企业停产检修等多方面因素影响，工业生产持续放缓。9 月当月，全市规模以上工业增加值、工业用电量均出现下降，前三季度规模以上工业增加值增速和工业用电量增速分别比上半年回落 6.7 个百分点和 5.4 个百分点。其中前三季度汽车产量同比下降 14.0%，汽车制造业增加值仅增长 1.5%，比上半年回落 18.9 个百分点；化学原料和化学制品制造业增加值增长 14.2%，比上半年回落 13.7 个百分点。

二是原材料价格大幅上涨影响中小微企业效益。2021 年以来，国际大宗商品价格持续高位运行，带动国内原材料价格攀升。9 月下旬，全国螺纹钢本期价格比年初增长 30.8%，电解铜增长 17.3%，液化石油气增长 22.8%，无烟煤增长 90.5%。随着价格传导，原材料价格上涨推升了下游企业成本，挤压企业利润空间，特别是部分中小微企业受到更大影响。前三季度，规模以上工业中小微企业利润总额增长 35.2%，低于全市规模以上工业 28.3 个百分点；营业收入利润率为 4.24%，低于全市规模以上工业 2.63 个百分点；每百元营业收入中的成本为 87.9 元，高于全市 2.5 元。

三是投资增速持续低位运行。2021 年下半年以来，全市投资始终保持 5% 左右的低速增长，主要领域投资增速持续回落，民间投资前三季度同比下降 0.4%，两年平均下降 3.6%，占全市投资的比重为 37.4%，同比下降 2.1 个百分点。

四是住餐市场恢复势头减弱。受多地区新冠肺炎疫情散发等因素影响，8 月份开始，限额以上住宿和餐饮业营业额今年以来首次出现下降，9 月当月仍下降 3.0%。前三季度累计同比增长 28.6%，比上半年回落 20.7 个百分点。其中，限额以上住宿业营业额增长 22.5%，比上半年回落 30.4 个百分点；限额以上餐饮业营业额增长 30.1%，回落 18.4 个百分点。

四 2022 年天津经济形势展望及对策建议

（一）经济形势展望

展望 2022 年，天津经济持续稳定增长态势有望延续，但内外部环境仍然复杂严峻，不确定因素较多，机遇和挑战并存。

从国际看，全球经济持续复苏，贸易总体强劲增长，反弹好于预期，世界贸易组织（WTO）预测 2021 年全球商品贸易量将增长 10.8%，比年初预测提高 2.8 个百分点，2022 年将增长 4.7%。但近期受新冠肺炎疫情影响，经济复苏动力有所减弱，部分国际组织对全球经济增长的预期略有下调，国际货币基金组织（IMF）对 2021 年全球经济增速的预测从 7 月时的 6.0% 微幅下调至 5.9%，对 2022 年的全球增长预期维持在 4.9% 不变；经济合作与发展组织（OECD）预计 2021 年全球经济将增长 5.7%，二十国集团成员经济将增长 6.1%，与今年 5 月的预测相比分别下调 0.1 个百分点和 0.2 个百分点。同时，新冠肺炎疫情在全球范围内的继续传播致使全球供应链中断的持续时间超出预期，导致许多国家出现通胀加剧的现象，也进一步增加了全球经济面临的风险。

从国内看，进一步统筹疫情防控和经济社会发展，强化宏观政策跨周期调节，有效应对疫情、汛情等多重考验，国民经济总体保持恢复态势，结构调整稳步推进，推动高质量发展取得新进展。国际货币基金组织预测我国 2021 年全年经济增速有望达到 8%，2022 年预计将增长 5.6%，经济合作与发展组织预计 2021 年我国经济增长 8.5%。但经济恢复仍不稳固、不均衡，9 月份，全国制造业采购经理指数（PMI）为 49.6%，其中生产指数为 49.5%，新订单指数为 49.3%，均在临界点以下，表明制造业景气水平有所回落。

从天津市看，各项"六稳""六保"政策措施持续显效，京津冀协同发展、制造业立市、构建"双城"发展格局、"双中心"城市建设等重大战略深入实施，将进一步巩固经济发展基础。但也应看到，2021 年下半年以来，国内新冠肺炎疫情多点散发、能源供应偏紧等因素叠加，风险挑战明显增多，加之上年同期基数抬升影响，全市主要经济指标同比增速有所放缓，经济发展难度将有所加大。初步展望，天津市经济将继续保持稳定增长态势。

（二）针对性举措

下阶段，要坚持以习近平新时代中国特色社会主义思想为指导，坚持稳中求进工作总基调，继续完整、准确、全面贯彻新发展理念，扎实推动高质量发展。

1.稳定重点领域增长态势

紧盯工业生产、商品销售等在全市经济中占比高、影响大的行业，加强对重点行业和重点企业数据分析和监测，加大帮扶力度，促进相关行业加快发展。多渠道、多举措稳定电力生产，提升外电绿电比重，科学安排有序用电，细化优化用电方案，确保涉及民生、重点产业链企业、安全生产领域用电供应，稳定企业生产信心；关注各重点产业链情况，加大串链、补链、强链力度；持续关注铁矿石、原油等生产资料价格走势和市场需求变化，加强分析研判，及时跟进相关政策，加快平行车清关速度。

2.进一步提升内需拉动力

充分发挥投资关键性作用，一方面，加快已有项目施工进度，促进未开工的重点项目尽快开工建设，形成实物工作量；另一方面，以专项债穿透式监管为契机，紧盯北京需要向外疏解的优质单位、央企二三级总部转移承接、全国知名企业新项目新动作、成长潜力大的"专精特新"企业等，加大企业落子天津的可能性，增加项目储备。持续提升消费市场活力，围绕打造国际消费中心城市、区域商贸中心城市建设，发挥重点商圈商街吸聚作用，延续海河国际消费季良好势头，大力提升城市消费品质和消费活力。

3.加力提升市场发展活跃度

全面梳理国家和天津市出台的促进投资消费、提升市场活力、保护小微企业发展的政策措施，确保各项政策落地、落实、落细，使政策红利充分惠及企业和人民群众。继续推进税费、租金减免或延缓缴纳等各项政策有效落实，为中小微企业发展解困松绑，切实减轻负担，促进市场主体快速恢复，增强发展后劲。进一步优化营商环境，激发市场主体发展的自主意愿和内生动力，提升服务企业的时效性和精准度，积极打造全面繁荣活跃的新发展局面。

参考文献：

[1] 国际货币基金组织（IMF）：《全球经济展望》，2021 年 10 月 12 日。

[2] 世界贸易组织（WTO）：《贸易统计及展望》，2021 年 10 月 4 日。

[3] 经济合作与发展组织（OECD）：《经济展望报告》，2021 年 9 月 21 日。

[4] 中华人民共和国国家统计局：《前三季度国民经济总体保持恢复态势》，2021 年 10 月 18 日。

产业篇

天津固定资产投资运行研究报告（2022）

邢中宝　天津市统计局高级统计师

摘　要： 2021 年前三季度，全市投资领域认真贯彻落实党中央、国务院"六稳""六保"工作部署，注重发挥重大项目稳投资的"压舱石"作用，新开工项目个数明显增长、大项目建设进展顺利，制造业投资较快增长、基础设施投资加快，卫生和社会工作等社会领域投资快速增长，补短板力度继续加大。全市固定资产投资（不含农户）同比增长 5.2%，投资运行稳中向好、结构趋优。

关键词： 天津　固定资产投资　运行

　　2021 年前三季度，全市投资领域认真贯彻党中央、国务院关于统筹推进疫情防控和经济社会发展的部署，落实天津市委、市政府一系列"稳投资"政策，持续加大统筹协调和项目组织推动力度，分两批集中新开工重大项目 700 余个、计划总投资 5600 亿元，推动专项债券资金形成有效投资，高技术产业投资增势明显，投资结构持续优化。

一 全市投资项目规模扩大，质量提升

（一）全市重点建设项目规模扩大

根据 2021 年 3 月市发展改革委印发的《天津市 2021 年重点建设、重点储备项目安排意见》，今年全市安排了重点建设项目 430 个，计划总投资 1.06 万亿元，预计本年投资近 2100 亿元，重点建设项目规模达到了近年来最高水平。

从领域看，产业科技创新类重点项目 163 个，项目计划总投资 2406 亿元，预计本年投资 512 亿元，重点推动中科曙光天津产业基地二期工程等项目加快建设。基础设施建设类项目 97 个，项目计划总投资 4862 亿元，预计本年投资 811 亿元，重点推动轨道交通 Z4 线一期、北京至天津滨海新区城际铁路（宝坻—滨海新区）工程等项目加快建设。农林和生态类项目 44 个，计划总投资 923.55 亿元，预计本年投资 137 亿元，重点推动绿色生态屏障、生态储备林、高标准农田建设等项目加快建设。社会民生类项目 88 个，项目计划总投资 1271 亿元，预计本年投资 237 亿元，重点推动国家会展中心一二期、康汇医院、中核工业大学等项目加快建设。其他类项目 38 个，项目计划总投资 1134 亿元，预计本年投资 399 亿元，重点推动"两化"搬迁改造、天津南港 120 万吨/年乙烯及下游高端新材料产业集群等项目加快建设。

（二）重点建设项目质量提升

一是在产业上更加创新。我市主动适应经济发展新格局，围绕制造业立市、科技创新、新动能引育，加大对产业科技创新领域项目的引育，重点筛选科创中心、先进制造业、数字经济、现代服务业等方面的高质量项目，产业科技创新类项目投资比重超 20%，将有效提升我市科技创新能力。二是在项目规模上继续做大。今年我市重点建设项目的数量比去年增长 8%，高于去年水平，对增强经济发展后劲意义重大。三是大项目支撑作用更加明显。今年重点建设项目中，计划总投资 10 亿元及以上的项目占 90%，50 亿元及以上项目占 69%，大项目支撑作用继续增强。

（三）在建项目规模平稳增长

前三季度，我市各部门加大对建设项目的服务力度，不断优化营商环境，全市建设项目计划总投资 16993 亿元，增长 11.2%，比上半年加快 2.1 个百分点。

从产业看，农林牧渔业在建项目计划总投资 570 亿元，增长 16.4%，比上半年加快 17.4 个百分点。工业在建项目计划总投资 6081 亿元，增长 13.6%，比上半年加快 3.9 个百分点。其中，制造业在建项目计划总投资 4482 亿元，增长 20.6%，比上半年加快 4 个百分点，同比有较大幅度的增长，并保持增速加快态势。受财政资金影响，政府投资主导的交通运输、仓储和邮政业在建项目计划总投资 3791 亿元，下降 5.6%，比上半年降幅扩大 2.9 个百分点。房地产业在建项目计划总投资 1367 亿元，增长 9%，比上半年加快 2.9 个百分点。水利、环境和公共设施管理业在建项目计划总投资 2894 亿元，增长 38.9%，比上半年加快 4.5 个百分点。

二　投资运行总体平稳增长

前三季度，全市固定资产投资（不含农户）同比增长 5.2%，增速与 1—8 月持平；比 2019 年前三季度增长 6.6%，两年平均增长 3.3%。当月投资连续 2 个月实现正增长，增长基础逐渐稳固，增速逐步企稳提升。

（一）第三产业投资带动全市投资增长

从三次产业看，主要受农业、林业投资减少影响，第一产业投资下降 50.6%，下拉全市投资 0.8 个百分点。其中，农业投资下降 45.8%，下拉第一产业投资 12.1 个百分点，占第一产业投资的 29%。林业投资下降 58.2%，下拉第一产业投资 40.4 个百分点，占第一产业投资的 56.8%。

在制造业投资带动下，第二产业投资增长 4.5%，拉动全市投资增长 1 个百分点，占全市投资比重 21.4%。第二产业中，采矿业投资增长 9.6%，占全市投资 5.3%，占第二产业投资的 23.4%。制造业投资增长 17.0%，拉动全市投资增长 1.6 个百分点，占全市投资 10.6%，占第二产业投资 44.2%。电力、热力、燃气及水生产和供应业投资下降 15.5%，下拉全市投资 1.1 个百分点，占全市投资 5.6%，占第二产业投资的 32.4%。

在房地产投资支撑下，第三产业投资增长 6.6%，拉动全市 5.1 个百分点，占全市投资的 77.8%。第三产业中，交通运输、仓储和邮政业投资增长 14.5%，拉动全市投资增长 1.2 个百分点，占全市投资的 9.1%，占第三产业投资的 11.7%。房地产业投资增长 6.8%，拉动全市投资增长 3.6 个百分点，占全市投资的 53.4%，占第三产业投资的 68.6%。

（二）产业项目平稳增长，房地产开发经营投资带动明显

从项目类别看，产业项目投资增长 3.1%，保持平稳增长，拉动全市 1.5 个百分点，占比 48.1%。房地产开发经营项目投资增长 7.3%，拉动全市 3.7 个百分点，占比 51.9%，发挥了带动作用，支撑全市投资增长。

（三）投资增速仍有提升空间

从全国看，前三季度，全国固定资产投资（不含农户）增长 7.3%，我市增速低于全国 2.1 个百分点，但下半年来离差逐步收窄。湖北（32.5%）、新疆（23.2%）、广西（13.8%）、吉林（13.8%）和海南（13.7%）等省区增长较快，我市增速位于全国第 22 位。

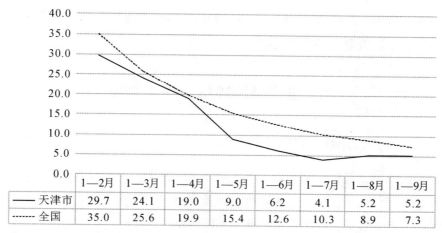

	1—2月	1—3月	1—4月	1—5月	1—6月	1—7月	1—8月	1—9月
—— 天津市	29.7	24.1	19.0	9.0	6.2	4.1	5.2	5.2
---- 全国	35.0	25.6	19.9	15.4	12.6	10.3	8.9	7.3

—— 天津市 ---- 全国

图 1 前三季度我市与全国投资增速情况（%）

从东部 10 省市看，我市投资增速低于东部地区增速（7.8%）2.6 个百分点，位于东部第 8 位，高于河北（增长 0.4%）、福建（增长 4.9%）。海南增速最快，增长 13.7%；浙江次之，增长 13.1%。

表 1 前三季度东部地区各省市投资增速位次情况

	增长（%）	在全国位次	东部地区位次
东部地区	7.8		
北　京	7.9	20	6
天　津	5.2	22	8
河　北	0.4	26	10
上　海	9.4	13	4
江　苏	6.7	21	7
浙　江	13.1	8	2
福　建	4.9	25	9
山　东	8.7	15	5
广　东	9.8	11	3
海　南	13.7	5	1

直辖市中，北京增长 7.9%，上海增长 9.4%，重庆增长 8.4%，天津增长 5.2%，我市投资增速仍有较大增长空间。

三　投资结构趋优，亮点突出

（一）加大促开工力度，狠抓大项目建设

前三季度，我市各部门以重点建设项目为抓手，加大对建设项目的服务力度，不断优化营商环境，先后推动两批项目集中开工，加大对项目的服务力度，帮助建设单位纾困解难，推进大项目建设进度

从开工情况看，前三季度，全市新开工项目 720 个，增长 9.1%，比 1—月加快 14.4 个百分点；新开工项目计划总投资 2231 亿元，增长 32.3%，比 1—8 月加快 29.1 个百分点，较上半年加快 30.4 个百分点。从产业投向看，工业新开工 359 个，增长 25.1%；工业新开工计划总投资 1291 亿元，增长 35.6%。交通运输、仓储和邮政业新开工 43 个，增长 53.6%；计划总投资 271 亿元，增长 1.3 倍。教育、卫生和社会工作合计新开工 48 个，增长 26.3%，计划总投资 81 亿元，增长 1 倍。

从项目规模看，前三季度，全市计划总投资 1 亿元及以上在建项目 1317 个，增加 167 个；其中本年新开工 228 个，增加 56 个。计划总投资 10 亿元及以上在建项目 248 个，增加 27 个；其中本年新开工 33 个，增加 3 个。亿元以上项目完成投资占到了全市的 96.3%，大项目有力地支撑了全市投资增长。

从新开工项目本年投资看，在爱旭太阳能新增年产 5.4GW 高效硅基太阳能电池项目、天津南港 120 万吨/年乙烯及下游高端新材料产业集群项目、常源科技汽车部件模检具智能制造扩建、江天数据（北辰）云数据中心等项目的带动下，制造业新开工项目本年投资增长 18.4%；教育行业新开工项目本年投资增长 12.8%；卫生和社会工作新开工项目本年投资增长 63.6%。

（二）落实"制造业立市"战略，制造业投资持续较快增长

天津市制造业立足新发展阶段、贯彻新发展理念、融入新发展格局，以推动高质量发展为主题，以深化供给侧结构性改革为主线，以智能制造为主攻方向，坚定不移走创新驱动发展之路，大力发展战略性新兴产业，打好产业基础高级化、产业链现代化攻坚战，加速制造业高端化、绿色化、智能化发展，着力构建现代工业产业体系，加快建设制造强市和全国先进制造研发基地。

作为"十四五"制造业发展的开局之年，天津市着力加快新动能引育，着力提升产业创新能力，强化制造强市战略支撑，着力突破"卡脖子"关键核心技术，关注全产业链优化升级，着力打造"两化"融合升级版，推动新一代信息技术与制造业融合发展，推进制造业绿色转型升级。加快建设一批高质量的大项目、好项目，为优化产业结构、实现高质量发展提供关键性支撑。

1.围绕产业链招商谋划项目，制造业项目投资势头强劲

前三季度，全市制造业在建项目1112个，增长18.3%；其中本年新开工301个，增长37.4%。制造业项目计划总投资增长20.6%，其中本年新开工项目增长99.8%。制造业投资增长17.0%，各项指标均明显高于全市平均水平。制造业投资拉动全市1.6个百分点，占全市10.6%。

2.加快新动能项目落地，夯实高质量发展基础，高技术制造业投资增势良好

前三季度，全市高技术制造业在建项目220个，增长15.2%；投资增长42%。其中，电子及通信设备制造业投资增长61.1%，占高技术制造业投资的67.4%；医药制造业投资增长18.3%，占15.5%；医疗仪器设备及仪器仪表制造业投资增长98.6%，占5.7%。

从行业看，受天津一汽丰田新能源工厂建设项目同期影响，汽车制造业投资下降1.7%。计算机、通信和其他电子设备制造业投资增长43.8%，中芯

国际 T2/T3 集成电路生产线、三星电机 MLCC 滨海三期扩能、鸿富锦云计算设备产业化技改等项目投资进度加快。电气机械和器材制造业投资增长 1.2 倍，爱旭太阳能高效硅基太阳能电池、三星电池产能增设、环智新能源高效太阳能超薄硅单晶片智慧工厂等项目带动增长。

（三）基础设施建设提速

今年来，全市多方面筹措建设资金，用好专项债券缓解资金紧张问题，支持基础设施项目建设，全市基础设施投资加快增长。前三季度，全市基础设施投资增长 4.6%，比 1—8 月（0.7%）加快 3.9 个百分点；拉动全市增长 0.9 个百分点，占比 19.5%。

分行业看，交通运输和邮政投资增长 15.9%，比 1—8 月加快 4.9 个百分点。地铁轨道交通等道路运输业投资增长 21.5%。信息传输和信息技术服务投资增长 37.2%，其中互联网和相关服务增长 4.3 倍。

公共设施管理业投资增长 29.6%，在其带动下，水利、生态环境和公共设施管理投资增长 11.7%，比 1—8 月加快 7.7 个百分点，天房团泊综合开发、蓟州、静海等区污水治理项目顺利推进。

积极推进国家会展中心及周边配套基础设施的建设。国家会展中心总建筑面积 138 万平方米，其中，一期展馆区已在今年 5 月底前完工并于 6 月首次开展。9 月，二期项目展厅等主体结构已成功验收，标志着天津国家会展中心将以更大更强的硬件支撑，做好服务国家战略、引领北方会展经济发展的大文章。二期周边配套基础设施共 11 个子项，计划今年内启动建设。

（四）补短板力度加大，部分社会领域投资较快增长

社会领域投入持续加大。前三季度，全市教育、卫生和社会工作、文化体育和娱乐等社会领域在建项目 287 个，增长 11.7%，其中本年新开工 57 个；投资增长 3.3%。本年完成投资 1 亿元及以上项目 21 个。其中，在中国民航大学新校区建设及老校区更新改造、核工业大学新建、医科大学新校区一期工程等项目带动下，教育投资增长 5.2%。在康汇医院、中国人寿天津空港经

济区养老养生、中国医学科学院血液病医院团泊院区等项目带动下，卫生和社会工作投资增长 31.4%。

（五）高技术产业投资快速增长

前三季度，全市高技术产业在建项目 417 个，同比增长 33.2%；投资增长 35.2%，比 1—8 月提高 3.5 个百分点。

高技术制造业投资增长 42%，占高技术产业投资的 53.9%。其中，电子及通信设备制造业投资增长 61.1%，占全部高技术制造业投资的 67.4%；医药制造业投资增长 18.3%；医疗仪器设备及仪器仪表制造业投资增长 98.6%。

高技术服务业投资增长 28%，占高技术产业投资的 46.1%。在京津冀协同发展新动能引育创新平台、中国电信集团有限公司京津冀大数据基地、北京铜牛信息科技股份有限公司云计算平台、天津空港云尚数据中心等项目的带动下，信息服务行业投资增长 17.3%；环境监测及治理服务投资增长 32.2%。

高技术产业新开工项目进展顺利。前三季度，高技术产业新开工项目完成投资增长 24.5%，占高技术产业投资的 31.0%。其中，天津联通 2021 年 5G 网络及配套设施建设项目、常源科技汽车部件模检具智能制造扩建项目、江天数据（北辰）云数据中心、恩智浦半导体新建测试中心及测试生产线升级改造、天津中环领先半导体硅片一期等项目进展顺利。

（六）中心城区投资较快增长

前三季度，有 10 个区投资增速高于全市。中心城区平均增长 20.9%，其中河东区（45.8%）、红桥区（37.2%）、南开区（18.4%）增速较快。环城四区平均增长 0.8%，西青、津南区分别下降 4.2%、1.4%。远郊五区平均增长 5.7%，蓟州区下降 9.1%。滨海新区增长 4.2%，比 1—8 月回落 1.2 个百分点，占全市的 32.6%。

（七）房地产开发项目投资平稳增长

前三季度，全市房地产开发投资 2280.51 亿元，同比增长 7.3%，增速比上半年回落 3.6 个百分点，比 2019 年前三季度增长 0.8%，两年平均增长 0.4%。

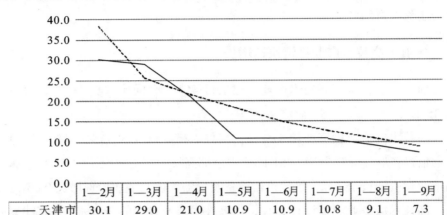

	1—2月	1—3月	1—4月	1—5月	1—6月	1—7月	1—8月	1—9月
天津市	30.1	29.0	21.0	10.9	10.9	10.8	9.1	7.3
全国	38.3	25.6	21.6	18.3	15.0	12.7	10.9	8.8

—— 天津市 ----- 全国

图 2　前三季度我市与全国房地产开发投资增速情况（%）

1.建筑安装工程投资贡献率较高

按构成分，我市房地产开发项目建安投资 747.38 亿元，增长 20.6%，占 32.8%，拉动全市房地产开发投资增长 6.0 个百分点；土地购置费 1196.36 亿元，下降 5.3%，占 52.5%；其他投资 336.77 亿元，增长 39.3%，占 14.8%。从贡献率看，建安投资对全市房地产开发投资增长贡献率为 82.0%，是拉动投资增长的主要因素。

2.住宅投资占比近八成

从工程用途看，住宅投资 1793.33 亿元，增长 4.6%，占 78.6%，拉动全市增长 3.7 个百分点；办公楼投资 41.55 亿元，增长 14.1%，占 1.8%；商业营业用房投资 149.16 亿元，增长 19.4%，占 6.5%；其他投资 296.47 亿元，增长 19.4%，占 13.0%。

3.中心城区房地产开发项目投资拉动作用明显

分区域看，中心城区房地产开发项目投资 453.17 亿元，增长 23.0%，占 19.9%，拉动全市增长 4.0 个百分点；环城四区 927.71 亿元，增长 2.7%，占

40.7%，拉动全市增长 1.2 个百分点；远郊五区 514.94 亿元，增长 7.1%，占 22.6%，拉动全市增长 1.6 个百分点；滨海新区 384.68 亿元，增长 3.2%，占 16.9%，拉动全市增长 0.6 个百分点。

四 全年展望及建议

总体看，前三季度全市投资平稳增长，结构有所优化，但同时，影响投资的不稳定因素仍然存在。一方面，当前钢铁、水泥等建材价格上涨，能源保障偏紧，冬季大气污染防控、施工人员返乡等多方面因素，会对在建项目进度造成不利影响。另一方面，新开工项目增多、大项目进度加快，制造业投资有望持续较快增长，房地产开发投资有望平稳增长，若基础设施投资继续保持向好势头，则全市投资仍有平稳增长、增速提高的空间。

四季度是推进在建项目进度的关键时期，也是完成全年投资目标的最后窗口期。下一步，要全力以赴抓好"稳投资"工作，加快推进重大工程项目建设，合理布局投资项目，促进投资稳步增长。

（一）加快对已完成工作量的结算和计量

调研中发现，部分使用政府资金的基础设施、保障房等项目，工程已竣工投产，但结算进度缓慢，不能提供计量投资额的有效凭据，导致投资额未完全反映项目进度。建议相关部门加快结算计量工作进度，及时反映投资进度。

（二）继续做好促开工工作

截至 2021 年 9 月底，在全市 2021 年重点建设项目、第一批和第二批新开工重大项目中，还有未实质性开工、不能纳统的项目 235 个，计划总投资 1670 亿元，本年计划投资 310 亿元。推动滨海新区 Z2 线、静海区北京协和医学院天津基地项目、蓟州区矿山地质环境综合治理三期等项目尽快开工，提供投资增量。

（三）加大项目谋划和储备力度

按照谋划项目是储备项目的 3 倍、储备项目是在建项目 2 倍的要求，结合"十四五"规划和各区优势，年底前精准谋划新一批重大项目，确保项目可持续、投资有保障。

1.压实工作责任

各区、各部门充分落实"十四五"高质量项目落地实施方案确定的目标任务，力争实现"十四五"期间全市年均新开工项目规模 6000 亿元以上，其中制造业项目投资比例 15%以上，社会资本投资比例 80%以上。市有关部门强化行业管理责任，牵头负责分管行业内的项目谋划储备和建设推动工作，加强对各区的服务指导，推动各领域项目落实落地。各区强化属地责任，牵头负责各行政区域内项目谋划建设工作，压实园区、乡镇和区级部门工作责任，制定推动落实方案，确保实现工作目标。

2.建立有效工作机制

各区、各部门充分认识抓项目的极端重要性，将推动项目建设作为重点工作，高标准制定任务目标和落实举措，以"跳起来摘桃子"的政治自觉抓好工作落实。各区做实统筹协调机制，充分发挥工信、住建、规划资源、交通运输等相关部门作用，提前谋划一批各自领域重大项目，区发改委加强统筹协调，定期召开会议分析研判。

3.强化前期服务

各区项目管理部门加大对储备项目的前期服务力度，确保项目推进过程中的问题有人抓、有人管。建立健全投资项目储备库管理制度，理清项目储备清单，形成远近结合、梯次接续的储备格局。动态更新项目储备库，及时掌握项目进展情况，研判项目落地形势，分析项目投资计划。

（四）进一步发挥制造业投资带动作用

围绕落实《天津市制造业高质量发展"十四五"规划》，着力解决我市制造业规模体量不够大、市场主体不够多、部分重点产业链产地配套率低、企业研发投入占比较低、头部企业较少、要素资源保障不够、企业直接融资占比较低、高层次人才和高技能人才对制造业发展有效支撑不够、水电气等要素成本较高等诸多问题，壮大制造业产业规模，加快产业创新步伐，推动制造业形成新的经济增长极。

持续优化营商环境，坚持围绕制造业优势产业招商，不断谋划制造业项目，持续提高制造业投资比重，以此调整投资行业结构、主体结构，增强经济活力。

参考文献：

[1] 翟善清：《投资稳定增长 结构持续优化》，http：//www.ce.cn/xwzx/gnsz/gdxw/202110/19/t20211019_37005037.shtml。

[2]《2021 年 1—9 月份全国固定资产投资（不含农户）增长 7.3%》，http：//stats.gov.cn/tjsj/zxfb/202110/t20211018_1822964.html。

[3]《前三季度我市固定资产投资主要情况》，http：//stats.tj.gov.cn/sy_51953/jjxx/202110/t20211028_5667131.html。

天津消费品市场发展研究报告（2022）

康佳迎　天津市统计局贸易外经处

摘　要： 天津商贸系统开展扩消费稳运行若干举措，积极应对后疫情时期居民消费热情不足等问题，零售业、住宿业和餐饮业持续回暖，消费市场转型升级稳步推进，消费需求有效释放，商贸经济运行总体平稳，质量效益持续向好，民生保障有力有效。但国际疫情反复不断，国内疫情时而散发，汽车、电子等产业链较长的重点消费品供给受到较大影响，同时居民预防性储蓄增加，消费信心不足等问题依然存在，预计后期消费市场将呈现波动性复苏趋势。下一阶段，为加快天津消费品市场发展，应进一步促进大宗商品更新消费，加大小微零售专项扶持，加快零售项目引进，提升天津品牌影响力。

关键词：　消费品供给　会展经济　海河国际消费季

　　面对复杂严峻的国内外环境，天津准确把握新发展阶段，深入践行新发展理念，积极融入新发展格局，持续巩固拓展疫情防控和经济社会发展成果，经济运行总体平稳。全市商贸系统开展若干举措，举办海河国际消费季，按计划顺利投入使用国家会展中心（天津）展馆，积极应对后疫情时期居民消费热情不足、芯片短缺重点商品供应不足等问题，零售业、住宿业和餐饮业持续回暖，消费市场转型升级稳步推进，消费需求有效释放，居民生活供给保障稳定，新兴产业快速发展。

一　2021年天津消费品市场总体情况

2021年以来，随着天津国际消费中心城市前期筹备和后期建设工作的逐步推进，统筹疫情防控和消费促进工作，春节、"五一"、中秋、国庆假期消费市场与上年同期相比明显复苏，实体零售、餐饮等接触性消费回暖向好，综合体等新商业模式蓬勃发展，消费升级类、健康绿色类商品持续畅销，消费结构进一步优化，消费市场总体情况稳步向好。

（一）消费市场稳定复苏

前三季度，我市消费市场经受住全国局部地区新冠肺炎疫情散发以及极端天气等因素冲击，总体延续恢复态势，全市社会消费品零售总额（以下简称"社零额"）实现同比较快增长，供需基本稳定，逐步回暖的趋势明显。全市实现社会消费品零售总额2789.11亿元，同比增长7.8%。其中，限额以上单位消费品零售额同比增长9.4%。

从分月情况看，消费规模逐步扩大，全市当月限额以上单位消费品零售额由3月份的186.49亿元扩大至6月份的200.80亿元，月均新增消费4.8亿元。7、8月份受全国其他地区疫情散发和极端天气影响，当月回落至180亿元以下，9月份受中秋小长假等有利因素拉动快速回升至193.01亿元，消费市场韧性彰显。

（二）消费供给持续向好

重点商贸企业生产经营景气状况调查结果显示，三季度，九成左右商贸企业对未来经营持积极预期态度，调查单位对相关政策落实情况认可度提升。

一是九成左右商贸企业对未来经营持积极预期态度。批发和零售业调查单位持积极预期态度的比重提高。92.3%的批发和零售业调查单位表示，对下季度本企业经营状况持积极预期，比重较二季度提高1.3个百分点；94.4%的调查单位表示，对下季度本行业运行状况持积极预期，比重较二季度提高 2.4 个百分点。

二是本季度受益于相关政策的帮助和支持的商贸企业比重提升。三季度，24.8%的批发和零售业调查单位、40.0%的住宿和餐饮业调查单位，认为本季度受益于相关政策的帮助和支持，比重较二季度分别提高 2.1 个百分点和 5.2 个百分点。其中，27.1%的小微型批发和零售业调查单位、36.4%的小微型住宿和餐饮业调查单位，认为本季度受益于相关政策的帮助和支持，比重较二季度分别提高 1.8 个百分点和 7.0 个百分点。

三是税费负担有所下降的商贸企业比重明显提升。三季度，6.6%的批发和零售业调查单位、10.8%的住宿和餐饮业调查单位认为税费负担下降，比重较二季度分别提高 1.0 个百分点和 7.8 个百分点；认为税费负担上升的企业占比分别为 10.1%和 9.2%，比重较二季度分别回落 3.6 个百分点和 27.2 个百分点。"减税降费"被认为是商贸企业最受益的政策措施。81.2%的受益于相关政策的帮助和支持的批发和零售业调查单位、92.3%的住宿和餐饮业调查单位，认为本单位在"减税降费"这项政策措施上受益。

（三）消费需求基础稳固

前三季度，天津居民收入持续稳定恢复，全市统筹疫情防控和经济社会发展成效持续显现，随着营商环境的不断优化，市场活力进一步释放，居民家庭经营净收入加快恢复，持续实施就业优先战略，多措并举支持多渠道灵活就业，带动更多群体获得稳定的薪资收入，坚持以人民为中心的发展思想，全力保障人民生命财产安全，民生领域投入不断增加，转移净收入持续发挥保障居民增收"压舱石"作用。

前三季度，天津居民人均可支配收入 37572 元，比上年同期名义增长 9.0%，扣除价格因素，实际增长 8.0%；与 2019 年前三季度相比，两年平均名义增长 5.7%，实际增长 3.8%。居民收入持续稳定恢复，两年平均名义和实际增速分别比上半年提升 1.0 个百分点和 1.1 个百分点。其中，天津居民人均工资性收入 24204 元，增长 9.7%，两年平均增长 5.0%；人均经营净收入 2629 元，增长 21.8%，两年平均增长 0.9%；人均转移净收入 7184 元，增长 5.4%；两年平均增长 9.6%。

随着居民收入持续稳定恢复，以及保价稳供、加力汽车促销、提质夜间经济、启动海河国际消费季等一系列举措保障下，基本生活类消费平稳增长，部分改善生活品质的服务消费增势良好，居民消费支出持续恢复性反弹，两年平均增速有所加快。

前三季度，天津居民人均消费支出 24387 元，增长 16.9%，扣除价格因素，实际增长 15.9%；两年平均名义增长 1.3%，实际下降 0.5%。其中，城镇居民人均消费支出 26526 元，增长 16.7%，扣除价格因素，实际增长 15.6%；两年平均名义增长 0.9%。农村居民人均消费支出 14163 元，增长 18.3%，扣除价格因素，实际增长 17.3%，两年平均名义增长 4.8%。与上半年相比，居民人均消费支出增速有所回落，但两年平均增速提升 0.3 个百分点，继续保持恢复性增长态势。其中，天津居民人均服务性消费支出大幅增长 28.3%，高于居民人均消费支出 11.4 个百分点，人均用于美容美发洗浴、家政服务的消费支出两年平均增速达两位数。

二　天津消费品零售市场主要特点

（一）转型升级持续深入

1. 实体零售活力增强，线下市场加快复苏

"海河国际消费季"期间，全市累计开展数百场促消费专题活动，进一步激发了实体零售活力。6—9 月份，全市实体零售业限额以上零售额 506.92 亿元，占限额以上零售额比重 72.3%，较去年同期提升 2.7 个百分点。

家具文体服装线下消费明显向好。6—9 月份，实体零售业家具类、家用电器音像器材类零售额累计增速分别比互联网零售业高 47.5 个百分点和 30.3 个百分点，文化办公用品类、体育娱乐用品类分别高 29.2 个百分点和 26.7 个百分点，服装鞋帽针纺织品类、饮料类、烟酒类分别高 13.4 个百分点、28.7

个百分点和 9.6 个百分点。服装鞋帽针纺织品类中实体零售业占到 35.3%，较前 5 个月提升 3.0 个百分点。

实体零售业网上业务快速增长。6—9 月份，限额以上实体零售业网上零售额当月分别增长 18.9%、27.5%、36.6% 和 53.2%，累计增长 33.0%，占到全网比重 17.7%，同比提高 4.9 个百分点。大型超市表现突出，9 月份，沃尔玛、华润万家网上零售均增长较快。

重点商圈持续增长。6—9 月份，金街（劝业场街道辖区，下同）企业限额以上零售额累计增长 9.8%，乐宾百货、中原百货、好利来等企业实现不同程度的增长。老字号好于全市平均水平，前三季度，18 家批零业老字号零售额 11.07 亿元，增长 11.0%，高于全市限额以上 1.6 个百分点，亨得利、老美华、正兴德增长较快；10 家住餐业老字号营业额 1.77 亿元，增长 33.2%，高于全市限上 4.6 个百分点，登瀛楼、燕春楼、利顺德、狗不理、起士林实现快速增长。

2.升级类商品消费活跃，消费结构明显改善

前三季度，全市限额以上单位商品零售额中，金银珠宝类、化妆品类、体育娱乐用品类分别增长 57.5%、27.6% 和 26.8%，新能源汽车、智能手机分别增长 81.7% 和 18.6%。限额以上商品网上零售额同比增长 0.1%，两年平均增长 10.8%。

"海河国际消费季"期间，以化妆品等商品为代表的升级类消费快速增长，消费新动能持续壮大。6—9 月份，升级类商品限上零售额 63.25 亿元，占限额以上社零额比重达到 8.5%，同比提升 1.0 个百分点；月均零售额 15.81 亿元，较前 5 个月平均水平提升 4.1%。

文体、时尚消费成为热点。6—9 月份，体育娱乐用品类限额以上零售额当月分别增长 26.1%、36.8%、47.7% 和 61.3%，累计增长 41.5%，较前五个月加快 6.9 个百分点；化妆品类累计增长 36.3%，较前五个月提升 16.2 个百分点。

智能消费、绿色消费大幅增长。6—9 月份，可穿戴智能设备、照相器材类、智能家用电器音像器材类限额以上零售额分别累计增长 9.2 倍、2.6 倍和 1.9 倍。新能源汽车累计增长 70.4%，占汽车类零售额比重 10.1%，同比提高

4.9 个百分点。

（二）发展质量不断提升

前三季度，我市商贸经济效益延续平稳恢复态势，批发和零售业收入和利润连续三个季度实现增长，民营经济和中小微企业运行好于全市平均水平，住宿和餐饮业加快恢复，市场主体活力不断提升。

批发业盈利水平保持增长，零售业扭亏为盈。前三季度，限额以上批发业实现利润总额 228.39 亿元，同比增长 16.0%。其中，增长较快的行业有机械设备五金产品及电子产品批发业、食品饮料及烟草制品批发业，利润总额分别增长 87.1% 和 37.8%。前三季度，在"海河国际消费季"活动带动下，限额以上零售业实现利润总额 4.02 亿元，去年同期为亏损 5.07 亿元。

民营经济和中小微企业成为推动批零业稳步发展的中坚力量。前三季度，限额以上批发和零售业民营企业实现营业收入 16647.07 亿元，同比增长 37.4%，拉动限额以上批零业营业收入增长 21.9 个百分点；中小微企业实现营业收入 23498.54 亿元，同比增长 33.9%，拉动限额以上批发和零售业营业收入增长 28.8 个百分点。

住宿和餐饮业加快恢复。在"海河国际消费季"、会展经济等带动下，前三季度，限额以上住宿和餐饮业企业实现营业收入 124.17 亿元，同比增长 26.7%。其中，住宿业实现营业收入 25.12 亿元，同比增长 29.7%，亏损额较去年同期减少 0.48 亿元；餐饮业实现营业收入 99.05 亿元，同比增长 25.9%，实现利润总额 2.02 亿元，同比增长 1.2 倍。

（三）商业模式日益完善

1.会展经济助力全市消费市场提质增效

今年以来，国家会展中心（天津）已顺利举办"中国建筑科学大会暨绿色智慧建筑博览会""2021 中国（天津）国际汽车展览会""第 105 届糖酒会"，充分释放城市活力，消费能级再上新台阶，为我市培育建设国际消费中心城市打下坚实基础。

"中国建筑科学大会暨绿色智慧建筑博览会"以"绿色建筑 共创美好生活""绿色建筑 促进碳达峰碳中和"为主题，参展单位共有 497 家，参展及观展人数达 22.5 万人次。在首展及"海河国际消费季"带动下，6 月当月，全市限额以上住宿和餐饮业单位营业额同比增长 27.7%，全市限额以上 18 家首展相关重点监测酒店营业额同比增长 1.1 倍。

"2021 中国（天津）国际汽车展览会"是本年度北方地区规模最大、品牌最齐全、规格最高的国际汽车展览会，也是我市首次举办的顶级车展，共吸引观众 63.3 万人次，来自国内外 1253 家媒体参与车展相关信息发布，近百家国内外车企共接受预订和销售汽车超 1.5 万辆，成交额突破 30 亿元。

"第 105 届糖酒会"约有 10 万组展商、参展商、经销商来津，展卖商品数 10 万种，签约额超 120 亿元。其中主展汇集 40 多个国家的 3504 家展商，3 天总客流量超 22 万人次；酒店展展商 8500 余家，5 天总客流量 91 万人次。据第三方监测显示，展会期间，235 家住宿、餐饮、百货、商业综合体等商贸流通企业 8 天累计销售 13.3 亿元，同比增 10.5%，较国庆黄金周增幅高出 2 个百分点。其中酒店展期间销售 8.9 亿元，同比增 12.7%；主展期间销售 4.4 亿元，同比增 7.3%。

2.城市商业综合体加速发展

随着居民消费结构持续转型升级，城市商业综合体以其融合了商业零售、餐饮、休闲养生、娱乐、文化、教育等多项城市主要功能活动，更好满足居民从"实物交易"向"提供服务"和"创造体验感"转变的消费需求，逐步成长为广受欢迎的综合性新型消费载体。根据城市商业综合体年度统计调查结果显示，截至 2020 年，天津符合国家统计标准的城市商业综合体有 42 个，入驻商户 6255 户，从业人员 4.3 万人，车位数 4.0 万个，营业面积 168.3 万平方米；实现销售额（营业额）161.69 亿元；租金收入 19.00 亿元。

2020 年城市商业综合体客流量和销售额呈现不同程度下滑，但以高端综合体为代表的有效消费不降反升，反映出居民消费潜力仍然较大。2020 年，全市城市商业综合体实现的有效消费为 69.5 元/人次，同比增长 7.4%。所属区域看，城市商业综合体有效消费居于前五位的区为河西区、南开区、滨海新区、西青区和津南区，分别为98.7元/人次、90.4元/人次、78.0元/人次、76.0元/人次、65.7元/人次。

天津商业综合体发展前景可期。"十四五"期间，全市加快重点商业项目建设，2021年，天津K11 Select购物艺术中心、尚河城中街商业广场、东丽万达广场、大港万达广场、蓟州万达广场、仁恒伊势丹、生态城季景天地相继开业，预计今年全年商业综合体开业数量将突破历史峰值，到年底累计总数将超过50个。

（四）消费氛围逐步养成

1."海河国际消费季"成功举办

"海河国际消费季"是近年来首次由市政府主办的全市性促消费活动，内容丰富多彩，培育了众多新的消费热点和消费场景，活动延续了1—5月份消费回暖势头，在6—9月份传统消费淡季有力拉动了消费增长。全市累计开展616津购节、第二届天津夜生活节、津城美食节、啤酒节、进口商品节等600多场主题促销。根据国家统计局天津调查总队对40家重点商贸流通企业抽样调查显示，6—8月份累计销售56.9亿元，累计客流达到4000万人次，同比增长11.8%和22.4%。

"海河国际消费季"期间，住宿餐饮市场延长营业时间，创新业态，克服疫情散发、暑假消费受挫等不利因素影响，继续保持增长，市场规模持续扩大。6—9月份，全市限上住宿和餐饮业营业额61.72亿元，同比增长8.0%；月均营业额15.43亿元，较上半年平均水平提升8.7%。分业态看，住宿业增长1.2%；餐饮业增长10.1%，其中，正餐增长14.2%，快餐增长4.2%。其中，地标性夜生活商圈活跃，6—9月份，金街、市文化中心广场板块和水上板块限额以上营业额分别累计增长10.2%、19.5%和12.9%，好于全市水平。

2.假期旅游经济明显复苏

中秋假期，全市各商业主体在严格落实疫情防控措施的基础上，通过建场景、抓活动、调渠道，实现中秋期间消费繁荣、活动精彩、市场稳定。重点监测的205家商业企业实现销售收入6亿元，与去年中秋期间持平，全市商业街区、商业综合体、百货商超共举办各类主题促销活动 110 个，成为吸引客流的重要抓手。重点监测的 33 家综合体 3 日客流量突破 235 万人次。金街、意风区等 5 条商业街 3 日客流量 87 万人次。

国庆假期，全市商贸流通企业在做好常态化疫情防控和安全保障的前提下，通过打造新店新品、培育新型业态模式、构建全新消费场景，激活节日消费市场，释放消费潜力，增强消费信心，延续了海河国际消费季奠定的良好势头，形成培育建设国际消费中心城市的新气象。10 月 1 日至 7 日，监测的 216 家商贸流通企业累计销售 20.8 亿元，同比增长 8.5%（高于全国平均水平 3 个百分点），较 2019 年增长 9.8%。首店首发效果明显，天河城引进 ID. Store、烧江南等首店、国庆期间又新开业天实景曲艺茶馆。仁恒伊势丹引入全国首家 Secret Lab、抹茶东京、滨寿司、庖丁兄弟等十余家首进天津品牌。

3.夜间经济日益完善

目前我市建成夜市 35 家，聚集商户 2200 余家，今年 6 月以来，日均客流量达 25 万人次，形成了以夜市建设为核心的 1.0 版，正在向"食、游、购、娱、体、展、演"等在内全要素夜间经济 2.0 版升级转型。全市先后建成河北区意式风情街、河东区老门口儿等 6 个市级和一批区级夜间经济示范街区，其中姚村、摩天轮、乐蓓夜市、社会山文旅港、新五爱道、陈塘庄市集哪吒美食广场等 6 个四季持续运营。累计建成 300 余家特色深夜食堂、600 余家 24 小时便利店、500 余家酒吧、17 家大型剧院。

商旅文体跨界融合取得新进展，夜间消费促进成效明显。2019 年以来，围绕"夜食、夜游、夜购、夜娱、夜展、夜演"开展夜间美食嘉年华、夜市冰雪嘉年华、夜市购物节、天津夜生活节（2020—2021 年共两届）等 500 多项大型活动。35 家夜市日均销售 400 万元，同比增长 6%，其中摩天轮、意风区、姚村等夜市成为网红打卡地，意风区在提升改造后，2021 年"五一"期间日均客流量超 15 万人次，同比增 1 倍以上。

三　天津消费品零售市场影响因素分析

天津消费品零售市场与去年同期相比明显恢复，但从恢复程度上看，居民消费意愿仍受疫情影响，部分领域仍不及疫情前水平，新业态和新单位比重较小、支撑作用不强，同时，汽车芯片短缺问题导致销量下降，对全市消费品市场复苏造成较大影响。

（一）居民消费信心有待提升

受外部环境影响，居民消费倾向降低，储蓄倾向增加，资金周转效率降低将对内需造成不利影响。前三季度，天津居民人均可支配收入与2019年前三季度相比，两年平均名义增长5.7%，实际增长3.8%，而人均消费支出两年平均名义增长1.3%，实际下降0.5%。截至9月末，全市住户存款余额同比增长10.7%，其中定期及其他存款同比增长12.5%，活期存款增长6.1%。

（二）新业态新商品支撑作用不强

一方面，网上零售低迷，与全国市场相比有差距。前三季度，全国实物商品网上零售额增长15.2%，对消费增长的贡献率达到22.1%。今年以来我市线上消费表现乏力，前三季度，限额以上网上零售额增长0.1%；另一方面，升级类商品规模较小，带动作用不强。前三季度，我市升级类商品供给比重为8.3%，低于全国平均水平3.5个百分点，规模优势不强，消费带动作用偏弱。

（三）商品结构相对单一，主要商品受影响较大

前三季度,我市汽车和石油类零售额占限额以上社零额的比重达到45.1%，高出全国5.2个百分点，商品结构偏重，消费运行对汽车和石油的依赖度较高。尤其是下半年以来，受汽车芯片短缺和平行车基数等因素影响，我市汽

车零售持续回落。1—9 月，全市限额以上单位汽车类零售额同比增长 6.2%，增速较 1—8 月回落 4.0 个百分点。这主要受三方面因素影响：一是芯片短缺导致汽车供应不足，由于芯片原因导致无车可售已成为当前零售额下降的主要因素；二是去年汽车促销等活动提前透支购买力，同时造成较大的基数，影响消费品市场平稳增长；三是平行进口车基数对消费品市场下拉作用仍在持续。

四 2022 年天津消费品市场发展预测

（一）天津消费品市场发展的有利因素

一是培育建设国际消费中心城市为消费市场带来重大机遇。国际消费中心城市培育建设极大提振了我市消费市场信心，具有很强的消费引导和带动作用。国际消费中心城市是消费资源的集聚地，更是一国乃至全球消费市场的制高点，对于促进形成我市强大的消费市场、增强消费对经济发展的基础性作用、更好满足人民日益增长的美好生活需要具有重要意义。

二是流通市场快速增长将有利于下游消费品市场长远发展。商品流通是消费的前提，健全消费品流通体系对建立扩大消费长效机制具有重要意义。近年来，天津推进制度改革，加大招商引资力度，流通市场明显好转。前三季度，全市批发和零售业销售额同比增长 32.8%。

三是平行进口车市场已逐步复苏。从今年 8 月份开始，平行进口车已逐步开始恢复销售，虽然前期销量仍未达到往年同期水平，但企业对行业发展前景比较看好，有利于市场规范健康发展，同时，今年平行进口车基数已降至近年来最低，明年对汽车消费市场下拉作用将基本消除。

四是外资外贸发展持续向好。天津市继续稳步推进外资外贸工作，新批外商投资企业家数和实际使用外资额保持双增长，外贸出口额持续较快增长，外资外贸发展势头良好。据天津市商务局统计，1—9 月，天津市新批外商投资企业 574 家，比去年同期增加 151 家，同比增长 35.7%；实际使用外资额

43.59 亿美元，增长 17.4%。据天津海关统计，1—9 月天津市外贸进出口总额 6287.75 亿元，同比增长 14.7%。其中，出口 2776.81 亿元，增长 23.1%；进口 3510.94 亿元，增长 8.9%，贸易逆差 734.13 亿元。

（二）天津消费品市场发展的不利因素

一是汽车消费市场供给不足的影响将持续较长时间。9 月份开始，汽车消费市场明显受到芯片短缺影响，由于产业链过长、生产环节较多，供给水平恢复较为缓慢，初步判断，该影响将一直持续到年底，甚至明年上半年仍将有一定影响。

二是成品油价格拉动因素将减弱。今年以来，成品油价格与去年同期相比一直处于高位，带动全市石油及制品类零售额快速增长，是全市社零额增长的主要力量。前三季度，全市石油及制品类零售额同比增长 28.8%，拉动全市限额以上单位消费品零售额增长 3.8 个百分点，拉动作用在所有消费商品类别中最高。

三是服装类商品零售额有所下降。服装、鞋帽、针纺织品类是我市第二大零售商品类别，仅次于汽车，今年前三季度零售额同比增长 10.2%，拉动全市限额以上单位消费品零售额增长 1.6 个百分点，但近几个月以来呈现回落趋势。

（三）2022 年消费品市场运行走势预测

前三季度全市经济总体平稳、稳中有进，工业生产稳步增长，企业效益持续向好，服务业发展总体稳定，固定资产投资平稳增长，制造业和高技术产业投资持续发力，就业形势良好，居民收入保持增长，全市经济环境将对天津消费品市场形成重要拉动作用，预计明年有望延续回暖态势。

五　加快天津消费品市场发展的对策建议

（一）促进大宗商品更新消费

落实《加强县域商业体系建设促进农村消费的实施方案》，畅通组织生产、销售、平台等环节，开展覆盖城乡的大宗消费更新活动。一是开展新一轮汽车以旧换新，鼓励个人消费者报废或转出"国四"及以下排放标准的燃油车，并购买"国六"排放标准的燃油新车，给予适当补贴；二是推动本市新增公交、巡游出租车、公务用车采用新能源汽车；三是支持企业对居民淘汰旧家电家具，并购买绿色智能家电、环保家具给予补贴。

（二）加大小微零售专项扶持

一方面鼓励金融机构加大对商贸行业市场主体，特别是小微企业和个体工商户的金融支持力度，增加免抵押、免担保信用贷款投放；另一方面鼓励金融机构在依法合规、风险可控的前提下，规范创新消费信贷产品和服务，加大对居民购买绿色智能产品的信贷支持。

（三）加快零售项目引进

加大零售业企业招商引资力度，鼓励引进单位法人落地，提升零售项目储备的质量和数量。一是结合城市更新，拓展商圈空间外延，引进一批有影响力的新业态、新品牌、新产品，满足消费升级需求；二是发挥国家会展中心"窗口"作用，联动商圈建设，推动车展、糖酒展等向商圈延伸，开设分会场，提升企业参展深度和广度；三是加大总部和平台招商力度，带动消费快速集聚。

（四）提升天津品牌影响力

打造本土品牌推广平台，加大天津消费品牌宣传推广力度。一是对符合一定标准的本土知名品牌，给予品牌建设资金、宣传资源等支持；二是支持老字号创新产品和销售模式，深化老字号与电商平台合作；三是支持国资老字号开展体制机制改革，推进老字号核心优质资产证券化，利用多层次资本市场做大做强。

参考文献：

[1] 潘红玉、吴敬静、贺正楚：《中国消费升级研究的发展脉络与演进趋势》，《消费经济》2021 年第 11 期。

[2] 刘奕、夏杰长：《平台经济助力畅通服务消费内循环：作用机理与政策设计》，《改革》2021 年第 11 期。

[3] 齐天宝：《加快发展新型消费 天津出台实施方案》，《中国商报》2021 年 9 月 23 日。

[4] 王敏、成静：《天津：紧抓关键词 打造独有消费市场》，《中国经济导报》2021 年 8 月 5 日。

[5] 王雅菡、刘姝乐：《消费市场元气满满》，《新金融观察》2021 年 7 月 26 日。

天津战略性新兴产业发展研究报告（2022）

袁进阁　天津经济发展研究院经济师

摘　要： 近年来，国内战略性新兴产业进入快速发展阶段，各项技术迅猛发展，区域竞争日趋激烈。顺应这一趋势，天津加快培育战略性新兴产业，产业整体规模持续平稳增长，企业主体实力不断提升，集聚效应逐渐凸显，细分行业发展质量和水平也有一定提高。但与此同时，仍存在着支撑带动作用不足、产业主体实力较弱、科技创新能力不强、园区发展水平不突出、要素资源保障不到位等一系列问题。在此情况下，应采取强化项目支撑、做强企业主体、做大产业集群、优化产业布局、提升科技创新能力、改善营商环境等措施，推动天津市战略性新兴产业进一步发展。

关键词： 天津　战略性新兴产业　发展趋势　对策建议

　　近年来，随着我国技术创新日趋活跃，科技水平不断提升，以新一代信息技术、生物医药、新材料等为代表的战略性新兴产业迅猛发展，已成为国内各省市培育经济增长新动能、构筑地区发展新格局的重要抓手。天津积极推动相关产业发展壮大，增强竞争实力，并已取得一定成效。但一段时间以来，受国内外经济环境等因素的影响，战略性新兴产业发展面临着严峻的内外环境。在此情况下，如何推动其进一步发展，引领支撑全市经济转型，已成为天津面临的重要课题。

一 国内战略性新兴产业发展趋势

自国务院发布《关于加快培育和发展战略性新兴产业的决定》，提出大力培育战略性新兴产业以来，已有十余年时间，其间相关产业成为企业、市场、政府各方关注的焦点，发展质量和效益得到了明显提升。当前，正值"十四五"开局之年，国内战略性新兴产业发展也进入孕育发展的关键时期，呈现出以下新趋势、新特点。

（一）产业规模不断扩张，进入快速发展阶段

"十三五"期间，国内战略性新兴产业规模实现持续快速增长，作为支撑经济的新动能作用不断增强。国家统计局数据显示，截至2020年底，战略性新兴产业增加值占GDP比重已达11.7%，比2014年提高4.1个百分点。[1]2021年上半年，战略性新兴产业继续保持高速扩张态势。一、二季度战略性新兴产业行业景气指数分别为153.7和149.3，连续两个季度保持在近三年的最高水平。中国战略性新兴产业采购经理指数二季度达到58.4%，为2018年以来的最高值。[2]细分来看，制造业方面，2021年上半年高技术制造业增加值同比增长22.6%，两年平均增长13.2%，高于全部规模以上工业水平近1倍。高新技术产品产量快速增长，新能源汽车产销双双超过120万辆，同比增长均为2倍；微型计算机设备、集成电路产量分别为21992万台和1712亿块，同比增长43.9%、48.1%。服务业方面，2021年上半年信息传输、软件和信息技术服务业增加值同比增长20.3%，两年平均增长17.3%，是服务业平均水平的3倍。[3]展望未来一段时间，战略性新兴产业还将保持快速发展，并在引领经济增

① 数据来源：《国家统计局解读2020年我国经济发展新动能指数》，国家统计局，2021年7月26日，http://www.gov.cn/xinwen/2021-07/26/content_5627319.htm。
② 数据来源：《"十四五"开局战略性新兴产业发展动能持续增强》，国家信息中心，2021年8月20日，https://www.ndrc.gov.cn/xxgk/jd/wsdwhfz/202108/t20210820_1294145.html？code=&state=123。
③ 数据来源：《国家统计局相关负责人解读2021年上半年主要经济数据》，《经济日报》2021年07月17日，http://www.chinanews.com/cj/2021/07-17/9521991.shtml。

长中发挥更大作用。

（二）技术迅猛发展，并跑、领跑领域不断增多

近年来，在创新驱动战略推动下，国内战略性新兴产业技术水平得到显著提高，与国外相比，并跑、领跑的技术领域不断增多。一是多个重要产业达到世界先进水平。新能源汽车、消费级无人机、智能终端、工业机器人等220多种产品产量位居世界第一；5G、高铁装备制造、基因测序、光伏发电、互联网平台应用等领域的科技研发水平和应用能力位居世界前列。二是部分龙头企业国际市场竞争力显著增强。2021年，字节跳动、宁德时代、隆基股份、药明生物等战略性新兴产业巨头均成功入围世界500强。与此同时，作为新业态、新赛道代表的中国独角兽企业数量达到251家，总估值首次超万亿美元。三是一大批重大科技创新成果相继问世。新一代信息技术领域，中微公司成功突破美国技术封锁，3纳米刻蚀机正式进入量产阶段；生物医药领域，我国自主研发的灭活疫苗、病毒载体疫苗、重组蛋白疫苗等多条技术路线纷纷取得突破，产能已达到50亿剂；航空航天领域，神舟十二号载人飞船成功在轨停留达3个月，打破了中国宇宙航行最长时间的纪录，标志着中国正式进入太空站时代；新能源领域，我国自主研发的长达90米的风电玻纤叶片研制成功，打破了世界最长海上风电叶片记录。展望未来一段时间，国内技术与国际水平之间的差距会持续快速缩小，自主创新，突破关键核心技术将成为战略性新兴产业的发展关键。

（三）区域竞争激烈，三大城市群占主导地位

目前，国内各地都把发展战略性新兴产业作为建立产业核心优势、实现"换道超车"的重要抓手，纷纷出台产业发展规划和支持政策，争相布局相关产业。以集成电路产业为例，数据显示，截至2020年10月初，全国的芯片相关企业已超过50000家，仅2020年新成立的芯片公司就达12740家，竞

争日趋激烈化。[①]从产业分布区域来看，长三角、京津冀和粤港澳大湾区三大城市群相关产业发展态势较好，已位居领先地位。根据国家发改委首批公布的国家级战略性新兴产业集群名单，长三角城市群凭借 14 个产业集群排名第一，在新一代信息技术、新能源与高端装备制造等领域拥有较强竞争力；其次是拥有 7 个产业集群的京津冀城市群，其在集成电路、网络安全、生物医药、人工智能等细分领域发展较快；紧随其后的粤港澳大湾区拥有 6 个产业集群，则以新型显示器等电子信息制造业新兴产业企业为主。展望未来一段时期，可以预见，为了夺取国内产业发展的制高点，各城市群之间围绕战略性新兴产业的重点项目和支持政策的博弈和争夺将更加激烈。作为京津冀城市群的一员，天津具有制造业体系完备、对外开放程度较高、港口物流发达等一系列优越条件，应进一步加大投入，努力建成全国一流的战略性新兴产业高地。

二 天津战略性新兴产业发展现状

（一）产业整体规模平稳增长

"十三五"时期，天津战略性新兴产业加快壮大，规模平稳增长，已成为推动全市产业高质量发展的引领力量和全市经济社会发展的新动能。工业战略性新兴产业增加值年均增速达到 5.6%，快于规模以上工业 2 个百分点，占规模以上工业的比重由 2015 年的 17.5%提高到 2020 年的 26.1%。战略性新兴服务业营业收入也实现稳步增长，2020 年占规模以上服务业的比重超过 1/4。[②] 2021 年上半年，尽管受疫情防控、供应链收缩、原材料上涨、汇率波动等在内的诸多困难影响，天津战略性新兴产业总体仍同比增长 23.0%，两年平均 8%，呈现稳中有升态势。制造业方面，高技术制造业增加值上半年同比增长

---

① 数据来源：《新兴产业发展需解决双链失衡难题》，赛迪智库，2021 年 2 月 11 日，https://www.thepaper.cn/newsDetail_forward_11257638。

② 数据来源：《"十三五"时期天津市创新驱动持续发力 新动能引育成效明显》，天津市统计局，2021 年 7 月 9 日，http://stats.tj.gov.cn/sy_51953/jjxx/202107/t20210709_5500459.html。

24.4%，两年平均增长 8.5%。快于规模以上工业平均水平，占比稳步提升。从产品产量看，服务机器人产量同比增长 2.7 倍，新能源汽车增长 1.6 倍，集成电路增长 67.6%，工业机器人增长 28.9%，增长较为明显。服务业方面，2021 年 1—5 月高技术服务业、战略性新兴服务业营业收入增速分别为 28.6% 和 28.1%，占规模以上服务业比重分别为 31.8% 和 26.9%，均有所提升。投资上也持续扩大，上半年，高技术服务业投资增长 26.3%，高于服务业整体 20.2 个百分点。[①]

（二）细分产业发展分化明显

2018 年以来，天津先后制定实施《天津市新一代人工智能产业发展三年行动计划》《天津市生物医药产业发展三年行动计划》《天津市新能源产业发展三年行动计划》，重点聚焦战略性新兴产业各细分领域，有力提升了产业发展能级，但各产业发展水平分化较为明显。从产业规模看，新一代信息技术产业、生物产业、新材料产业、高端装备制造业产业基础较好，增加值分别占全市工业战略性新兴产业的 24.1%、24.9%、16.1%、14.4%，已形成一定产业规模。而新能源汽车产业、数字创意产业发展规模仍较小，占比仅分别为 2.2%、0.6%，实力有待增强。[②]从投资情况看，差异也较大。2021 年上半年，生物产业、新材料产业投资为负增长，其他七个产业投资则实现正增长，其中新一代信息技术产业、高端装备制造业、新能源汽车产业、相关服务业四个产业增长超过两位数。特别是新能源汽车产业，受"双碳"政策及市场需求刺激拉动，投资势头迅猛，同比增长 50.6%，已成为带动全市战略性新兴产业快速发展的新动能。

---

① 数据来源：《上半年我市经济稳中加固稳中有进来源》，天津市统计局，2021 年 7 月 21 日，http：// stats.tj.gov.cn/sy_51953/jjxx/202107/t20210721_5514452.html。
② 数据来源：《天津统计年鉴 2020》。

表 1 天津战略性新兴产业基本情况

产业	企业单位数（个）	产业比重（%）	投资增长率（%）
新一代信息技术产业	120	24.1	26.1
高端装备制造业	216	14.4	38.2
新材料产业	302	16.1	−19.7
生物产业	162	24.9	−0.9
新能源汽车产业	47	2.2	50.6
新能源产业	97	9	9.9
节能环保产业	188	8.7	3.0
数字创意产业	5	0.6	1.2
相关服务业	—	—	84.2

资料来源：天津统计局、天津市发改委。

（三）企业主体实力不断提升

近两年，先后发布《天津市创新型企业领军计划》《天津市"专精特新"中小企业梯度培育工作方案》，提出了"雏鹰—瞪羚—领军"的领军企业提升路径和"'专精特新'种子企业—'专精特新'中小企业—专精特新'小巨人'企业"的中小企业梯度培育计划，加速企业创新转型，企业主体实力不断提升。龙头企业方面，现有企业加快发展壮大，云账户、渤海化工、天士力三家企业进入中国企业联合会发布的 2021"中国战略性新兴产业领军企业 100强"，分列第 58、93、100 位。中小企业方面，技术水平持续提升。截至 2020 年末，通过评价的国家科技型中小企业、雏鹰企业、瞪羚企业分别达到 8179家、3557 家和 385 家。[①]"专精特新"企业方面，创新创业十分活跃。截至 2021 年 9 月底，新增市级"专精特新"中小企业 197 家，国家专精特新"小巨人"企业 89 家，有 36 家企业被工信部列入"建议支持的国家级专精特新'小巨人'企业名单"。与此同时，企业整体效益不断改善，据统计，2021 年 1—5 月，制造业利润总额同比增长 1.68 倍，快于全市规模以上工业 39.5 个百分点，快

---

① 数据来源：《"十三五"时期天津市创新驱动持续发力 新动能引育成效明显》，天津市统计局，2021 年 7 月 9 日，http://stats.tj.gov.cn/sy_51953/jjxx/202107/t20210709_5500459.html。

于全国制造业 82.6 个百分点。制造业营业收入利润率为 5.57%，比 2020 年提高 2.78 个百分点。[①]

（四）产业集聚效应逐渐凸显

天津立足全市资源禀赋、产业基础等比较优势，依托京津高新技术产业带和临海先进制造产业带，不断优化战略性新兴产业布局，已累计创建 11 个国家新型工业化产业示范基地，产业"两带集聚"现象逐渐凸显。从重点产业分布看，滨海新区两大产业集群入选国家级战略性新兴产业集群名单，并连续三年在大力培育发展战略性新兴产业方面获国务院督查奖励，作为全市龙头的带动作用明显。其中经济技术开发区集聚了诺和诺德、凯莱英、勃林格殷格翰、中新药业、赛诺医疗、博雅干细胞、智云健康等多家医药类企业，成功入选国家生物医药战略性新兴产业集群。滨海高新区则围绕网络信息安全产业关键环节，集聚培育了 360、南大通用、飞腾、麒麟等一批具有市场竞争优势的骨干企业，成功入选国家网络信息安全产品和服务产业集群。从民营企业分布来看，"两带集聚"的现象也在进一步增强。2020 年天津市民营企业战略性新兴产业百强榜单显示：滨海新区、武清区、北辰区 3 个地区相关企业最为集中。其中，滨海新区入选企业为 47 家，数量最多。其次，武清区 15 家企业上榜，排名第二位。此外，北辰区则有 12 家企业上榜，三者合计已占据了"大半壁江山"。

三　天津战略性新兴产业发展的主要问题

尽管天津战略性新兴产业在发展质量和水平上都有一定提升，但仍存在着一些问题和薄弱环节，需进一步调整和完善。

[①] 数据来源：《天津市统计局新闻发言人就上半年全市经济运行情况答记者问》，搜狐网，2021 年 7 月 20 日，https://www.sohu.com/a/478566293_121106842。

（一）支撑带动作用相对不足

一是天津战略性新兴产业整体规模偏小。虽然"十三五"时期获得了较快发展，但占规模以上工业产值比重（26.1%）尚不足30%。二是产品市场占有率偏低。2020年集成电路、新能源汽车、光电子器件、锂离子电池产量分别为18.92亿块、16712辆、251.41亿只、7.31亿只，占全国总产量比重仅分别为0.72%、1.15%、2.59%、3.88%。[①]三是与京冀合作不足，产业链未形成合力。已经出台的"十四五"规划中，集成电路、生物医药、新能源汽车均为各自的发展重点，但三地间围绕相关产业并未形成协同创新的体制机制，导致产业同构化日趋严重。

（二）产业主体实力相对较弱

一是天津市战略性新兴产业龙头企业数量相对较少，缺少具有较强竞争力的国际化本土品牌。政府公布的天津市战略性新兴产业领军企业中，尚未有收入达千亿级的企业，也没有企业入选世界品牌实验室编制的"中国最具价值品牌"百强榜。二是作为创新源头的新经济企业数量不足。根据最新评选的中国独角兽企业，天津市仅有9家，落后于北京、上海、深圳、杭州等城市。三是缺乏核心技术。天津市战略性新兴企业以生产环节为主，涉及核心技术的研发设计和高端制造能力较弱，产业链处于中低端环节，水平有待提高。

（三）科技创新能力较为薄弱

一是现有人才中战略性新兴产业所需的高学历、高技术人才比重偏低。以"海河英才"计划为例，截至2021年8月，累计引进的各类人才中，人工智能、生物医药、新能源新材料等战略性新兴产业人才占比仅为25.6%，低

---

① 数据来源：《2020年天津市国民经济和社会发展统计公报》。

于同期其他省市。[①]二是成果转化不够，产学研用合作需加强。虽已出台多项科技成果转化文件，但实际实施效果并不理想，部分科研机构仍存在较多顾虑，并未形成良好的转化机制，阻碍了创新活力。三是创新发展氛围不浓厚，产业吸引力不足。相对于一线城市，天津战略性新兴产业的成本竞争优势并不十分突出，同时在知识产权保护、科技资源共享服务等方面较为落后，也未能形成创新创业的浓厚氛围，对优秀企业、人才的吸引力不足。

（四）园区发展水平有待提升

一是空间布局较为分散。信息技术、装备制造、生物医药等战略性新兴产业广泛分布于各工业园区，缺乏统一的协调和规划，各园区间更多的是同质竞争，未能形成合力。二是主导产业不突出。部分园区产业门类较多，缺乏明确发展方向，未能围绕核心企业形成关系紧密、上下成链的产业集群，削弱了产业竞争力。三是产城融合水平有待提升。部分园区存在公共设施较少、生活配套不足、交通设施不完备、生态污染等问题，为区域产城融合发展增加了难度。

（五）营商环境有待优化

一是企业直接融资占比低，中小企业融资难。企业融资方式比较单一，主要依靠商业银行或小额贷款公司贷款进行融资，而股权、债权等直接融资方式有限，难以进行大规模投资。二是要素成本较高，除物流成本较低外，一般工商业电价、水价及土地价格等要素成本均高于周边省份，社保缴费水平也处于较高水准，导致企业综合成本较高，吸引力不足。三是准入与监管政策有待进一步优化。以新材料产业为例，该领域与冶金、化工等传统行业密切相关，涉及环保、消防、安全的评估仍需耗费一定时间和成本，新项目许可、环保条件审核通过难，项目落地难度较大。

---

① 数据来源：《"海河英才"累计引进各类人才40万》，《天津日报》2021年08月20日，http：//epaper.tianjinwe.com/tjrb/html/2021-08/20/content_156_4915003.htm。

四　天津战略性新兴产业发展的对策建议

（一）推应用，强化项目建设和场景示范

加强项目建设和应用场景示范，增强对天津经济的支撑带动作用。一是抓好战略性新兴产业项目建设和投达产。针对市场规模大、产品附加值高、产业链长、能够对地方经济起到持久拉动作用的重点项目，列出清单，挂图作战，全力推进，确保项目早日形成生产能力，尽早改变经济增长主要靠传统产业存量拉动的局面。二是积极建立项目储备库，构建梯次明显、接续有力的项目储备格局，强化项目前期工作力度，实时更新，动态调整，加快形成"签约一批、开工一批、投产一批"的滚动发展态势。三是借助战略性新兴产业的新技术、新工艺和信息化手段，支持传统产业改造示范项目，加快推动传统产业向数字化、智能化、绿色化迈进。对新认定的智能工厂、数字化车间和自动化生产线落实财政、税收、信贷等方面的综合性激励政策，推动传统产业转型升级。四是以需求为导向，适应国际、国内双向循环，回应百姓关切，创造引导消费，将发展战略性新兴产业与满足人民生活需求有机结合起来，在电子政务、新能源汽车、跨境电子商务、智慧医疗等民生领域推出高水平智能化应用解决方案。通过拓宽应用场景，解决战略性新兴产业市场培育不足的问题。

（二）强主体，提高企业核心竞争力

在核心技术攻关、政策培育、品牌建设等多方面发力，提高企业实力。一是鼓励企业加强核心技术攻关，增强企业原始和源头创新能力。充分发挥天津制造业的优势，依托企业研发机构和天津大学、南开大学等高校院所创新平台，加强针对战略性新兴产业链共性关键、急需紧缺、社会公益等方面的技术攻关，特别是加快攻克重要领域的"卡脖子"技术，有效突破产业瓶颈。二是加强分类指导服务和政策支持，加大对本地中小企业支持的力度，

形成一批细分行业龙头。针对现有的"独角兽"企业、"瞪羚"企业、"雏鹰"企业，不断完善中小企业梯度培育计划，创新本地企业的发现培育提升机制，为企业提供真正有效的个性化服务。三是研发一批"杀手锏"产品，不断提升企业品牌影响力。通过实施以企业为主导的重点科技专项和自主创新产业化项目，引导企业掌握一批具有国内领先水平的关键技术，形成自主知识产权，开发一批"杀手锏"产品，提升品牌影响力，在市场竞争中抢占先机。

（三）延链条，做大做强产业集群

进一步加快对各类企业的引进及培育，打造完整的战略性新兴产业集群。一是依托优势产业链实施强链招商。针对网络信息安全、生物医药等现有优势产业，紧盯科技含量高、产业特色强的国内外大型企业、行业领军企业、隐形冠军企业，引导其落户天津，进一步增强产业链优势。二是强化产业链上下游服务配套。针对360等骨干平台型企业，加强上下游对接和服务配套能力，并围绕这些骨干企业形成关联网络，培育更多的关联公司，推动产业价值链延伸，构建完整的产业生态圈。三是补齐产业链的短板和弱项。全面梳理产业链关键流程、关键环节，针对上游研发设计薄弱和下游应用及配套服务少等问题，加强京津冀区域合作，采取项目跨地区税收分成、重点产业承接平台建设等方式，争取引进一批领军企业，补齐产业链的短板环节，打造区域级优势产业链条，培育一批全国领先的产业集群。

（四）补短板，加强科技创新能力建设

多措并举，加大对科技创新的扶持力度。一是加快"产、学、研、用"一体化发展。充分借助天津生物医学、新材料、天然高分子材料等领域科研优势，构建产业技术创新联盟。支持龙头企业在创新平台建设上持续投入资金，吸引高校、科研院所在技术路线的选择、创新环节的衔接等方面多下功夫，帮助企业及时解决关键技术和研发设计中遇到的问题，提高技术创新的效率。二是加强对战略性新兴产业人才的引进培养。充分借助"海河英才"计划等人才政策，采取直接引进、项目合作、顾问指导、周末工程师等多种

方式，灵活引进相关领域人才。在落户、就医、养老、社保、子女教育等方面提供全方位优质服务，并在职称评审、成果转化等方面给予优待，增强人才的归属感、幸福感和获得感。发挥天津市重点高校、科研院所较多的优势，针对战略性新兴产业大力开展特色高校共建和特色学科建设，加快相关人才培养。三是营造良好的创新创业创造氛围。积极解放思想观念，打开脑袋上的"津门"，营造"宽容失败"的创新文化，倡导鼓励创新的探索精神。依法保护企业家的合法权益，加强对技术创新和知识产权的保护，营造激励人人干事创业的良好氛围。

（五）聚资源，提升产业平台辐射能力

强化统筹指导，充分发挥产业园区的辐射集聚能力。一是加快现有园区调整，优化园区空间布局。统筹各级园区、工业集中地、零星工业用地，划定重点发展区，引导全市新兴产业向其集聚，提高土地利用率和产出效益，形成协调、合理的园区空间布局。二是明确园区主导产业，增强核心竞争力。建立市级层面的统一协调机制，因地制宜地确定各园区产业重点发展领域，综合运用政策、税收、法律等手段，实行重点项目审核备案制度和重大项目审批制度，通过强化约束，打造各具特色、差异化的产业集群，避免陷入同质化竞争。三是创新园区管理体制机制，推动产业园区与所属行政区政企分开，建立以园区为主体的招商引资和管理运营方式，并实施独立核算的财政体制，激发园区自主发展的积极性。四是完善园区配套环境，促进产城融合。加大对园区及周边文化、体育、教育、卫生、交通等基础设施建设的投入，完善公共服务功能，营造良好的企业发展环境和职工生活环境。推动产业园区从单一生产功能向城市综合服务功能转型，进一步增强其区位优势和竞争力。

（六）优服务，打造世界一流营商环境

积极优化各类要素保障，探索服务新模式，形成一流的营商环境。一是完善多元化的财政支持体系。采用跟进投资、贷款贴息、股权投资和财政补

贴等多元化扶持方式，强化对战略性新兴产业的扶持。充分发挥京津冀协同发展产业投资基金、海河产业基金等现有基金作用，重点探索设立战略性新兴产业发展专项基金，全面撬动社会资本向创新型企业集聚。二是鼓励金融创新。支持设立科技银行、科技金融租赁公司、科技小额贷款公司等金融机构，为企业提供信贷和科学仪器设备租赁等服务。拓展科技金融产品，针对科技企业弱化赢利指标，探索以企业知识产权作为授信标准，并通过知识产权售后转租、债转股、知识产权买断等方式进行风险补偿。三是推行审批制度改革，创新准入与监管政策。持续推动"一制三化"改革，全面推行信用承诺审批制度，实施政务服务标准化、智能化、便利化，最大限度地精简办事环节，优化办理流程。争取国家支持，在新兴产业市场准入门槛、行业监管政策等方面获得综合授权，并在融资租赁、生物医药、装备制造、离岸贸易等优势领域先行试点，推动产业安全、规范、高质量发展。

参考文献：

[1] 周维富：《国内外战略性新兴产业发展趋势分析》,《社科院专刊》2020 年 7 月 10 日（总第 523 期）。

[2] 刘晓龙、葛琴：《新时期我国战略性新兴产业发展宏观研究》,《中国工程科学》2020 年第 2 期。

[3] 天津市经济发展研究院课题组：《天津战略性新兴产业发展的研判与对策建议》,《天津经济》2021 年第 5 期。

[4] 国家信息中心：《战略性新兴产业形势判断及"十四五"发展建议》, https：//www.ndrc.gov.cn/xxgk/jd/wsdwhfz/202101/t20210104_1264124.html？code=&state=123。

[5] 曾刚：《京津冀战略性新兴产业集聚对区域经济增长的空间溢出效应研究》,《技术经济》2021 年第 2 期。

天津信创产业发展研究报告（2022）

秦鹏飞　天津社会科学院产业发展研究所助理研究员

摘　要： 信创产业主要包括 CPU 芯片、操作系统、数据库、中间件、网络与信息安全等重点细分领域，我国在上述领域进步很大，但关键"卡脖子"技术仍受制于人，威胁产业安全和国家安全。天津在上述领域均有布局并采取了有序推进重点项目建设、不断完善政策体系、保障优质政策的高效供给、完善产业协同创新体系、加强信创人才引育、激发产业创新活力等一系列重要举措，信创产业呈现出产业链条日臻完备、信创产品供给能力显著提升、产业集聚程度不断提高的发展态势。宜采取聚焦核心基础关键技术，完善工具体系、产品体系和生态体系；以行业应用为抓手，发展产业核心技术，赋能先进制造研发；产业政策与公共服务两手发力，促进信创产业提质增效等政策措施促进信创产业高质量发展。

关键词： 信创产业　布局态势　趋势走向　策略建议

一　全国视域下的信创产业概览

信息技术产业对我国经济高质量发展意义重大。但是，以微软、英特尔、思科等为代表的国际巨头几乎垄断了中国数字化基础设施、基础硬件和基础软件，导致我国信息技术产业积聚了大量系统性风险。世界 IT 生态格局的演变，长期积聚的系统性风险清晰显现，中国加快建立自主、可控的 IT 底层架构和标准，构建安全可控的 IT 产业新型开放型生态系统，以此确保经济发展自主权和国家安全保障权。信创产业（信息技术应用创新产业）通过科技创新，构建国产化信息技术软硬件底层架构体系和全周期生态系统，破解核心关键技术"卡脖子"困境，从根本上解决"安全"问题。

信创产业生态系统复杂而庞大，从产业链视角而言，主要包括基础硬件、基础软件、应用软件、信息安全四个组成部分，其中，芯片（集成电路）、整机、操作系统、数据库、中间件是整条产业链中最重要的环节。信创产业全景如图 1 所示。

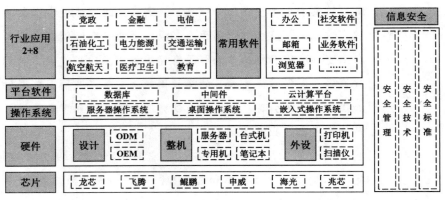

图 1　信创产业全景图

（一）CPU 芯片

中国市场对整机的庞大需求正在拉升 CPU 采购规模，同时，在国务院《新时期促进集成电路产业和软件产业高质量发展的若干政策》的导引下，中国芯片将在 2025 年将自给率逐步提高到 70%，可见国产 CPU 潜在市场规模巨大。国产 CPU 芯片的主要参与者，如龙芯、兆芯、飞腾、海光、申威和华为，逐渐成长为头部企业。虽然我国 CPU 产业链日趋完善，但产业链的世界级巨头大多是外国企业，占据产业链各个环节的核心部位，主导和决定着全球 CPU 产业的发展走向。截至 2021 年 9 月，中国在 IC（集成电路）设计环节，拥有华为海思、展讯等一批达到世界先进水平的龙头企业；封测环节，通富承接 AMD7nmCPU 封测，达到世界领先水平；但在 14nm 及以下节点的先进制程，设备、材料、EDA/IP、制造等上游核心环节与国外巨头差距很大，产业运行模式仍为"外循环为主＋内循环为辅"的状态。

（二）操作系统

操作系统是硬件和数据库、中间件、应用软件进行连接的纽带，是承载多种信息设备和软件应用运行的基础平台的重要基础性软件。中国在操作系统领域研发力度持续加大、发展成效显著，部分产品已经完成自主研发与生产，产品性能大幅提升，进入规模化阶段。这意味着信创产业中的操作系统竞争格局已然初定。目前国产主流操作系统已经初步完成关键软硬件的适配，生态系统初步建立。从生态适配进程看，国产主流操作系统均已完成对联想、华为、清华同方、中国长城、中科曙光等整机厂商发布的舒适款终端和服务器设备适配；在软件方面，基本兼容流式、版式、电子签章厂商等发布的办公类应用、兼容数据库、中间件、虚拟化、云桌面、安全等软件厂商发布的数百种应用和业务。

（三）数据库

数据库是数字经济存续和发展的基础，只有借助数据库系统的数据管理与分析能力，企业级数据、终端数据以及边缘设备的数据才能服务于企业决策、对上层应用赋能，数据的潜在价值才能充分发挥。进入数字时代的中国，数字经济的蓬勃发展以及5G网络技术的普及和应用，必然推动全球数据总量的高速增长。IDC数据显示，2020年全球数据总量达40ZB，同比增长22.5%，源于中国的数据总量为12ZB，同比增长50%。2021年，随着智能制造、智能网联汽车等众多数据密集型场景的落地，数据总量必然在5G技术的加持下高速增长。显然，中国数据库市场容量巨大，但国内市场份额的绝大部分被海外巨头占据，国内厂商亟须加速发力，拓展生存空间。国内市场的主要参与者包括海外巨头和国内厂商两个部分，海外巨头包括Oracle、Microsoft、IBM、AWS等，国内厂商既包括阿里云、腾讯云等国内公有云厂商，也包括华为、中兴通讯等设备商，还有武汉达梦、人大金仓、南大通用、神州通用传统四大数据库厂商以及巨杉大数据、PingCAP、易鲸捷等新兴数据库厂商。云厂商和设备商具有完整的产品线，工具生态比较丰富，而新兴数据厂商聚焦于细分领域，竞争优势较为独特。在实时数据库领域，国外厂商主要包括 OSI Software（PI）、GE（iHistorian）等，国内厂商主要有中国科学院软件研究所安捷（Agilor）、国能（VeStore）等，实时数据库广泛应用于化工、钢铁、电力、石油、环保等工业领域，国内厂商技术已经比较成熟，占据的市场份额与日俱增，海外厂商所占的份额日渐减缩。

（四）中间件

信创领域有三大基础软件：操作系统、数据库和中间软件。中间件在物联网、云计算等新技术的助推下逐渐衍生出丰富的产品线，形成了一整套基础软件设施。中间件介于数据库和应用软件之间，具有鲜明的跨平台属性。现阶段，中间件的主要功能是解决分布式环境下的数据访问、数据传输、应用调度、系统构建、系统集成以及流程管理等一系列问题，支撑分布式环境下的应用开发、应用运行和应用集成，是具有强大功能的综合性平台。从市场竞争格局的角度来看，2020 年，IBM 和 Oracle 两者合计占据国内中间件市场份额的 51%，是名副其实的第一梯队。第二梯队由东方通、普元信息、宝兰德、中创中间件、金蝶天燕五大国产厂商构成，市场份额的合计占有量为15%。现阶段，党政系统每年的中间件市场需求量超过 22 亿元，金融和电信领域的市场规模超过 28 亿元，未来市场容量巨大。

（五）网络与信息安全

网络与信息安全是维护经济发展自主权的基础，也是巩固国家安全的重要保障。在数据处理过程中，在技术和管理两个方面采取措施，切实保护信息安全，已经成为互联网和云计算加速渗透的新时代必须高度重视的现实问题，并且，信息安全已经逐渐从传统的物理空间扩展到网络空间。网络与信息安全就有较强的普适性，这一点与 IT 基础设施高度相似，网络与信息安全产业规模已经达到千亿美元量级，并长期保持两位数的增长速度。安全保护的对象实现全方位覆盖，除基础网络和信息系统外，将大数据中心、云计算平台、物联网、工控系统、公众服务平台、互联网企业等全部纳入保护范围。

二 天津信创产业的总体布局与发展态势

天津市信创产业规模快速增长、产业结构日益完善、空间布局持续优化、科研院所创新支撑能力明显增强，初步形成了包括飞腾、海光CPU芯片，麒麟操作系统等为代表的完整产业链布局，信创产业自主循环能力不断加强。天津已经集聚上下游创新创业企业1000余家，成为全国信创产业链布局非常完整的城市之一，也是自主创新能力强、产业聚集度高、产业支撑有力的发展集聚区。

（一）天津信创产业的总体布局

1.天津在CPU芯片领域的布局

天津芯片产业链已经覆盖IC（集成电路）设计、芯片制造和封装测试三个阶段的完整链条，新型半导体材料和高端设备等配套产业足以支撑产业链的完整循环。公开的统计数据显示，天津域内全国知名的IC设计企业有飞腾、海光、唯捷创芯等，芯片制造厂商包括中芯国际、飞思卡尔和豪威科技等知名企业，芯片材料厂商包括中环半导体、中电科46所等，芯片制造设备的供应商包括主攻半导体化学机械抛光设备的华海清科等全国领先企业。全国共有六大本土芯片厂商，天津拥有其中之二，分别是飞腾和海光，已经成为全国范围内重要的芯片供给基地之一。

2.天津在操作系统领域的布局

当前，中国本土的主流操作系统共有六个，分别是麒麟操作系统、统信系统、普华操作系统、中科方德、华为的欧拉OS和中兴新支点，其中麒麟操作系统在天津，由麒麟软件有限公司研发提供，该系统连续九年在中国Linux市场占有率位列榜首，支持飞腾、鲲鹏、龙芯、申威、海光和兆芯等国产CPU平台，服务客户群体容量超万家，生态群落中的适配软硬件产品超30000款，能够满足办公、社交、安全等多样化需求，占据党政办公操作系统的绝对优势地位，并在金融、能源、医疗、交通等领域快速延伸。可以预见，天津在操作系统领域的重要性和市场地位将进一步显著提升。

表 1　国内自主操作系统的主要企业概况

主流操作系统	所属企业	应用场景	适配芯片
麒麟操作系统	麒麟软件★	桌面、服务器	飞腾、鲲鹏、龙芯、申威、海光、兆芯
统信系统	统信软件	桌面、服务器	龙芯、飞腾、申威、鲲鹏、兆芯、海光等
普华操作系统	普华软件	桌面、服务器	龙芯、申威等
中科方德	中科方德	桌面、服务器	兆芯等
欧拉 OS	华为	服务器	鲲鹏、X86
中兴新支点	中兴通讯	桌面、服务器	龙芯、兆芯、ARM

资料来源：依据各厂商官方网站和其他的公开资料整理（带★的企业在天津有投资布局）。

3.天津在数据库领域的布局

截至 2021 年 10 月，国内自主可控的四大传统数据库分别是南大通用、神舟通用、人大金仓、武汉达梦，天津域内有上述前三家，在用数据中心超过 100 家，其中南大通用数据库技术股份有限公司的大数据产品已经达到国内领先、国际同步的水平，在大数据分析领域已经超越了 Oracle、IBM 和微软的产品。天津的三家传统数据库专注于关系型数据库产品，相关产品在电信、政务、金融和军队等领域广泛应用，高价值用户超千家，几乎覆盖了全国所有省份的电信、中国银行、农业银行、招商银行和华夏银行等十余家银行，承建了电信、金融、政务、安全领域全国最大的数据库系统。天津的大数据和数据库在全国信创产业格局中占有重要地位，随着算力的提升和算法的进步，其重要地位将得到进一步巩固。

4.天津在中间件领域的布局

国内影响力排在前列的中间件供应商包括东方通科技股份有限公司（业内简称"东方通"）、上海普元信息技术股份有限公司（业内简称"普元信息"）、北京宝兰德软件股份有限公司（业内简称"宝兰德"）、中创软件商用中间件股份有限公司（业内简称"中创中间件"）和金蝶天燕云科技有限公司（业内简称"金蝶天燕"），在天津投资布局的有普元信息和金蝶天燕，前者于 2019

年 1 月出资设立了普元软件科技（天津）有限公司，后者于 2021 年 5 月出资设立天津市金蝶天燕云计算有限公司，开展中间件领域的产品研发和市场拓展。天津在中间件方面实力很强，随着产业数字化进程的持续推进，天津中间件的市场影响力将进一步提升。

5.天津在网络与信息安全领域的布局

网络与信息安全领域的国内自主企业主要包括奇虎 360、数字认证、海泰方圆、新华三、启明星辰、奇安信、深信服、华为、绿盟科技、天融信、亚信安全、网御星云、吉大正元、火狐等头部企业，在天津已有布局的企业有奇虎 360、奇安信、绿盟科技（2021 年 3 月）、新华三、深信服（2021 年 8 月）、海泰方圆、华为（2021 年 3 月）等。天津规划建设了"中国信创谷"，是全国首个专门划定的以信创产业为核心的经济区域，以奇虎 360 为代表的网络与信息安全领域的企业将与天津市共同打造信创安全基地，连同坐落于西青区的、中国北方最大的奇安信集团"网络安全产业园"，将使天津成为信创安全保障的国家级标杆。

表 2　网络与信息安全领域的主要代表性企业

产品形态	产品分类	细分领域的主要代表性企业
硬件	防火墙	新华三★、华为★、天融信
	统一威胁管理 UTM	网御星云、深信服★、奇安信★
	入侵检测与防御 IDS/IPS	启明星辰、绿盟科技★、新华三★
	VPN	深信服★、天融信、启明星辰
	安全内容管理	深信服★、奇安信、新华三
软件	终端安全软件	奇安信★、亚信安全、奇虎 360★
	身份与数字信任软件	吉大正元、亚信安全、数字认证
	政企浏览器	火狐、奇虎 360★、海泰方圆★

资料来源：依据中国网络安全产业联盟和其他的公开资料整理（带★的企业在天津有投资布局）。

（二）天津推动信创产业发展的重要举措

1.有序推进重点项目建设

天津在信创领域加大力度，强力推动重点项目引建。截至 2021 年 9 月，中国电子旗下的麒麟软件落户天津，这是天津在国产操作系统领域引进的重点龙头企业；360 总部落户天津滨海高新区，这是网络与信息安全领域的明星企业；总投资 102 亿元的中金天津大数据产业园落户武清区；总投资约 60 亿元的天津中环高端半导体产业园在高新区建成投产后预期年产值超过 100 亿元；占地 290 亩、投资 100 亿元的腾讯 IDC 数据中心可容纳 30 万台服务器，年产值达 38 亿元；金山办公在第四届世界智能大会云签约落户天津滨海新区，天津信创产业链进一步完善；中科曙光国家先进计算产业创新中心建设持续推进；中芯国际 T4 集成电路生产线重点项目加速推进。

2.不断完善政策体系保障优质政策的高效供给

2021 年，天津加速推进中国信创谷的建设进程，加快制定"关于促进信息技术应用创新产业加快发展的专项政策"等一系列支持信创产业发展的扶持政策，从税收优惠、核心技术研发、人才培养等多个方面，助力产业快速发展。在政策的鼓励和导引下，设立百亿元智能制造专项资金，支持集成电路、国家重大项目、大数据等重点领域的发展。设立新动能引育专项资金，支持战略性新兴产业提质增速。

3.完善产业协同创新体系

2021 年，天津持续推进"先进操作系统创新中心"建设，进一步发挥麒麟软件的引领作用，组建先进操作系统创新联盟，助力操作系统技术创新。通过打造"芯火"双创基地，为集成电路领域的小微企业、创业团队和初创企业匹配完善的政策、制度和服务体系，从而优化天津集成电路产业生态。积极筹建"信创海河实验室"，意在突破 CPU、操作系统、CAE 软件、超级计算等"卡脖子"问题。加快建设"信创安全验证基地"，发挥 360 集团在网络信息安全领域的带动引领能力，打造信创安全基地，建设信创工程安全研究中心。

4.加强人才引育激发产业创新活力

"海河英才"计划升级版于2021年8月启动，16个区根据企业需求制定高度适配的人才政策，提出"鲲鹏计划"2.0版本，加快实施人才安居工程、教师"区管校聘"改革等多项措施，激发信创产业创新活力。组织南开大学、天津大学、天津理工大学积极创建国家特色化示范性软件学院，打造10所市级特色化示范性软件学院。组建"天津信创产业（人才）联盟"，搭建科技成果转化、产学研合作平台，保障人才需求与供给的充分对接和整合。完善信创人才职称评定工作机制和激励机制，协助360、曙光、安华易、德尔塔、软协等企业近百人申报并获得职称，着力培育一批信息安全产业技术技能紧缺人才。

（三）天津信创产业的发展态势

1.产业链条日臻完备

从整体视角来看，天津信创产业初步形成了涵盖CPU芯片、操作系统、数据、安全软件、整机、外设终端、超级计算的产业链布局。从局部视角来看，天津信创产业聚集了中科曙光、麒麟软件、天津飞腾、南大通用、神舟通用、360等一批信创领域知名企业。从具体领域而言，天津在信息与网络安全领域通过打造信息安全产业集群进一步推动信创产业的聚集发展，该集群入围2020年工信部举办的全国先进制造业集群决赛，在全国范围内具有重要影响力。

2.信创产品供给能力显著提升

通过多年在信创领域的持续发力，天津信创产业的优质产品供给能力得到显著提升。本土自主操作系统领域的"国货之光"麒麟操作系统V10上榜2020年度国内十大科技新闻，银河麒麟操作系统V10 SP1版本于2021年10月27日正式发布，创造了中国操作系统的全新高度；飞腾公司推出的可扩展多路服务器腾云S2500被誉为国产最强服务器，性能强大，处理能力呈倍数增长；神舟通用数据库为嫦娥五号"升、绕、落、回"等阶段提供全面保障和数据支撑，助力国家航天工程的伟大探索与实践；新一代百亿次超级计算机天河 3 号即将投入使用，超级算力进一步提升。

3.产业集聚程度不断增强

天津信创产业的基础雄厚，具有明显的比较优势，龙头企业集聚、产业链条相对完整，通过高起点谋划和高标准建设"中国信创谷"，信创产业的物力资源、人力资源和创新资源进一步富集汇聚。滨海高新区海洋片区作为"中国信创谷"的核心承载区，借助有力的政策支持和丰富的资源供给，信创产业中的基础硬件、软件系统、"信创＋服务核心"三链的集聚态势将进一步增强，随着"311"信创产业体系的逐步构建和持续完善，天津信创产业集群的综合竞争力必将跃上一个新的台阶。

三　信创产业的发展趋势和运行走向

（一）芯片产业借力国有基金撬动的资本市场加速发展壮大

从国家层面上看，为了促进国产芯片产业的快速发展，国家集成电路产业基金于 2014 年 9 月成立，该基金遴选全产业链企业进行注资，投资领域覆盖芯片设计、芯片制造、测试封装等各个环节，投资额度从几十亿元到几百亿元不等，有力地促进了国产芯片的成长壮大。从省（市）域层面上看，天津海河产业基金于 2017 年 4 月成立，天津滨海产业基金于 2020 年 8 月成立，上述基金导入的信创产业项目覆盖芯片设计、晶圆制造、半导体材料、大数据云计算等领域，涌现中电科半导体材料集团、美新半导体等一批优质项目，有力地推动了信创产业的发展。可见，无论从国家层面，还是从省（市）域层面来看，通过国有基金撬动资本市场，从而形成资本合力，助力芯片产业发展已成大势。

（二）构建更加完善而丰富的生态体系是操作系统的必然走向

基于操作系统的生态既包括开发者生态，也包括用户生态，二者相辅相成，共同构成互联网的"自循环"体系。操作系统之上的生态构建，有两个基础要件，其一是基础软件开发，其二是生态社区建设。整个生态的构建将更多地倚重开源社区的群体智慧，原因在于开源社区思维的高度活跃性，创新创意频繁汇聚碰撞，同时兼具最强的行动力。构建开放、丰富的生态应用体系，不但需要主流软硬件厂商的通力协作，而且需要通过开源社区吸引全球范围的开发者，从而形成合力，激发整合与协同效应。长远来看，除了传统的 PC 和服务器领域之外，国产操作系统将与更大量级的智能终端设备和软件产品进行广泛深度适配，也将在新兴的 AIoT 市场强化更广泛的兼容并提供更丰富的应用。天津的麒麟操作系统领域已在业内占有重要的一席之地，为了更好地加强操作系统的推广和普及，麒麟操作系统需要借助开放式创新持续优化并完善生态架构，提升软硬件适配广度和深度，从而构建涵盖开发者和用户的完整生态体系。

（三）国产数据库企业的发展重点和战略走向在于生态扩展

对非开源数据库厂商而言，合作伙伴生态的核心就在于渠道伙伴建设。数据管理架构体系中的底层产品之一是数据库管理系统，不同客户的核心系统架构具有鲜明的差异性，这就要求数据库厂商根据差异化需求提供定制化的数据库软件开发服务。集成商、IT 咨询公司以及二次开发商都是数据库厂商生态伙伴体系的重要组成部分。对数据库企业而言，生态伙伴体系建设既能帮助企业实现快速的业务渗透与扩张，又能最大限度地控制成本，有利于数据库厂商将有限的资源更好地聚焦于数据库技术和产品开发等核心要务上。对开源数据库项目而言，维护开发者社区和建设渠道伙伴尤为重要。开发者社区是开源数据库项目重要的活力之源，甚至是立身之本，项目管理者必须具备更强的社区维护能力。开源数据库项目具有技术更新更快、产品迭代更迅速、人才更集聚、风险更分散等优势和特点。国内具有代表性的开源数据库项目包括华为 GaussDB 和 PingCAP TiDB，其中 PingCAP TiDB 项目在 GitHub 上聚集了 12000 名开源代码贡献者。天津的数据库厂商必须在重视开发者社区维护的同时，加强商业合作伙伴的建设，促进商业化目标的实现。

（四）国产中间件稳定化、商业化和中台化发展是必然趋势[①]

国内中间件厂商的重点业务主要包括两部分：一是对政府和重要国企中间件的国产化替换，二是对中小企业的中间件进行建设与优化等商业化业务。国产化替换业务主要是对应用服务器配套的中间件（狭义中间件）进行国产自主化代替，将原有业务平稳、可靠地迁移到新系统上是工作重点。这类中间件产品长期处于开源状态，大量主流互联网企业都有类似的定制化需求，在技术壁垒和人才培养方面的问题相对较小。正因如此，国内中间件厂商的产品与国际巨头的产品具有较高的相似度，那些已与政企类客户建立长期合作关系，其股东具有较强社会资源的厂商更容易在国产化业务中获取竞争优势。与国产化替代业务不同，商业化业务的主要客户是具有信息化需求的中小企业，这类客户需要借助中间件厂商实现信息化转型，以适应市场竞争的现实需要。商业化业务的核心竞争力取决于具体行业应用场景的业务拓展能力，需要具备完整的产品线和足够的中台化业务拓展能力。从长远的视角来看，中台化是中间件的发展趋势，孕育着重大市场机遇。

（五）竞争激烈的网信安全市场向服务化转型，向头部企业集中

现阶段，我国信息安全领域的竞争格局比较分散，产业集中度相对较低。深信服、奇安信、启明星辰、天融信、绿盟科技、新华三等领军企业分布于各细分领域，在关键环节上具有强大影响力。随着云计算技术的不断升级演化和应用范围的持续扩大，互联网厂商逐渐发展为网络信息安全市场的重要参与者，其中阿里和腾讯通过整体业务协同的方式共同参与安全市场竞争，从而提升其云计算业务的竞争力。老牌的信息安全服务提供商奇虎360在政企安全服务领域实力强悍，以"安全大脑"为核心大力扩张网络安全运营服务。网络安全领域的初创公司和成长公司的安全服务覆盖物联网安全、开发

[①] 中台是面向企业级 IT 系统拓展的新兴概念，旨在提升企业信息化系统的开发效率，助推企业 IT 系统落地实施。

安全、零信任、云安全、工控安全、数据安全、业务安全、安全 SaaS 服务、威胁检测与管理和网络靶场等热点领域。网络与信息安全市场具有技术推动性强、资本关注度高的特点，产品功能一体化、解决方案和安全服务的成套化和体系化是未来的发展趋势，市场份额正向综合实力强大的头部厂商集中，服务化发展的产业走向日趋明显。同时，国有资本正在加速进入网络与信息安全市场，并且不断向头部企业集中。

四　促进天津信创产业高质量发展的策略与建议

（一）聚焦核心基础关键技术，完善工具体系、产品体系和生态体系

天津作为全国先进制造研发基地，以智能科技产业为引领，将信创产业作为主攻方向，在自主芯片领域强力攻关、突破技术封锁是义不容辞的历史担当。将成熟制程作为起点，把设备、材料、EDA 等底层工具链的基础夯实筑牢，进而逐步攻克先进制程。在先进制程方面，联合国内其他重要创新力量，集中突破光刻胶等关键材料、光刻机等重点设备，加力扶持中芯国际、中环半导体等龙头企业的技术创新。在 IC 设计方面，加大对海光和飞腾的支持力度，通过扩张国产处理器的市场容量拉动上游数字设计工具等重大关键核心技术突破。将域内飞腾、海光、中芯国际等重要创新节点有效联组，合力开展数字设计仿真、布局布线等数字设计前端工具链国产化研发，构建自主的工具体系、产品体系和生态体系。

（二）以行业应用为抓手，发展产业核心技术，赋能先进制造研发

信创产业能够有力推动天津在"1 + 3 + 4"工业产业布局的框架内开展安全可控的自主创新和原始创新。随着信创产业技术和产品在党政系统的成功应用，相关技术从探索到应用，再到突破，市场规模将进一步大幅扩容。天津信创产品的应用领域可以集中于重点垂直行业，如能源、电信、工控、金融、交通、医疗和教育为代表的重点行业的关键领域。部分信创企业的发展

目标仍局限于单纯的国产替代，应通过向目标领域提供好用的信创产品，吸引并抓住特定行业的具体实际需求，将其作为技术攻关的核心目标，指引技术创新方向。通过财税、金融、人才等系统化的政策安排，引导优势创新资源充分整合，推动产品和技术加速更新迭代，通过应用需求带动核心技术突破，赋能先进制造研发。

（三）产业政策与公共服务两手发力，促进信创产业提质增效

狠抓政策落实，使信创企业真正获得实质性扶持，在产业政策的设计阶段，除了考虑在厂房租金、人才待遇等方面给予补贴之外，还要打通、扩充融资渠道，同时不断开放市场，促进信创技术和产品对传统制造业进行赋能。结合天津产业特色，借助天津海河产业基金、天津滨海产业基金等扶持关键细分领域的小型龙头企业，培养信创企业群落，形成藏猛蓄烈的信创企业丛林，从整体上提升产业质量和运行绩效。

创建公共服务平台，涵盖信创运维服务、软硬件适配服务、信创产品库、企业公共服务、项目方案设计、信创人才集聚和培育等多个细分领域。借助软硬件适配平台加快统一适配标准、统一测评体系、统一生态服务和统一认证管理的进程。公共服务平台能够有力促进产业力量协同、多方资源集聚、需求供给对接，加速区域性信创产业生态的构建，有利于技术创新升级和产品更新迭代。

参考文献：

[1] 陈晓红、张威威、易国栋、唐湘博：《新一代信息技术驱动下资源环境协同管理的理论逻辑及实现路径》，《中南大学学报（社会科学版）》2021 年第 5 期。

[2] 杨杰、汪涛、王新、庞惠伟：《信息技术赋能创业：IT 能力对创业绩效的影响》，《科学学研究》2021 年第 9 期。

[3] 金碚：《网络信息技术深刻重塑产业组织形态——新冠疫情后的经济空间格局演变

态势》,《社会科学战线》2021 年第 9 期。

[4] 王玉:《中国数字经济对产业结构升级影响研究——基于空间计量模型》,《技术经济与管理研究》2021 年第 8 期。

天津海洋经济发展研究报告（2022）

许爱萍　天津社会科学院产业发展研究所副研究员

成　文　天津社会科学院产业发展研究所研究员

摘　要： 发达的海洋经济是建设海洋强国的重要支撑，全面贯彻落实国家加快建设海洋强国战略，加快发展海洋经济，是未来天津经济高质量发展的新引擎。当前发展海洋经济已经成为发达国家战略布局的重点，各国高度重视海洋科技创新以及海洋生态保护问题。2021年，天津海洋经济总体运行向好，区域海洋经济发展格局初步形成，海洋经济产能有所恢复，企业数量有所增加，产业门类更为丰富。但仍存在海洋战略性新兴产业偏小，传统产业比重偏大；产业链短，产业本地化配套不足；海洋人才短缺；创新能力与产业快速发展需求不匹配等问题。要通过加快世界一流的智慧港口、绿色港口建设；拉"长"补"短"，做长做强产业链；引进培养海洋产业急需人才；支持海洋重大科技创新；放大现有政策优势；加大海洋生态保护；开展精准化高质量招商引资七大方面，加快推动天津海洋经济发展。

关键词： 海工装备　海洋生态　天津港

习近平总书记指出："要提高海洋资源开发能力，着力推动海洋经济向质量效益型转变。发达的海洋经济是建设海洋强国的重要支撑。要提高海洋开发能力，扩大海洋开发领域，让海洋经济成为新的增长点。"《中华人民共和国国民经济和社会发展第十四个五年规划和二〇三五年远景目标纲要》中也明确指出，培育壮大海洋工程装备、海洋生物医药产业，推进海水淡化和海洋能规模化利用，提高海洋文化旅游开发水平的发展要求。海洋经济已成为我国国民经济发展的一个新增长点。在《天津市海洋经济发展"十四五"规划》中，对天津市全面贯彻落实国家加快建设海洋强国战略进行了部署。在"十四五"期间，发展海洋经济将成为天津经济高质量发展的新引擎。

一　全球海洋经济发展趋势分析

（一）发展海洋经济已经成为各国战略布局的重点

澳大利亚在发展海洋经济上享有得天独厚的自然条件。2015 年，澳大利亚发布了《国家海洋科学计划 2015—2025：驱动澳大利亚蓝色经济发展》，该报告由澳大利亚政府的海洋科学顾问小组（OPSAG）撰写，在该报告中提出了如何应对澳大利亚面临的海洋资产问题，以及如何利用海洋科学解决该问题，并给出了方案；此外，还有《大堡礁 2050 年长期可持续发展计划》《南极战略及二十年行动计划》等规划，都将蓝色经济视作国家经济发展的重点领域，并强调了海洋科技创新在推动海洋经济发展中的作用。2018 年，英国发布了《预见未来海洋》报告，该报告从海洋经济发展、海洋环境保护、全球海洋事务合作、海洋科学四个方面分析阐述了英国海洋战略的现状和未来需求。可见，世界各国都将发展海洋经济当作未来很长一段时期国家经济发展、谋求竞争新优势的战略方向。

（二）各发达国家均高度重视海洋科技创新

英国是世界知名的海洋国家，拥有漫长的海洋开发历史，英国的海洋战略是全球瞩目的焦点，海洋政策影响着全球海洋经济的发展。2018 年英国发布的《预见未来海洋》报告中指出，应充分重视并发挥海洋科技创新能力，实现英国的海洋利益，并为英国在全球的领导地位提供支撑。2019 年英国发布的《2050 海洋战略》中指出，近期目标是将英国打造成为试验和开发自主船舶以及吸引外来投资和国际业务的最佳场所。2017年，美国发布了《北极规则：加强美国第四海岸战略》报告，报告提出要提供科研基金，为2017年以后的科学研究提供预算支持，以了解气候加速变化对区域和全球的影响。2018年11月，美国国家科学技术委员会（NSTC）发布题为《美国国家海洋科技发展：未来十年愿景》报告，确定了2018—2028年间海洋科技发展的迫切研究需求与发展机遇，以及未来十年推进美国国家海洋科技发展的目标与优先事项。

（三）各国高度重视海洋生态保护问题

在美国2017年发布的《北极规则：加强美国第四海岸战略》报告以及与欧盟联合发布《南极海洋保护区建设计划》中，都将海洋观测、海洋气候变化、极地海洋研究等海洋生态问题纳入其中。2018年英国发布的《预见未来海洋》报告中指出，要高度重视生物多样性所受到的威胁，加强海洋生态保护，维持海洋的长期可持续发展。而在20世纪60年代，澳大利亚《环境保护和生物多样性保护法》《濒危动物保护法》《大堡礁海洋公园法》等50多个环境保护相关的法律均对海洋生态保护做出了明文规定。

（四）中国海洋经济逐步崛起

党的十八大明确提出"提高海洋资源开发能力，发展海洋经济，保护海洋生态环境，坚决维护国家海洋权益，建设海洋强国"。习近平同志在党的十九大报告中指出："坚持陆海统筹，加快建设海洋强国。"这为建设海洋强国指明了方向、明确了路径。自此，我国海洋经济逐步进入蓬勃发展期。2020年，我国海洋生产总值80010亿元，比上年下降5.3%，占沿海地区生产总值的比重为14.9%，比上年下降1.3个百分点。其中，海洋第一产业增加值3896亿元，第二产业增加值26741亿元，第三产业增加值49373亿元，分别占海洋生产总值的4.9%、33.4%和61.7%。

海洋经济与其他产业联系较为紧密，能够促进新兴产业发展，加快新旧动能转换，打造新的经济增长点。海洋尖端科技的突破有利于新兴产业的形成，为经济发展注入新的活力。目前，国内已经形成了以广东省、上海市为代表的海洋科技大省，在深入实施科技兴海战略、推动我国海洋经济发展方面形成了典型。

2020 年，广东省海洋生产总值超 1.7 万亿元，海洋生产总值占地区生产总值的 15.6%，占全国海洋生产总值的 21.6%，已连续 26 年占全国第一，海洋三次产业结构调整为 2.8∶26.0∶71.2，基本形成了行业门类较为齐全、优势产业较为突出的现代海洋产业体系，在海洋电子信息、海上风电等领域聚集大量企业，具有明显技术优势。

2020 年，上海市海洋生产总值为 9707 亿元，占上海全市 GDP 的 25.1%，占全国海洋生产总值的 12.1%，位居全国前列，在深远海高端装备、海洋生物医药等领域具有一定的技术领先优势。目前，上海临港逐步成为海洋工程装备产业和战略性新兴产业集聚区域，长兴岛是国家重要的船舶、海洋装备制造基地，集聚了江南造船、沪东中华、振华重工等重要企业。

二　天津海洋经济总体运行情况分析

（一）区域海洋经济发展格局初步形成

近年来，天津市按照以陆促海、以海带陆、优势集聚、合理分工的原则，不断优化调整海洋产业空间布局，基本形成了以滨海新区为"核心区"，以沿海蓝色产业发展带和海洋综合配套服务产业带，以南港工业区、天津港保税区临港片区、天津港港区、滨海高新区海洋科技园、中新天津生态城五大海洋产业集聚区为引领的空间发展结构，"一核两带五区"的海洋经济总体发展格局基本形成。其中，天津港保税区临港片区获批成为全国海洋经济发展示范区，以天津港保税区临港片区为核心的海洋工程装备制造基地已经初步形成，临港海洋高端装备产业示范基地获批成为全国科技兴海产业示范基地。

（二）积极推动复工复产，产能有效恢复

2020 年，国内消费受到抑制，外需明显下滑，由于实施限制性的区域管理政策，海洋航线和港口进出的管制更加严格，影响到天津相关企业订单，船舶维修制造等人力密集型产业发展受到抑制，尤其是海洋旅游等行业受疫情影响较大，旅游景区关停，游客锐减，对天津海洋旅游等行业也有较大程度影响。2021 年，天津海洋经济有所恢复。

（三）企业数量有所增加，产业门类更为丰富

天津海洋产业涉及海工装备、海水淡化、海洋石化、现代海洋服务业等产业，在海工装备领域，聚集了中船重工、博迈科、太重滨海等国内一流企业，2021 年 9 月，博迈科承揽的全球最大液化天然气项目的 Arctic LNG 2 项目中最大电气间 CCB 模块，在天津港保税区临港博迈科二号码头装船交付，驶向北极；在海水淡化领域，形成了以自然资源部天津海水淡化与综合利用研究所（以下简称"海淡所"）为龙头、国家海洋局天津临港海水淡化与综合利用示范基地为依托的产业聚集趋势。2021 年，海淡所获批工业和信息化部产业技术基础公共服务平台，同时聚集了中盐工程技术研究院等研发设计企业，以及蓝十字膜科技、众合海水淡化等中小企业，天津海水淡化装机规模达 30.6 万吨/日，占全国的 19.4%，持续保持全国前列；在海洋石化领域，以海油工程、博迈科为龙头，聚集了一批优质企业及科研院所，掌握了海洋平台生活楼、动态海洋柔性复合软管、综合船桥系统等一批核心技术产品。

（四）加速推动世界一流智慧港口建设，现代海洋服务业实现快速发展

在现代海洋服务业领域，天津港积极推动天津港世界一流智慧港口、绿色港口建设，有效利用 RCEP 促进作用，2021 年前三季度，天津港集团共完成货物吞吐量 3.51 亿吨，同比增长 4.5%；集装箱吞吐量达 1580 万标准箱，

同比增长 14.7%，创出历史新高，天津港位列世界十大港口第八（根据最新 1—8 月全球港口累计完成集装箱吞吐量情况），增幅居全球十大港口首位。天津港北方国际航运枢纽功能得以进一步发挥，天津港在以国内大循环为主体、国内国际双循环相互促进新格局中的战略地位进一步增强，以中新天津生态城为核心的高品位海滨休闲旅游区初步建成。由自然资源部与天津市人民政府共建共管的国家海洋博物馆是我国第一座与海洋大国地位相匹配的综合性国家海洋博物馆，已经接待游客超过 166 万人次。邮轮旅游发展势头强劲，邮轮母港综合配套服务能力持续提升。2021 年，天津市政府发布《关于加快天津邮轮产业发展的意见》，天津国际邮轮母港建设加速推进。船舶海工租赁产业加速聚集，国际航运船舶和海工平台租赁业务分别占全国的 80% 和 100%。

三　天津海洋经济发展中存在的主要问题

（一）海洋战略性新兴产业偏小，传统产业比重偏大

2020 年，天津海洋生产总值占地区生产总值为 31.4%，海洋新兴产业增加值年均增速为 5.1%，但海洋油气、海洋化工等传统海洋产业仍然占据主导地位，海洋战略性新兴产业虽然增长速度较快，但总体规模不大，占天津海洋经济总量不足 10%。

（二）产业链短，产业本地化配套不足

海洋产业链不完整。天津海洋产业结构为"231"模式，优势产业集中在第二、第三产业，在主要海洋产业中，海洋油气业、海洋交通运输业、海洋工程建筑业与滨海旅游业的增加值所占比重较大，而海洋生物医药业、海洋电力业、海洋盐业和海水利用业等规模较小。

产业链供应链现代化水平低。本地产业间关联性差，以船舶制造、海工装备、海水淡化产业为例，产业本地化配套不足，对周边辽宁、河北、山东等区域的油漆喷涂、关键零配件、膜技术及产品依赖度较高。

（三）四大领域海洋人才均短缺

天津海洋经济涉及支撑现代海洋服务业的专业人才、带动战略性海洋新兴产业的创新人才、提升传统海洋经济的高端人才、推动外向型海洋经济发展的国际化人才四大领域。从企业需求上看，现有人才储备不足，难以满足海洋经济快速发展需求。从人才聚集趋势上看，人才聚集速度难以匹配产业快速发展趋势，海洋人才的培养与产业脱节的现象非常严重，满足不了经济发展的要求。

（四）创新能力与产业快速发展需求不匹配

天津市加大对海洋科技创新的投入力度，海洋科技创新体系不断完善，海洋研发机构加速聚集，但与上海等先进地区相比，仍存在较大差距，上海目前拥有 3 个涉海国家重点实验室，天津数量为零。海洋创新药物市场需求量大，但天津海洋生物制药领域技术创新能力不高。海水淡化膜技术等领域市场需求量大，但本地企业技术水平仍有待提高，技术及产品对山东等地区形成依赖。

四　推动天津海洋经济发展的对策建议

根据《中共天津市委关于制定天津市国民经济和社会发展第十四个五年规划和二〇三五年远景目标的建议》，基本实现"一基地三区"功能定位成为"十四五"时期天津经济社会发展主要目标中的重中之重。发展海洋经济，将有效推动落实全国先进制造研发基地、北方国际航运核心区等"一基地三区"定位。

（一）加快世界一流的智慧港口、绿色港口建设

2019 年 1 月 17 日，习近平总书记在视察天津港时指出："新中国成立 70

年、改革开放 40 年，我国航运事业、港口建设发生了沧桑巨变，取得了显著成果"，并强调"经济要发展，国家要强大，交通特别是海运首先要强起来。要志在万里，努力打造世界一流的智慧港口、绿色港口，更好地服务京津冀协同发展和共建'一带一路'"。打造世界一流的智慧港口、绿色港口，有利于更充分利用国内国际两个市场两种资源，发挥天津港的北方国际航运核心区作用。

突出创新引领，全力打造全球领先的智慧港口。创新自动化工艺流程，实现关键技术自主可控，加快推动物联网、互联网、北斗、智能控制等信息技术应用，实现码头内部运行要素的可测、可视、可控。推动 5G 等新技术的建设、推广与应用，实现信息的泛在互联与高速互通。整合优化沿海港口资源，推进港口生产运营智慧化，深挖港航大数据应用新空间。提升港口建设现代化水平，推动陆海联动、港产城融合。

打造"津冀港口群"。以更好地服务京津冀协同发展和共建"一带一路"为目标，加快完善京津冀区域内现代化港口设施建设，推动津冀两地集装箱、客（滚）等大型化、专业化泊位以及深水航道、防波堤、锚地等港口公用基础设施服务水平。推动津冀两地集疏港公路、铁路、管道，强化港口与铁路、公路、内河水运等枢纽的有机连接，提高物流网络互联互通水平。

提高天津港航运服务水平。对标上海港，加快发展航运金融、船舶和航运经纪、海事仲裁、船舶租赁、船舶交易、电商服务等中高端航运服务业。培育国际化的大型海运企业和码头运营商，打造世界一流航运品牌，更好发挥在新发展格局下天津港作为北方国际航运中心的重要枢纽的作用。

积极培育外轮供应企业，丰富供应品种和服务。大力提升航运功能，发展转口贸易，积极发展沿海捎带业务；推动与航运相关的海事、金融、法律、经济、保险等服务业发展。鼓励国内外企业在区内开展国际船舶管理、国际船舶修造、国际船舶检验、保税维修、航运保险、航运仲裁、海损理算、航运交易等高端服务业。

（二）拉"长"补"短"，做长做强产业链

积极发展海洋新兴产业。顺应世界发达国家发展海洋经济的趋势，以五大海洋产业聚集区为载体，重点发展海工装备及高技术船舶、海洋生物医药、海水淡化及海洋资源综合利用、海洋新能源新材料、涉海高端服务、海洋环保等海洋新兴产业。加快发展海洋生物医药产业。强化企业技术创新主体地位，积极打造海洋生物医药产业研发集群；引进培养一批具有国际领先水平的优势人才团队，创制一批海洋创新药物和功能制品，培育壮大一批具有较强自主创新能力和市场竞争力的龙头企业，打造国内领先的海洋生物医药科技创新中心和产业基地。推进海水淡化和海洋能规模化利用，重点攻关海水淡化专用膜及关键装备和成套设备自主研发，完善本地产业链配套；积极引进海工装备上下游配套企业，推动新兴产业加速崛起、扩容倍增，打造国际一流的海工装备产业集群。

全力提升海洋传统产业。以船舶制造、海洋化工等传统产业转型发展为工作重点，推动不同产业间跨界融合、跨界出新，实现传统产业提质增效。在船舶制造领域，鼓励重点船舶企业引进国内外先进适用技术和关键设备开展技术改造，推动产业数字化、网络化、智能化水平；在海洋化工领域，全面提高产品技术、工艺装备、能效标准，发挥好工生所科研优势，瞄准国际市场需求，加快发展海洋生物制药、海洋新材料等产业。

大力发展海洋现代服务业。海洋现代服务业是海洋产业链的高端，是现阶段海洋经济增长的新亮点。加快发展亲海旅游业，完善旅游景点道路、供水、供电、网络覆盖等基础设施，依托高速铁路、高速公路等快速交通网络，打通全市各个景点之间的线路，打造一批海洋特色精品线路，加大滨海旅游宣传力度，提高天津亲海旅游的知名度；加快发展现代港口物流业、海洋综合技术服务业、海洋管理咨询业、涉海金融保险业等，全面提升对生产制造类企业的支撑力度。

（三）引培海洋产业急需人才

加大海洋人才引进。发挥现有"海河英才""鲲鹏计划"等各级人才政策优势，把天津打造成涉海涉港高端人才聚集地。发挥现有天津海洋装备产业（人才）联盟作用，聚焦领军人才、技能人才、海外留学人才等产业高端人才，创新多元化投入、引进和利用人才机制，在海洋经济、海洋新兴产业、海洋现代服务业、海洋基础研究等重点领域引进和培育一批高精尖领军人才和团队。建立人才引进绿色通道，推动海洋经济领域领军人才、拔尖人才和紧缺人才引进，在子女入学、落户、医疗等方面给予支持，必要时可实施"一事一议"。支持在人才集聚地的海洋企事业单位、产业园区建设人才公寓。

加大海洋人才的培养。加强与中国科学院、中国工程院等国家级科研院所和知名高校的合作，鼓励来天津建立海洋研发机构，构建海洋人才联合培养机制。鼓励企业和高校联合建设专业人才培育体系，以产业和技术发展的最新需求推动高校人才培养改革。优化海洋教育资源，鼓励天津各高校优化学科体系，大规模培养各类海洋人才。引导企业不断优化人才培养机制，培养具备精益求精"工匠精神"的高技能技师队伍和现代化的产业工人队伍。推动企业与高校、科研院所的合作，加强各类涉海实用技能培训基地建设，为企业培养科技型、技能型和管理型高层次人才。

（四）支持海洋重大科技创新

加强海洋科技创新。强化基础研究，加强产业技术创新抢占未来技术制高点，在海洋生物医药、海洋化工、海水淡化和综合利用等领域，突破一批制约产业发展的重大关键技术。

加强应用研究。整合高校、科研机构、涉海企业的科技资源，联合开展引领海洋产业发展的重大研发项目、共同制定产业联盟标准、协同推进共性产业技术研发和科技成果转化。建立海洋研发机构，建立涉海人才联合培养、海洋科技共同研发机制，强力推进科技兴海。设立海洋科技重大专项，建设一批海洋高技术产业化示范工程，形成一批具有自主知识产权、处于海洋科技前沿、迅速向现实生产力转化的科技成果。

积极搭建海洋科技创新平台。强化企业创新主体地位，鼓励企业在海工装备、海水淡化及综合利用、海洋生物制药等领域布局尖端产业（技术）创新中心，建设一批重点实验室和工程研究中心。发挥涉海骨干企业、天津海洋装备产业（人才）联盟在集聚产业创新资源、加快产业共性技术研发、推动重大科技成果应用等方面的作用，加强创新链、产业链、资金链之间的协作，吸引、培育国内外一流海洋科技创新机构，形成海洋科技创新高地。

（五）放大现有政策优势

深化海洋经济发展试点。发挥天津港保税区临港片区获批全国海洋经济发展示范区、临港海洋高端装备产业示范基地获批成为全国科技兴海产业示范基地的示范作用，利用天津海洋产业政策优势、区位优势、资源优势，联合科研院所、高等院校、科技企业以及科技服务机构，持续深化基地建设，放大示范试点的引领、辐射力。

用好用足自由贸易试验区便利政策。自由贸易试验区是以先行先试的方式，探索新时期我国改革开放的新举措，中国（天津）自由贸易试验区具有制度优势、资源优势，天津海洋产业要对标上海等先进地区，用好用足自贸区政策，实现稳外资、稳外贸。

（六）加大海洋生态保护

健全海洋生态保护体系。始终把海洋生态文明建设摆在突出位置，加强海洋资源环境保护和高质量发展，系统分析海洋生态保护需求，控制海洋开发强度和规模。完善区域海洋开发配套政策，明确海域开发细则，保持海洋开发与保护相协调。严格遵守《中华人民共和国环境保护法》《中华人民共和国海洋环境保护法》等法律、法规，根据《天津市海洋生态红线区管理规定》，加强海洋环境风险源排查和综合风险评估，依法审批重大基础设施、重大民生项目、生态保护与修复类项目建设。

健全陆海污染防治体系。加强海洋空间资源保护修复，完善健全陆海污染防治体系，加强近岸海域污染治理，清理非法或设置不合理的入海排污口；严格落实河长制、湖长制，开展陆域污染源治理，实施入海河流综合整治。

（七）开展精准化高质量招商引资

调整优化招商政策。梳理各级海洋经济发展扶持政策，细化工作实施方案，提出投资环境建设的专业指导意见，制定务实有效的招商引资政策。修编船舶重工、航运物流、海洋生物、游艇邮轮、港口贸易、海水淡化等产业发展专项支持政策。

开展专业化精准化高质量招商。围绕天津海洋经济"核心区"以高端智能装备、海洋经济、新能源新材料为主导产业的发展布局，开展龙头招商、配套招商、产业链招商。深入研究重点产业在全球各国分布情况及发展现状，梳理意向企业的投资趋向，面向世界 500 强和行业领军企业，引进一批技术水平高、产业关联性强、发展空间大的大项目、好企业，实现精细化、精准化、务实化招商。

强化天津海洋经济全球宣传推介。深入宣传天津发展海洋经济的重大意义、重大政策、重大行动、重大工程，及时报道天津海洋经济发展的新进展、新成效、新经验等。结合《天津海洋经济发展"十四五"规划》以及未来天津海洋产业发展需要，利用专业公司设计完善招商推介手册、强化滨海新区作为海洋经济"核心区"的国际化特色，以宣传片、官方网站、官方微博和微信公众号宣传平台等工作，进行全球宣传推介，全面提升天津海洋经济五大聚集区的知名度，凸显天津海洋经济国际化特色。

参考文献：

[1]《天津市海洋经济发展"十四五"规划》。

[2]《中华人民共和国国民经济和社会发展第十四个五年规划和二〇三五年远景目标纲要》。

天津房地产业发展研究报告（2022）

高　峰　天津社会科学院经济分析与预测研究所副研究员

摘　要： 与全国平均水平相比较，2021 年，天津房地产市场走势比较温和，全年呈现出量价齐升的态势。从供给侧看，2021 年天津房地产开发投资、土地购置费、房地产新开工、施工和竣工面积均呈现恢复性增长。从需求侧看，天津乃至全国房地产市场均出现了量价齐升的走势。在延续现有货币政策背景下，考虑到中央稳房价的决心，预计 2022 年房价保持平稳水平的可能性较大，其波动范围可能会收窄。具体来看，本文分货币政策相对紧缩和相对宽松两种情况，预估 2022 年天津商品房价格走势，结果显示：在 8.26% 的相对较低货币增速水平下，天津 16 区整体的商品房平均价格可能会在[15000，16000]元/平方米的价格区间内波动；在 9.38% 的相对较高货币增速水平下，天津 16 区整体的商品房平均价格可能会在[15200，16500]元/平方米的价格区间内波动。

关键词： 房地产　产业政策　供需　预测

一　2021 年房地产业发展环境分析

（一）宏观经济形势分析

1.全球经济形势

新冠肺炎疫情持续反复是当前全球经济复苏放缓的主要因素。经济受疫情影响严重，对全球供应链产生较大影响。欧美超宽松货币政策持续推升通胀预期，物价上涨正从生产领域向消费领域传导。从美国目前疫情控制及就业复苏情况看，即便美联储已将就缩紧宽松进行准备，年内可能启动削减购债规模，但仍将维持宽松金融环境，整体上对国内流动性影响有限。欧元区的通货膨胀率现在是十年来的最高水平。2021年8月，欧元区19个国家的通货膨胀率升至3%，较上月上升0.8个百分点，为2011年12月以来最高月度涨幅。包括美国、德国在内，全球多国都面临着通胀压力加剧的风险。

2.我国整体经济形势

今年初发布的政府工作报告中提到，我国要继续实施稳健货币政策，保持货币信贷和社会融资规模平稳增长。从上半年趋势看，我国经济形势延续稳中回升的趋势。从供给侧看，固定资产投资稳定回升，工业生产者出厂价格涨幅扩大使中下游企业承受成本上升压力，通胀预期上升；从需求侧看，消费持续恢复，外需拉动力持续强劲。2021年8月，M0、M1和M2货币供应量同比增速分别为6.27%、4.22%和8.21%，增速均较2020年8月有所下降。2021年1—8月，中国社会融资增量数据约为21.82万亿元，同比下降了约17个百分点。

3.我国房地产业整体形势

从房地产供给侧看，截至2021年8月，我国房地产累计投资98060亿元，相比去年8月同比增长10.9%；我国房地产住宅累计投资73971亿元，同比增长13.0%；土地购置面积累计值为10733万平方米，同比下跌10.2%；土地成交价款累计值为6647亿元，同比下跌6.2%。截至2021年8月，我国房地产施工面积累计值为909992万平方米，同比增长8.4%；房地产新开工施工面积累计值为135502万平方米，同比下跌3.2%；房地产竣工面积累计值为46739万平方米，同比增长26.0%。截至2021年8月，我国商品住宅施工面积累计值为644336万平方米，同比增长8.8%；商品住宅新开工施工面积累计值为100765万平方米，同比下跌1.7%；商品住宅竣工面积累计值为33771万平方米，同比增长27.4%。虽然新开工面积略有下跌，但土地购置面积和竣工面积均出现大幅增长，说明国家稳房地产供应的政策一以贯之并已取得实效。

从房地产需求侧看，我国商品房总体上呈现量价齐升的态势。截至 2021 年 8 月，我国商品房销售面积累计值为 114193 万平方米，比上年同期增长 15.9%；商品房销售额累计值为 119047 亿元，比上年同期增长约 22.8%；商品房平均价格为 10425 元/平方米，比上年同期增长 5.91%。截至 2021 年 8 月，我国商品住宅销售面积累计值为 101607 万平方米，比上年同期增长 16.5%；商品住宅销售额累计值为 108062 亿元，比上年同期增长 24.5%；商品住宅平均价格为 10635 元/平方米，比上年同期增长 6.88%。

（二）产业政策环境分析

1.中央楼市调控政策

2020 年 12 月，70 个大中城市新建商品住宅销售价格同比上涨的城市个数为 60 个，下降的为 10 个。2020 年末，全国大多数城市房价的上涨直接引发了 2021 年中央楼市调控政策的加码。截至 2021 年 8 月已累计发布关于房地产调控的政策 420 次，在次数上全面刷新历史纪录。2021 年 2 月国务院发布的房地产调控细则中指出：二手房交易中的个税要严格按转让所得的 20% 计征；且对于房价上涨过快城市，人民银行当地分支机构可进一步提高第二套住房贷款的首付款比例和贷款利率。两集中供地政策与三道红线、银行贷款集中度共同组成房地产长效机制，其中三道红线像紧箍咒一样，让房企从冲规模的疯狂中快速走向理性，开始追求高质量发展。党的十九届五中全会提出扩大保障性租赁住房供给。由此可见，中央调控楼市的决心很坚决，"稳房价、稳地价、稳预期"的总基调不会动摇。

2.各地房地产业政策

我国房地产市场运行特征发生明显变化，从区域市场来看，分化加剧的态势比较明显。2021 年以来，北京、广州、郑州、深圳、佛山、上海、成都等 20 余地发布住房公积金新政，对住房公积金的提取额度、贷款申请条件和贷款额度都进行了规定，多地明显收紧。为稳定房地产市场，多地出现了对房价既限涨又限跌的双向调控政策。一方面，针对一手房市场价格实行"限跌令"。面临强调控政策，部分三四线城市成交持续低迷，面临去库存压力，房企资金周转难度加大，房价出现较强下行冲动，为稳定市场预期，导致多地"限跌令"频发。另一方面，针对二手房市场，至少已有广州、成都、西安等10个城市建立了二手房成交参考价机制，还有部分城市通过二手房挂牌价核验等方式，加强对二手房价格的管控。

3.天津房地产业政策

2021年4月29日，天津市住房和城乡建设委员会印发《天津市绿色建筑发展"十四五"规划》，提出要在"十四五"期间，继续保持天津在绿色建筑工作方面的全国领先水平，重点推进绿色建筑优质发展、新型建筑工业化、建筑能效深度提升三大发展任务，促进建筑运行"低碳化""绿色化"。为继续吸引相关人才，我市提出"十四五"期间，将打造"海河英才"升级版，在住房安居、子女入学等方面，出台更加精准、有力的支持举措，提升人才在津归属感和获得感。为落实住建部等部门《关于规范住房公积金个人住房贷款政策有关问题的通知》等有关规定，2021年9月，天津发布《关于调整个人住房公积金贷款有关政策的通知》，规定自2021年9月22日起，职工家庭在本市购买第二套住房，申请个人住房公积金贷款的，贷款利率为同期首套住房个人住房公积金贷款利率的1.1倍。2021年9月27日，我市住房和城乡建设委会同相关部门起草了《关于非居住存量房屋改建为保障性租赁住房的指导意见（征求意见稿）》提出，我市行政区域内合法建设的，闲置和低效利用的商业办公、旅馆、厂房、仓储、科研教育等非居住存量房屋，经区政府组织联合审查认定后，允许改建为保障性租赁住房，用以解决新市民、青年人住房困难问题。

二 2021年天津房地产市场运行情况分析

（一）房地产市场供给情况分析

1.房地产开发投资资金情况

截至2021年8月，天津当年房地产开发投资累计值为2032.92亿元，同比上涨 9.1%。截至 2021 年 8 月，天津当年房地产住宅开发投资累计值为 1602.60 亿元，同比上涨 6.9%。2021 年 8 月，天津当月房地产开发投资完成额为 193.65 亿元，同比去年下跌 4.9%，环比上月下跌 15.2%。2021 年 8 月，天津当月房地产住宅投资完成额为 147.53 亿元，同比去年下跌 6.9%，环比上月下跌 17.2%。

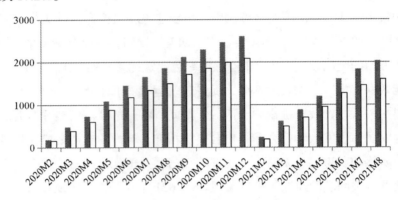

图 1　房地产开发投资当年累计情况

数据来源：国家统计局网站。

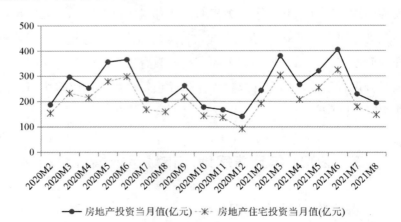

图 2　房地产开发投资当月走势情况

数据来源：国家统计局网站，后经作者整理计算所得。

2.土地购置情况

2021 年天津开始实行土地集中出让。从两批集中土地拍卖情况看，第二批土地流拍率为 34%，高于第一批土地 22% 的流拍率；第二批溢价率只有 1%，低于第一批土地拍卖 11% 的溢价率；第二批平均楼面价为 7948 元/平方米，低于第一批土地拍卖 9297 元/平方米的平均楼面价。第二批土地拍卖中，租赁住房用地约 18.4 万平方米，预计可配建自持租赁住房 3066 套。加上两集中之前出让的部分土地，截至 2021 年 9 月，天津土地成交 1175 万平方米，成交总价 973 亿元，明显高于 2020 年 8 月底 514 亿元的土地购置费累计值，也略高于 2019 年 8 月底 955 亿元的土地购置费累计值。

3.新开工、施工、竣工面积情况

截至 2021 年 8 月，天津房地产新开工施工面积当年累计值约为 1149.40 万平方米，同比去年下降 8.4%，降幅明显高于全国平均水平（-3.2%）。就房地产开发类型而言，截至 2021 年 8 月，住宅新开工面积当年累计值为 850.25 万平方米，同比去年下降 5.6%；办公楼新开工面积当年累计值为 6.77 万平方米，同比去年下降 73.9%；商业营业用房新开工面积当年累计值为 86.81 万平方米，同比去年下降 38.5%。2021 年，天津各类型房地产新开工面积均有较大幅度的减少。

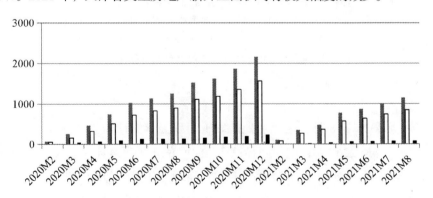

■ 房地产新开工施工面积累计值（万平方米）　　□ 商品住宅新开工施工面积累计值（万平方米）
※ 办公楼新开工施工面积累计值（万平方米）　　■ 商业营业用房新开工施工面积累计值（万平方米）

图 3　房地产新开工施工面积当年累计情况

数据来源：国家统计局网站。

截至 2021 年 8 月，天津房地产施工面积当年累计值为 11898.99 万平方米，同比去年增长 8.1%，增幅略低于 8.4% 的全国平均水平。就房地产开发类型而言，截至 2021 年 8 月，住宅施工面积当年累计值为 8374.14 万平方米，同比去年增长 7.1%；办公楼施工面积当年累计值为 503.40 万平方米，同比去年下降 7.3%；商业营业用房施工面积当年累计值为 1093.68 万平方米，同比去年增长 7.0%。2021 年，除去办公楼施工面积减少外，其他各类型房地产施工面积均有不同程度的增长。

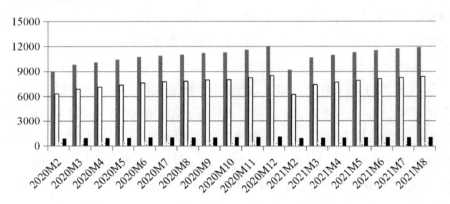

图 4 房地产施工面积当年累计情况

数据来源：国家统计局网站。

截至 2021 年 8 月，天津房地产竣工面积当年累计值为 739.22 万平方米，同比去年增长 226.6%，增幅明显高于 26.0% 的全国平均水平。就房地产开发类型而言，截至 2021 年 8 月，住宅竣工面积当年累计值为 571.56 万平方米，同比去年增长 231.3%；办公楼竣工面积当年累计值为 0.99 万平方米，同比去年下降 82.9%；商业营业用房竣工面积当年累计值为 27.22 万平方米，同比去年增长 10.7%。2021 年，除去办公楼竣工面积减少外，其他各类型房地产竣工面积均有不同程度的增长。

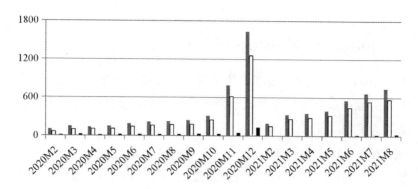

图 5 房地产竣工面积当年累计情况

数据来源：国家统计局网站。

从房地产开发面积类型结构看，就新开工面积而言，截至 2021 年 8 月，商业营业用房和办公楼占比较去年有所下降，而住宅占比较去年有所上升。就施工面积而言，住宅、办公楼和商业营业用房施工占比均略有下降，说明其他类型施工面积占比有所上升。就竣工面积而言，住宅占比显著提高，而办公楼和商业营业用房占比明显下降，考虑到竣工面积和现房销售之间的互动影响，进一步说明住宅作为生活必需品在抵御疫情影响方面要优于办公楼和商业营业用房。

表 1 各类型房地产开发面积占比情况

占比		2019 年 8 月	2020 年 8 月	2021 年 8 月
新开工面积	住宅	79.93%	71.77%	73.97%
	办公楼	1.63%	2.07%	0.59%
	商业营业用房	6.35%	11.26%	7.55%
施工面积	住宅	70.43%	71.07%	70.38%
	办公楼	5.47%	4.94%	4.23%
	商业营业用房	9.36%	9.29%	9.19%
竣工面积	住宅	62.35%	76.23%	77.32%
	办公楼	1.95%	2.57%	0.13%
	商业营业用房	21.39%	10.87%	3.68%

数据来源：国家统计局网站，后经作者整理计算所得。

（二）房地产市场销售情况分析

进入 2021 年，天津房地产市场呈现出量价齐升的走势。比较全国平均水平，天津房地产市场运行态势比较温和。无论从房价还是从销售面积看，其走势都较为平稳。

1.房地产市场价格变动情况

2021 年，在适度宽松的货币政策的背景下，从国家统计局网站数据来看，房价迎来新一轮普涨，房价涨幅在一季度达到巅峰，之后在政策调控下涨幅逐步回落。全国商品房平均价格从 2020 年 8 月的 9843 元/平方米上涨到 2021 年 8 月的 10425 元/平方米，同比提高 5.91%；全国商品住宅平均价格从 2020 年 8 月的 9951 元/平方米上涨到 2021 年的 10635 元/平方米，同比提高 6.88%。比较全国平均涨势，天津房价走势较为温和。2021 年 8 月，天津 16 区商品房平均价格为 16443 元/平方米，同比提高 2.99%；天津 16 区商品住宅平均价格为 16600 元/平方米，同比提高 2.52%。涨幅明显低于全国平均水平。

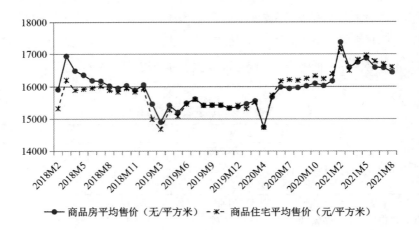

图 6　天津房价变动情况

数据来源：国家统计局网站和国研网数据库，后经作者整理计算所得。

从天津各区县情况看，2021 年 9 月，二手房均价最高的地区仍为和平区，均价高达 61348 元/平方米，远超其他各区均价；二手房均价最低的地区为宁河区，约为 8682 元/平方米。同比增长的地区有 5 个，分别是和平区、河西区、西青区、津南区和静海区，其中和平区和津南区增长幅度最大，分别增长 9.65% 和 8.32%；二手房均价同比下降的地区有 11 个，其中静海区下降幅度最大，为-19.07%。环比增长的地区有 6 个，环比下降的地区有 10 个。售租比最高的前三个地区分别为和平区（77.8）、武清区（75.8）、蓟州区（66.0）；售租比最低的三个地区分别为宁河区（38.8）、西青区（39.4）、东丽区（42.9）。

表 2　2021 年 9 月天津各区县二手房均价及售租比

	行政区	均价（元/平方米）	同比增长	环比增长	售租比
市内六区	和平区	61348	9.65%	1.03%	77.8
	河东区	24699	−0.44%	−4.29%	46.0
	河西区	35858	1.17%	−0.96%	54.9
	南开区	34114	−1.12%	−0.81%	51.0
	河北区	23112	−7.49%	−0.13%	46.3
	红桥区	24703	−5.47%	2.52%	48.1
环城四区	东丽区	16404	−7.05%	1.17%	42.9
	西青区	21220	2.63%	−1.88%	39.4
	津南区	15066	8.32%	−3.16%	43.4
	北辰区	17299	−5.67%	−2.93%	44.0
滨海新区	滨海新区	16668	3.00%	3.36%	50.1
远郊五区	武清区	15956	−1.04%	−2.59%	75.8
	宝坻区	10248	−5.76%	6.42%	64.6
	宁河区	8682	−19.07%	−0.02%	38.8
	静海区	9972	2.89%	−5.86%	49.3
	蓟州区	12945	−0.60%	1.59%	66.0

数据来源：中国房地产业协会发布的全国房价行情数据，后经作者整理计算所得。

2.房地产市场销售面积变动情况

天津商品房销售面积当年累计值从 2020 年 8 月的 791.07 万平方米提高到 2021 年 8 月的 963.95 万平方米，同比增长 21.85%；商品住宅销售面积当年累计值从 2020 年 8 月的 734.50 万平方米提高到 2021 年 8 月的 897.89 万平方米，同比增长 22.25%。从天津各区县情况看，2021 年 9 月，二手房出售面积排名前三的地区分别为滨海新区（36.4 万平方米）、南开区（25.7 万平方米）、河西区（22.8 万平方米）。

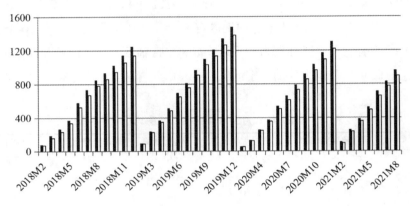

■ 商品房销售面积（万平方米）□ 商品住宅销售面积（万平方米）

图 7　天津商品房和商品住宅销售面积变动情况

数据来源：国家统计局网站数据。

（三）房价收入比和售租比情况分析

1.房价收入比情况分析

目前中国人均住房面积数据是由国家统计局公布的 2019 年数据，2019 年，城镇居民人均住房建筑面积是 39.8 平方米。之后几年都未公布，因此本文假定近几年此数据没有变化，仍然使用 39.8 平方米的城镇居民人均住房建筑面积计算房价收入比。2021 年上半年，对于全国而言，城镇居民人均可支配收入为 24125 元，同比增长 10.7%；同期房价涨幅为 9.69%；收入涨幅略高于房价涨幅，因此房价收入比略有下降，从 2020 年 6 月的 9.2 下降到 2021 年 6 月的 8.8。对于天津而言，2021 年二季度，城镇居民人均可支配收入为 26844 元，同比增长 11.2%；同期房价涨幅为 3.75%；收入涨幅明显高于房价

涨幅，因此房价收入比下降幅度明显，从 2020 年 6 月的 13.7 下降到 2021 年
6 月的 12.4。

表 3　天津和全国房价收入比变动情况

地区	2020 年上半年	2021 年上半年	房价收入比变动情况
全国平均	9.2	8.8	0.3
天津	13.7	12.4	0.8

数据来源：国家统计局网站数据，后经作者整理计算所得。

2.售租比情况分析

本文中的售租比是指二手房每平方米房价与每平方米使用面积年租金之
间的比值，衡量的是买房还是租房之间的合算程度。基于中国房地产业协会
发布的全国房价行情数据分析，2021 年 9 月，天津二手房售租比约为 54.4，
即以现有房价和租价计算，房价相当于 54.4 年的租金合计。天津二手房售租
比在全国 311 个城市里位居第 33 位，属于高售租比城市，比最高售租比城市
福建厦门（76.0）要低 21.6，比最低售租比城市新疆和田（15.5）要高 38.9。

三　2022 年天津房地产业发展趋势预测

（一）政策走向预测

1.适度宽松货币政策或会持续

7 月降准更多属于针对小微企业等实体经济的定向支持措施，当前货币
政策并未转向全面宽松，监管层仍然注重在稳增长、防风险和控通胀之间保
持平衡。由于目前宏观经济仍处于复苏轨道，为保持市场货币流动性合理充
裕，解决实体经济融资的结构性难题，对冲原材料成本上升给小微企业带来
的经营压力，年内仍存在降准可能性。未来金融对实体经济的支持力度，将
主要取决于国内外疫情演化牵动的宏观经济走势。

2.保障性租赁住房政策或将取得更长远发展

2021年7月2日发布的《国务院办公厅关于加快发展保障性租赁住房的意见》对建设保障性租赁住房，提出了完善土地支持政策、简化审批流程、给予中央补助资金支持、降低税费负担、执行民用水电气价格、加强金融支持这六项具体支持性政策。政府在保障性住房供应方面的政策支持，有利于引导更多房地产开发企业和租赁企业发展保障性租赁住房，有望成为房地产开发企业实现转型发展的一条新路。联系2021年2月的发布细则，可看出中央抑制房价上涨、保障住房供应的决心十分坚定。

（二）房地产市场形势预测

1.从供需角度做出的定性预测

房价大涨大跌都要面临管控，以促进房地产市场的平稳健康发展，因此，房价未来将以稳为主。需求多时，就会收紧买房者购房贷款；供给多时，势必收紧土地供应并去库存。从供给侧看，随着后疫情时代的到来，2021年上半年，天津房地产供给侧逐步恢复增长态势。房地产开发投资、土地购置费、房地产新开工、施工和竣工面积均恢复性增长。从需求侧看，截至2021年8月，天津商品房销售面积已逐步恢复到2019年同期水平，商品房销售价格同比提高2.99%，与全国平均水平相比房价走势较为温和，说明天津房价走势相对健康。

考虑到我国乃至全球宏观经济状况，未来一年，央行延续适度宽松货币政策的可能性较大，天津房地产需求市场可能仍将延续今年状况。再考虑到中央平稳楼市的决心及适时调控政策，因此定性预测下一年天津16区整体商品房平均价格保持相对平稳走势的可能性较大，其波动范围可能会收窄。

2.从数据角度做出的定量预测

本文所指的商品房平均价格是基于包括市内六区、环城四区、滨海新区和远郊五区在内的天津全市16区商品房销售额和销售面积数据计算所得，可能会与具体各区人们对房价变动的感受有出入。由于房价走势与货币政策息息相关，本文下面将使用商品房平均价格、货币与准货币供应增速这两个指标构建向量自回归移动平均模型，分两种情境预测 2022 年天津 16 区房价走势情况。

在 7%显著性水平下，构建方程为：

$$Pf = 3036.38 + 0.7655 \times P_{t-1} + 75.61 \times M_{t-2} \qquad （1）$$

公式（1）中，P 代表商品房平均价格；Pf 代表商品房平均价格预测值；M 代表货币与准货币供应增速；t 为时间趋势项。

第一种情境，假定 2021 年 9 月以后央行实行相对紧缩货币政策，即货币与准货币供应增速回到两年前水平，为 2018 年 9 月至 2019 年 8 月的平均增速（为 8.26%的相对较低增速），则结果显示：2021 年在 2.46%的平均绝对百分比误差水平下，天津 16 区整体的商品房平均价格可能会在[15000，16000]元/平方米的价格区间内波动。

第二种情境，假定 2021 年 9 月以后央行实行相对宽松货币政策，即货币与准货币供应增速延续近一年走势，为 2020 年 9 月至 2021 年 8 月的平均增速（为 9.38%的相对较高增速），则结果显示：2021 年在 2.46%的平均绝对百分比误差水平下，天津 16 区整体的商品房平均价格可能会在[15200，16500]元/平方米的价格区间内波动。

联系定性分析结果，未来一年，央行延续最近一年相对宽松货币政策的可能性较大，因此第二种情境出现的可能性较大。

四　对策建议

第一，房地产发展仍需以"稳"为主。无论是从中央带领全体人民向"共同富裕"目标出发，还是从中央"稳房价、稳地价、稳预期"决心方面考量，作为生活必需品的住房，其价格都不可能再有脱离实际收入的飞涨。因此现在需要更多考量的是房价下跌的情况。如果房价下跌过快，会给楼市带来风险。比如报道中一些购房业主不满降价要求退款，甚至出现过度维权，一些炒房客违约，可能影响金融稳定；一个楼盘降价，其他也跟着降价，造成相互"踩踏"，因此一旦房价过快下跌，可能给整个经济社会带来影响。因此，未来的房地产政策势必以"稳"为主，房地产业本身仍要稳步发展，同时房价也要尽可能稳住。

第二，房地产建设向低碳化目标发展，布局上要满足品质化需求提升。随着我国低碳化发展目标的提出，国家对建筑行业的低碳化发展要求将逐步提高，高质量绿色建筑理念已逐渐深入人心。2021年10月21日，中共中央办公厅、国务院办公厅印发了《关于推动城乡建设绿色发展的意见》，提出要到2035年，实现城乡建设全面绿色发展。消耗大、排放大的建设方式势必要得到扭转，整体性更全、系统性更优、宜居性更高、包容性更强的绿色建筑才能得到长远发展。从集中土地拍卖情况看，能得到土地的也多是追求建筑品质的房企。同时，人们对住宅的品质化要求也在逐步提高，这将直接引领未来的房地产在建造和布局上要通盘考虑对人们生活、交通、休闲、娱乐等多重需求的满足情况。

第三，人才吸引方面的房地产优惠政策量力而行。2021年11月26日，天津市政府新闻办召开《天津市促进智能制造发展条例》发布会，提到截至2021年10月底，已累计引进各类人才41.7万人。从三孩政策逐步放开和天津"海河英才"行动计划实施的效果来看，现有的人才引育政策对天津房地产市场整体的影响不大，但对与教育相关的领域影响还是不容小觑，如优质学区云集的和平区房价远高于其他区域。因此在制定人口引育政策时还是需要从教育、医疗、社保、交通、住房等方面进行通盘考虑。目前天津人才吸引方面的住房优惠政策发布有限，未来仍可延续。

参考文献：

[1] 国家统计局：《中华人民共和国2020年国民经济和社会发展统计公报》，国家统计局网站，2021年2月28日。

[2] 国务院办公厅：《国务院办公厅关于加快发展保障性租赁住房的意见》，中华人民共和国中央人民政府网站，2021年7月2日。

[3] 胡春艳：《天津"海河英才计划"三年引进40万人 平均年龄32岁》，《中国青年报》2021年8月19日。

[4] 连俊：《全球制造业复苏被多重因素"卡脖子"》，《经济日报》2021年9月14日。

[5] 马千里、周奇：《天津二轮土拍热度如何？》，中房网，2021年9月13日。

[6] 孟建：《加快补齐短板 租赁住房走向楼市"舞台中央"》，《经济日报》2021年9月13日。

[7] 泰勒：《房价不许跌？"限跌令"来了 多地发布!》，中新经纬，2021年9月13日。

[8] 天津市人民政府：《我市拟出台"非改租"新政》，《天津日报》2021年9月27日。

[9] 天津市住房和城乡建设委：《市住房城乡建设委关于印发天津市绿色建筑发展"十四五"规划的通知》，天津政务网，2021年4月29日。

[10] 天津政务网：《房企信用好不好 打分评级考一考》，《天津日报》2021年8月24日。

[11] 肖世清：《央行"等量平价"续作MLF6000亿 专家：近期降准降息可能性不大》，《每日经济新闻》2021年9月16日。

[12] 张澍楠：《年内20余地出台公积金新政 这几地租房可多提》，中新经纬，2021年9月10日。

[13] 甄素静：《部分房源租金半年内涨近千元 深圳首次对公租房轮候者发补贴》，《每日经济新闻》2021年9月17日。

[14] 中宏国研信息技术研究院：《2021上半年经济形势主要特征分析》，经济形势报告网，2021年7月29日。

天津生物医药产业发展研究报告（2022）

王子会　天津市经济发展研究院经济师

摘　要： "十三五"时期，生物医药产业作为天津市"1＋3＋4"现代产业体系的重要内容之一，产业规模稳步增长，优势产业保持全国领先，产业结构持续优化，创新资源不断积聚，产业生态日渐完善。预计到2022年,全市生物医药产业增加值占规上工业的比重将达到7.5%，医药制造业占比将由2020年的5.6%提高到2022年的6.7%,中成药产量将达到17371.9吨,天津市生物医药产业在"十四五"期间将实现飞速发展。为加快全市生物医药产业的高质量发展，应建立专业的孵化体系，促进产业链融通发展，提高产业临床试验能力，构建京津冀产业转移合作新机制，提升产业资本的活力，实现生物医药产业的智能化升级。

关键词： 生物医药　研发创新　产业结构

一　天津生物医药产业发展现状分析

（一）天津生物医药产业发展的现状

1.产业规模稳步增长

天津目前拥有包括化学药、中药、生物制药、医疗器械在内的生物医药全产业链，在创新孵化、产业化、流通等价值链主要环节完成了布局，产业基础完备，增速稳定。目前全市聚集了一大批生物医药企业，企业数量年平均增长 35%。医药制造业规上企业 150 余家，中国医药工业百强企业 4 家，上市公司 24 家。2020 年，天津市生物医药产业规模超 627 亿元，总产值占规上工业比重达到 3.7%，规上医药制造业增加值提高 3.5 个百分点，效益水平在全市工业行业中名列前茅。2021 年 1 月至 8 月，规上医药制造业增加值增速为 19.3%，占规上工业增加值的比重达到 5.5%，高于同期全市 6.5 个百分点，从 2021 年来看，全市各月份规上医药制造业增速均高于全市平均水平（见图 1），产业规模实现稳步提升，并成为驱动全市经济稳定增长的重要保障。

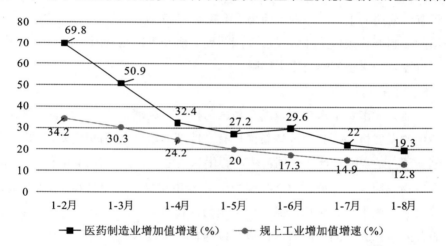

图 1　2021 年天津市医药制造业增加值各月累计增速比较

数据来源：天津市统计局网站月度数据。

2.产业结构基本完整

经过多年的积累及开发，目前天津市在中药、化学药、生物制药、医疗器械、功能食品等领域形成了较完整的产业链，其中化学药、中药现代化、生物制药等领域处于全国领先水平，在医疗器械、健康产业等领域也形成了一批特色领军企业。中药是天津市发展的传统优势领域，拥有速效救心丸、复方丹参滴丸、血必净、京万红软膏等一大批国内知名的传统中药特色产品。化学药领域在全国具有一定优势，拥有天津医药集团、中国大冢制药有限公司（以下简称大冢制药）、中美天津克史制药有限公司（以下简称中美史克）等一批在全国享有较高知名度的生产骨干企业。生物制药领域国际影响力也不断提升，康希诺生物股份公司研制了国内首个埃博拉疫苗并获得新药证书，重组结核病疫苗和肺炎系列疫苗的开发进展迅速，其与军事科学院联合研发的新冠疫苗是全球为数不多的单针有效疫苗，极大降低了社会成本。天津溥瀛生物技术有限公司的长效重组融合蛋白药物等技术达到国际先进水平，诺和诺德（中国）制药有限公司的重组激素类药物（胰岛素）、天津华立达生物工程有限公司的重组细胞因子药物（干扰素）、诺维信（中国）生物医药有限公司的酶制剂等领域产业规模居全国前列，协和干细胞基因工程有限公司建立了世界第一座脐带间充质干细胞。

3.产业布局日趋完善

目前天津市基本形成了以滨海新区为核心，武清、北辰、西青、津南各具特色的发展格局。其中滨海新区拥有"四部一市"共建的国家生物医药国际创新园，是全国首批 7 个创新药物孵化基地之一，截至 2021 年 9 月，滨海新区生物医药产业产值达 402.48 亿元，占全市生物医药产值 64.2% 的比重，重点聚焦合成生物、医疗器械、化学制药、智慧医疗、中药现代化、医药研发服务外包六大方向；西青区形成了以西青经济技术开发区和学府高新区为核心的生物医药产业发展格局，重点发展相待生物制药和现代中成药，围绕同仁堂、达仁堂、乐仁堂等中成药老字号打造产业特色；武清区形成了以武清经济技术开发区和天津京津科技谷为依托的生物医药产业发展格局，重点发展化学药、生物药、医疗器械等产业；津南区津南经济技术开发区和双港经济技术开发区为核心的生物医药产业发展格局，以大健康、医疗器械等为主要方向；北辰区形成了以天津医药医疗器械工业园和滨海高新区北辰科技园为依托的产业发展格局，突出中药和医疗器械双轮驱动。

4.创新资源不断聚集

天津市聚集了一批开展关键技术研发、产学研合作、成果转化等活动的机构。目前在生物医药领域，天津市共有国家重点实验室 6 个，国家部委级重点实验室 38 个，国家级工程技术研究中心 5 个，国家级企业技术中心 2 个，国家临床医学研究中心 3 个，市级重点实验室 37 个，市级企业技术中心 20 个，市级工程技术中心 22 个，市级临床医学研究中心 10 个。聚集了中国科学院天津工业生物技术研究所、天津药物研究院有限公司、中国医学科学院血液病医院、天津市国际生物医药联合研究院、现代中药创新中心、军事医学科学院卫生环境学医学研究所和卫生装备研究所、国家干细胞工程技术研究中心、中意中医药联合实验室等一批高水平产业创新平台。建立国家生物医药国际创新园、中德医药产业园、中英生物医药技术转化与产业化基地、九州通生物医药产业园等国家级生物医药产业园区。成立天津滨海新区抗癌新药创制产业技术战略联盟、天津市生命科学及医疗器械产业技术创新战略联盟等六个产业联盟。天津国际生物医药联合研究院、中国科学院天津工业生物技术研究所等创新平台建设了国家级专业化众创空间和孵化器。形成体系完整、设备先进、人才丰富、覆盖全面的产业创新体系。

5.产业生态持续完善

"十三五"以来，天津市着力推进产业转型升级，将生物医药产业列为"1＋3＋4"现代产业体系中三个加快培育的战略性新兴产业之一，出台了《天津市生物医药产业发展三年行动计划（2015—2017 年）》《天津市智能医疗与健康专项行动计划》《天津市生物医药产业发展三年行动计划（2018—2020年）》等一系列促进生物医药产业发展的政策文件,对生物医药产业应用示范、创新创业和公共服务平台建设等项目给予财政金融支持。出台"海河英才计划"，为生物医药产业聚集高端产业人才提供了有力支撑，南开大学药学院和医学院、天津大学药学院和化工学院、天津医科大学、天津中医药大学等高校每年为天津市培养了大批生物医药专业人才。凯莱英医药集团、国投创新、天津海河产业基金与天津经济技术开发区管理委员会（以下简称"天津开发区"）共同发起成立规模达 100 亿元的全球创新药投资基金，天津红日药业与天津创投、天津开发区等共同设立天津天以生物医药股权投资基金、天士力控股集团牵头组建天士力资本等，生物医药产业基金发展迅速。为生物医药产业发展营造了良好生态环境。

（二）天津生物医药产业发展面临的问题

1.产业规模偏小

天津市生物医药产业总体规模在全国处于中游水平，与重点城市相比，天津市生物医药产业产值规模偏小，与其在全市产业中的定位不相适应。2020年，上海市生物医药产业工业总产值超过 1400 亿，苏州市生物医药产业产值为 2037.2 亿，天津全市规模以上生物医药企业实现工业总产值 627 亿元，约为上海的 1/2，苏州的 1/3，见图 2。2020 年苏州市生物医药产业总产值对当年 CDP 的贡献率超过 10%，而同期天津市生物医药产业总产值对地方 GDP 的贡献率仅为 4.4%，与国内先进水平相比还有很大提升空间。

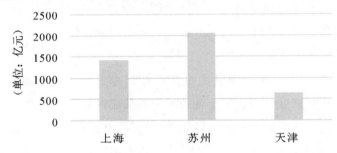

图 2　2020 年上海、苏州、天津生物医药产业产值对比

数据来源：上海市政府网站、苏州市政府网站、天津市工信局网站。

2.研发创新水平有待提高

与重点城市相比，天津市生物医药产业在化学药、中医药领域竞争力较强，但在生物制药等高端前沿领域研发创新水平没有优势，高端医疗器械、创新药物等新兴产业竞争力不强，与上海、北京等地相比差距显著，高端人才、龙头企业匮乏，传统生物医药大型企业带动作用不明显，新企业规模较小，对产业的支撑不足。在大健康产业高质量发展大会发布的《2021 中国药品研发实力排行榜 TOP100》榜单中，上海上榜企业 10 家，北京上榜企业 6 家，深圳上榜企业 4 家，天津上榜企业 3 家，分别是天士力、天津市医药集团、天津天药药业。此外，3家企业上榜化学药研发TOP100，1家企业上榜研发CRO企业20强，3家企业上榜CDMO企业20强，无企业上榜中药研发实力TOP50和生物药研发TOP50榜单。

3.产业增长潜能较弱

天津市生物医药产业目前的产业结构以中药为主导，创新药物、前沿诊疗技术、高端医疗器械等新兴产业还有待进一步发展，这将导致产业增长潜力受到结构性限制。中药产业因为质量和临床价值等问题，市场增长潜力有限，制约了天津生物医药整体产业发展。而在化学药、生物制品和医疗器械等市场增长较快的细分领域，天津产业规模相对较小，创新成果不突出，短期内难以对整体产业格局形成有效的支撑。另外天津医药企业在仿制药一致性评价上进展缓慢，在药品集中采购的产业趋势下，天津医药企业的竞争力将进一步被削弱。

4.产业园区竞争力不强

天津市生物医药产业园区与重点城市相比竞争力偏弱，根据中国生物技术发展中心发布的《2020中国生物医药产业园区竞争力评价及分析报告》，综合竞争力排名前三的产业园区分别为中关村国家自主创新示范区、苏州工业园区、成都高新技术产业开发区。中关村国家自主创新示范区的综合竞争力、环境、技术、龙头竞争力均位列第一，领跑全国生物医药产业园区；苏州工业园区产业、人才竞争力位列第一，龙头实力强劲。天津滨海高新区首次未能进入国家生物医药产业园区综合竞争力TOP10榜单，位列第12位，在其中的产业竞争力、技术竞争力榜单中均排名第7位，而在环境竞争力、人才竞争力、龙头企业竞争力榜单中均未能入围前10位。

表 1　2020年中国生物医药产业园区竞争力排名前十强

位次	环境竞争力	产业竞争力	技术竞争力	人才竞争力	龙头竞争力
1	中关村国家自主创新示范区	苏州工业园区	中关村国家自主创新示范区	苏州工业园区	中关村国家自主创新示范区
2	张江高科技园区	中关村国家自主创新示范区	苏州工业园区	中关村国家自主创新示范区	深圳高新技术产业开发区

位次	环境竞争力	产业竞争力	技术竞争力	人才竞争力	龙头竞争力
3	深圳高新技术产业开发区	成都高新技术产业开发区	成都高新技术产业开发区	武汉东湖新技术开发区	苏州工业园区
4	广州高新技术产业开发区	济南高新技术产业开发区	张江高科技术园区	济南高新技术产业开发区	成都高新技术产业开发区
5	南京经济技术开发区	石家庄高新技术产业开发区	昆山新技术产业开发区	成都高新技术产业开发区	张江高科技术园区
6	苏州工业园区	广州高新技术产业开发区	武汉东湖新技术开发区	无锡（惠山）生命科技产业园	济南高新技术产业开发区
7	南京生物医药谷	天津滨海高新技术产业开发区	天津滨海高新技术产业开发区	石家庄高新技术产业开发区	泰州医药高新技术产业开发区
8	武汉东湖新技术开发区	长沙高新技术产业开发区	济南高新技术产业开发区	泰州医药高新技术产业开发区	厦门生物医药港
9	成都经济技术开发区	深圳高新技术产业开发区	深圳高新技术产业开发区	张江高科技术园区	海口高新技术产业开发区
10	成都高新技术产业开发区	武汉东湖新技术开发区	石家庄高新技术产业开发区	广州高新技术产业开发区	连云港高新技术产业开发区

数据来源：赛迪顾问《2020年产业园区百强榜》。

5.金融资本活跃程度较低

天津市专注于生物医药产业发展的风险投资、引导基金种类偏少且规模普遍不大，中国医疗健康领域顶尖投资机构TOP10集中在北京、上海、广州、深圳、苏州等地，天津本土投资机构部分处于空白。天津本地生物医药企业、项目获得的投资多来自其他省市，本土机构投资不足。总体上，天津市社会资本参与产业发展程度较低，未能有效发挥资本力量对产业的带动作用。2021年第三季度，全国医健领域共发生了368起投融资事件，累计金额超过507.03亿元，从区域来看，江苏省（75起）、广东省（71起）、上海市（69起）是融资事件数量最多的三个省市，从融资金额来看，广东省（138.1亿元）、上海市（134.92亿元）、北京市（86.36亿元）是融资总金额最高的三个省市，天津市第三季度融资项目1起，融资金额4亿元（见图3、图4），与上述地区还存在较大的差距。

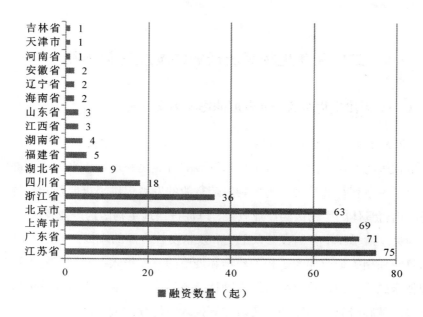

图 3　2021 年 7—9 月各地区融资数量

数据来源：火石创造。

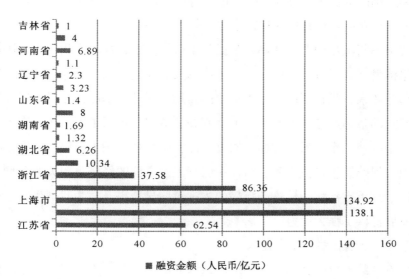

图 4　2021 年 7—9 月各地区融资金额

数据来源：火石创造。

二 天津生物医药产业的发展趋势预测

（一）天津生物医药产业发展的影响因素分析

1.国家政策对行业大力支持

生物医药产业是国家重点支持和发展的行业之一。近年来，相关部门陆续出台了一系列行业政策，为生物医药行业的发展提供了重要指导，各地政府纷纷出台具体的生物医药产业政策，以促进当地生物医药产业发展。此外，新冠肺炎疫情暴露了各国在公共卫生和疫情防控方面的短板。疫情发生以来，各国政府和相关企业加大了相关药物和疫苗的研发投入，开展了各类科学研究和临床试验。预计政府将持续鼓励社会各界针对新冠肺炎以及其他各类传染疾病的基础研究，药物和疫苗研发等投入将持续加大力度，各类疾病检测设备和试剂的研发也更加受到重视。生物试剂和技术服务行业为以上的基础研究和应用研究提供工具和支持，也将持续受益。

2.医疗卫生体制改革不断深化

我国不断深化的医疗体制改革提升了市场需求，推动了我国生物医药产业的整体发展。一方面我国医疗卫生体制改革通过深化公立医院改革、完善分级诊疗体系，优化了医疗卫生资源的布局，提升了基层医疗机构以及医疗卫生行业的整体服务水平和医疗卫生服务覆盖率，提高了国产药品在各级医疗机构中的使用率。另一方面，通过全面实施城乡居民大病保险制度，我国医疗卫生保障体系日益完善、居民在医疗卫生方面的经济负担大幅降低，城乡居民治疗重点疾病、传染类疾病的主观意愿显著提升，为我国生物医药产业的发展提供了强大动力。

3.人口老龄化催生临床需求

随着老龄人口的增加，我国逐步迈入老龄化社会，天津市人口老龄化趋势更加严峻。根据第七次人口普查数据，截至 2020 年 11 月 1 日，全市常住人口中 60 岁及以上人口为 300 万人，占 21.66%，其中 65 岁及以上人口为 204.5

万人，占全市常住人口的 14.75%。同 2010 年第六次全国人口普查相比，60 岁及以上人口的比重上升 8.64 个百分点，65 岁及以上人口的比重上升 6.23 个百分点。人口老龄化进程的加快，将带来卫生总费用的增加，进一步拉动医药需求。

（二）天津生物医药产业发展主要指标预测

"十四五"是天津市推动高质量发展、实现"一基地三区"定位的关键时期，未来 3—5 年将是我市生物医药产业提质增速的重要时期，生物医药产业将保持平稳增长态势，医药产业增加值在经济发展中的比重也将逐年上升。为准确预测全市生物医药产业未来发展趋势，报告选取 2011—2020 年数据，采用趋势外推法建立模型，以《天津统计年鉴》和天津市统计局公布的数据为研究依据，对医药产业增加值占比、医药制造业增加值占比及中成药产量指标进行预测。

1.生物产业增加值占规上工业比重预测

根据模型预测，未来全市生物医药产业规模将进一步扩大，预计 2022 年生物产业增加值占规上工业的比重为 7.5%，与"十三五"末相比提高了 1.9 个百分点，见表 2。这意味着生物医药产业的行业主导地位将更加巩固，对天津国民经济和社会发展的贡献作用更加重要。

表 2　2016—2022 年天津市生物产业增加值占规上工业的比重及预测

年份	生物产业增加值占规上工业比重（%）
2016	2.9
2017	5.3
2018	5.6
2019	5.5
2020	5.6（估算）
2021	6.88
2022	7.53（预测）

数据来源：天津市统计年鉴。

2.医药制造业增加值占规上工业比重预测

医药制造业包含化学药品原药制造，化学药品制剂制造，中药饮片加工，中成药制造，兽用药制造，生物、生化制品的制造，卫生材料及医药用品的制造七个分行业。世界各国都把医药制造业作为重点产业，近年来随着人民生活水平的提高和对医疗保健需求的不断增长，医药制造业成为国民经济中发展最快的行业之一，国家统计局数据显示，2020年全国医药制造业2020年全国医药制造业营业收入为24857.3亿元,同比增长4%,营业利润为3435.8亿元，同比增长12.2%。

"十三五"期间，作为战略性新兴产业的重点领域，天津市加强对生物医药产业的培育，全市医药制造业取得了快速发展，竞争力持续增强，医药制造业增加值占比稳步提升，预测到2022年，全市医药制造业增加值占规上工业的比重将达到6.7%，比"十三五"末提高1.1个百分点，见表3，未来医药制造业对经济的贡献将进一步增强。

表 3 2016—2022 年天津市医药制造业增加值占规上工业的比重及预测

年份	医药制造业增加值占规上工业比重（%）
2016	2.6
2017	3.6
2018	4.4
2019	5.2
2020	5.6
2021	6.15
2022	6.77（预测）

数据来源：天津市统计局网站月度数据。

3.中成药产量预测

近年来，随着人们对健康的重视和养生意识的逐渐提高，中成药市场规模开始不断扩大，在经历多种疫症后，中国居民更加重视健康，购买中药等医疗及保健品的意愿持续增强。2020年全国中成药产量为231.9万吨，受疫情影响，全年产量累计下降3.9%，2021年1月至9月全国中成药累计产量为

172.4 万吨，累计增长 9.3%，后疫情时代随着经济的逐步复苏，未来中成药产量将恢复到稳步提高的状态。

"十三五"时期，天津市中成药产量得到稳步提升，除 2020 年受疫情影响产量略有下降外，增速一直保持在较平稳的状态，2020 年 1 月至 8 月，全市中成药产量累计达到 13293.28 吨，较去年同期提高了 40%。预测到 2022 年，随着新冠肺炎疫情对经济影响的减弱，全市中成药产量将达到 17371.9 吨，比"十三五"末提高 14 个百分点，见表 4。

表 4 2016—2022 年天津市中成药产量及预测

年份	中成药产量（吨）
2016	8648.74
2017	9689.54
2018	10223.51
2019	15446.45
2020	15229.21
2021	16068.3
2022	17371.9（预测）

数据来源：天津市统计局网站月度数据。

（三）天津生物医药产业发展未来趋势判断

中国生物药市场处于发展初期，具有强劲的增长潜力，增速领先于医药市场整体情况。随着经济发展，居民健康意识和消费意愿提升，叠加人口老龄化拉动行业需求，以及政策不断释放利好信号，我国生物医药产业正迎来消费升级和需求增长。新冠肺炎疫情让医疗与生命科技行业再次成为市场关注的焦点，全球生物医药产业都将进入快速发展期，"十四五"时期是天津加速推动产业新旧动能转换、打造国内领先的生物医药研发转化基地的关键时期，生物医药产业是"1＋3＋4"现代工业产业体系的重要内容，即使目前存在生物医药产业总体规模偏小、产业升级较慢、龙头企业聚集效应不强、资本市场和风险投资机制不完善等问题，但可预见的持续上升的市场需求始终能促进产业不断发展，生物医药产业生态也将进一步完善。

三　促进生物医药产业发展的政策建议

（一）建设专业孵化体系

整合京津冀生物医药产业创新创业资源，鼓励龙头企业建设生物医药科技企业孵化器、众创空间、初创园、加速器。提升天津国际生物医药联合研究院国家级科技企业孵化器和医脉众创、中科院（天津）工业生物技术研究所生物制造众创空间等国家级生物医药专业孵化载体服务能力，加大对在孵项目就地产业化的支持。发挥天津国际生物医药联合研究院综合性创新大平台的功能，引进和培养海内外领军型创业创新团队，加强校企合作、院企合作，孵化一批高科技小微企业，打造集"产品研发、中试转化、生产制造、制剂服务"于一体的高水平生物医药专业孵化体系。

（二）促进产业链融通发展

强化龙头企业在全产业链中的支撑引领作用，鼓励天药集团、金耀集团、诺和诺德、诺维信等生物医药龙头企业发挥技术、资金和市场网络等方面的优势，构建生产要素分享平台，推动生物医药制造资源集成整合与优化配置。提升产业链关键环节中小企业专业化水平，支持生物医药中小企业"专精特新"发展，围绕天然药物合成、基因与再生医学、高端医疗器械等新兴产业领域，培育细分领域"瞪羚企业"和"雏鹰企业"，重点支持高成长企业向单项冠军迈进。鼓励中小企业以专业化分工、服务外包、委托生产等方式与大企业建立稳定的合作关系。引导协同创新，鼓励中小企业抱团发展，探索中小企业协同创新发展新模式。

（三）提高临床试验能力

依托京津两地临床试验资源，推动医疗机构开展临床试验、共享医疗资源，支持有资质的医疗机构设立研究型病房，专门开展高水平临床医学研究，探索以多种合作方式建立临床试验协同网络，解决临床试验病床等资源不足问题，引导有资质的医疗机构承担仿制药人体生物等效性或临床有效性试验研究工作。深化医疗机构职称制度、收入制度改革，鼓励医务人员积极参与药物临床研究，将承担临床研究项目情况作为职称评定、职务晋升、考核及评优的重要参考依据。探索建立临床试验与医疗人员收入正相关的激励制度，促进临床资源更好地为生物医药企业服务。

（四）构建京津冀产业转移合作新机制

推进京津冀生物医药高新技术企业、企业技术中心等资质、科研中心 R&D 投入的三地互认。探索产业转移合作利益分享机制，以滨海—中关村科技园、京津中关村科技城等为载体，开展跨区域利益共享机制创新，建立国内生产总值跨区域分级核算制度。支持生物医药产业招商、创业服务、资源对接等市场化机构服务京津冀产业转移，探索建立京津冀三地政府和社会共同组件园区开发企业，形成统一开发、统一招商、统一运营、统一服务的运行新模式。

（五）提升产业资本活力

支持重点产业化项目落地，设立支持临床研发与转化的专项基金，支持研发主体开展临床研究，引导推动创新成果实现产业化。设立服务生物医药产业"种子"企业和初创期企业支持的专项引导基金，推进天津市生物医药产业孵化与布局。以海河基金为基础，吸引社会资本共建若干生物医药产业投资基金，为天津市优质生物医药企业发展壮大提供资本助力。落实有关政策，支持优质生物医药企业境内外上市挂牌融资，在天津 OTC 市场开辟生物医药成果专项板块，进一步活跃生物医药资本市场。鼓励生物医药领域风投资本在天津落地，激发天津资本市场活力，缓解创新型企业"融资难、融资贵"的难题，形成资本与生物医药产业深度融合的共生态势。

（六）实现产业智能化升级

加快互联网、大数据、云计算、人工智能等新技术在医药生产过程中的应用，逐步建立面向生产全流程、管理全方位、产品全生命周期的智能制造和监管模式。鼓励企业应用先进数控技术改造现有制药装备，加快工控系统、智能感知元器件等核心技术装备研发和产业化，提升制药装备智能化水平。支持和鼓励政府相关监管服务部门采用人工智能等新技术，提升对行业的监管服务水平，简化企业的审批程序，缩短企业的审批时间。

参考文献：

[1] 刘玲玉、严帅：《粤苏生物医药产业发展对比研究及对广东的其实》，《科技管理研究》2020 年第 6 期。

[2] 吴平、柯军、潘艳丽等：《广州开发区与上海张江高科技园生物医药产业创新对比》，《科技和产业》2020 年第 9 期。

[3] 王艳婷：《天津市生物医药产业创新发展对策研究》，《天津科技》2020 年第 5 期。

[4] 徐行：《重庆生物医药产业高质量发展研究》，《合作经济与科技》2020 年第 10 期。

[5] 赛迪顾问：《2020 年产业园区百强榜》，http://www.199it.com/archives/1084605.html。

[6] 火石创造：《坚持高端制造立市，天津能否靠生物医药产业"扳回一城"》，https://www.163.com/dy/article/GBIERLEM05528S76.html。

天津能源消费研究报告（2022）

朱　鹏　天津市经济发展研究院高级经济师

王泽敏　天津市经济发展研究院高级经济师

摘　要： 随着国家"双碳"目标的提出和具体举措逐渐落实，将对国家和区域经济社会发展和能源消费产生巨大影响，能源生产和消费面临深刻转型。在此背景下，从能源消费总量、消费结构和能源效率等方面分析了天津目前能源消费现状，从能源供应保障、利用效率和利用结构等方面剖析了面临的主要问题和制约因素，分析了我国能源消费趋势特征，预测在"十四五"时期天津能源消费仍将保持一定的增长，能源消费结构将持续优化，能源利用效率将进一步提升。最后从完善能源消费顶层设计、优化能源结构提高利用效率、调整产业结构、发展循环经济、推进技术创新以及倡导节能宣传等方面提出促进能源可持续利用的对策建议。

关键词： 能源消费　发展现状和问题　对策建议

能源是经济社会发展的重要物质基础，天津作为能源输入型城市，其能源消费深刻影响着区域能源生产和供应格局的变化。目前，天津正处于工业化的后期阶段，受产业结构等因素影响，能源消费还将维持一定时间的增长，能源利用效率还有待进一步提高，能源成为经济发展的瓶颈之一。当前世界能源格局深刻调整，我国提出了碳达峰和碳中和的目标任务，贯彻落实这一目标任务，促进天津能源集约节约利用，实现节能减排刻不容缓。

一　能源消费现状分析

（一）能源消费总量情况

根据天津市发展和改革委员会（以下简称"发改委"）公布的 2021 年节能工作要点的通知，预计 2021 年底天津市能源消费总量控制在 8300 万吨标准煤，与上年相比增加 195 万吨标准煤，年增长 2.4%。从 2015 年以来能源消费的整体情况来看，能源消费总量总体略有减少，整体呈现波动变化的态势，消费总量在 8000 万吨标准煤上下波动。2015—2021 年能源消费总量变化情况如图 1 所示。从电力消费的情况来看，2020 年消费 874.59 亿千瓦时电量，比上年度略有减少。2015 年以来，整个"十三五"期间，全市用电量整体保持增长的态势，总体增长了 74 亿千瓦时电量，年均增速为 1.8%，2015—2020 年电量消费情况如图 2 所示。

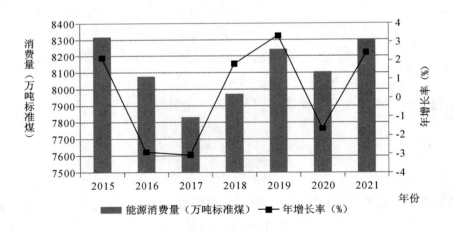

图 1　2015—2021 年天津市能源消费总量变化情况

资料来源：2015—2019 年数据来自历年天津统计年鉴，2020 数据来自天津市 2021 年度节能工作推动会上公布数据，2021 年数据为估算数据，来自天津市发改委关于印发天津市 2021 年节能工作要点的通知公布工作目标。

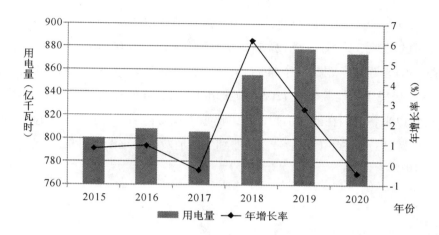

图 2　2015—2020 年天津市用电量变化情况

资料来源：数据来自历年国家统计年鉴。

（二）能源消费结构情况

天津市能源结构不断调整优化，2015 年以来天然气、清洁油品等优质能源比重大幅增加，2019 年，天津市优质能源在能源消费总量中的比重达到 57%，比 2015 年提高 7 个百分点，其中：各类油品（原油、煤油、柴油、燃料油）2455.31 万吨、天然气 108.49 亿立方米、电力 964 亿千瓦时，消费量分别比 2015 年增加了 21 万吨、45 亿立方米和 113 亿千瓦时；煤炭（煤炭和焦炭）消费总量为 4670.1 万吨，比 2015 年（773 万吨），降幅较明显。能源消费情况如表 1 所示。

表 1　2015—2019 年各类主要能源消费量的变化情况

年份	煤炭（万吨）	油品（万吨）	天然气（亿立方米）	电力（亿千瓦时）
2015	5443.52	2434.43	63.62	851.13
2016	5117.45	2207.5	74.06	861.60
2017	4684.31	2390.3	82.31	857.00
2018	4700.12	2443.85	101.92	939.23
2019	4670.1	2455.31	108.49	964.30

资料来源：数据来自历年天津统计年鉴。

2019年，在全市能源消费中，第一产业消费107万吨标准煤，占能源消费总量的1.3%，第二产业消费5538.9万吨标准煤，占67%，其中，工业能源消费5304.8万吨标准煤，占64%，第三产业消费能源1413.4万吨标准煤，占17.1%，居民生活能源消费1202万吨标准煤，占14.5%，如图3和表2所示。2015年以来各部门在能源消费中所占比重表现为：第一产业基本保持稳定，第二产业和工业逐年下降，第三产业和生活消费则呈逐渐上升的态势。

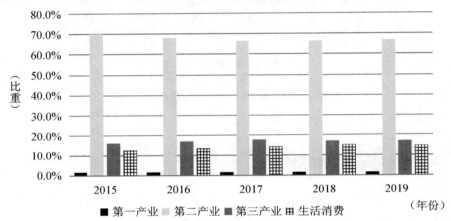

图3　2015—2019年天津市各部门能源消费结构变化

资料来源：数据来自历年天津统计年鉴。

表2　2015—2019年天津市工业能源消费占比情况变化

年份	工业占能源消费总量比重
2015	70%
2016	68%
2017	65%
2018	65%
2019	64%

资料来源：数据来自历年天津统计年鉴。

（三）能源利用效率情况

"十三五"以来，天津市能源利用效率逐年提高，GDP 按照 2015 年的不变价测算，全市万元 GDP 能耗由 2015 年的 0.76 吨标准煤下降到 2020 年的 0.62 吨标准煤，累计下降 19.1%，超额完成国家下达的能耗强度目标，连续五年被国家确定为超额完成等级。2021 年，按照我市节能工作要点制定目标，预计全市能耗强度同比下降 3.7%，如图 4 所示。万元 GDP 用电量累计下降 9.4%，如图 5 所示。2020 年，全市规模以上工业单位增加值能耗比 2015 年下降 18% 左右，2021 年，按照全市工业节能与综合利用工作要点，全市规模以上工业单位增加值能耗预计下降 3.7% 左右。

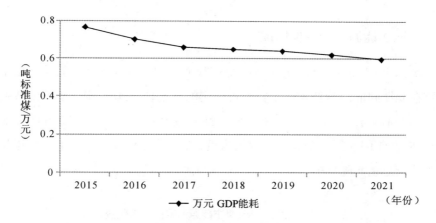

图 4　2015—2021 年天津市单位 GDP 能耗变化情况

资料来源：数据来自历年天津统计年鉴以及国家统计局公布的年度省区数据，天津市 2021 年度节能工作推动会上公布数据，2021 年数据为估算数据，来自天津市发改委关于印发天津市 2021 年节能工作要点的通知公布工作目标。

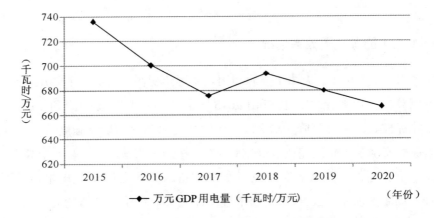

图 5　2015 年—2020 年天津市单位 GDP 用电量变化情况

资料来源：数据来自历年天津统计年鉴以及国家统计局公布的年度省区数据。

（四）能源消费弹性情况

2015 年以来，由于全市的 GDP 增速和消费增长呈现不规律波动变化态势，导致在此期间能源消费弹性系数呈现一定的波动性，2015 年，能源消费弹性系数为 0.31，预计 2021 年能源消费弹性系数为 0.37，另外，2016 年、2017 年和 2020 年的能源消费弹性系数均为负数，如表 3 所示，反映了这几年我市能源消费总量是降低的。

表 3　2015—2020 年天津市能源消费弹性系数变化情况

年份	GDP 比上年增长（％）	能源消费比上年增长（％）	能源消费弹性系数
2015	6.9	2.14	0.31
2016	6	−2.90	−0.48
2017	3.4	−3.05	−0.90
2018	3.4	1.81	0.53
2019	4.8	3.35	0.70
2020	1.5	−1.65	−1.10
2021	6.5	2.41	0.37

资料来源：数据来自历年天津统计年鉴以及国家统计局公布的年度省区数据，天津市 2021 年度节能工作推动会上公布数据，2021 年数据为估算数据，来自天津市发改委关于印发天津市 2021 年节能工作要点的通知公布工作目标。

二　天津能源消费面临问题及制约因素

（一）能源供需平衡能力弱

作为一个典型的能源输入型城市，天津经济发展所需能源主要依靠外省市提供，能源供应受外来因素影响明显，能源供需平衡能力较弱。一方面，从需求端来看，随着我市经济增长以及人口增多等多种因素叠加，能源消费将持续呈现刚性需求态势，需求总量将一直保持在高位，并有可能增加，这对我市能源保障产生较大压力。另一方面，从供给端来看，我市能源总体保障能力不够高，以 2019 年为例，当年能源消费总量为 8240.7 万吨标准煤，而当年我市一次能源生产量仅为 5106.83 万吨标准煤，即使再加上年初 662.59 万吨标准煤的库存量，还存在近 2500 万吨标煤的缺口。同时，部分优质重点能源的供应缺口较大，有相当一部分需要外部输入，比如天然气、电力等能源每年都存在较大的供应缺口。2015 年以来，天然气每年本地生产量都不足消费量的一半，占比仅在三分之一左右，平衡缺口非常大；同时，用电量每年也存在较大的缺口，"十三五"以来，用电量最大的缺口在 2017 年，缺口达到将近 200 亿千瓦时，其他年份也都在 100 亿千瓦时以上。

表 4　2015—2020 年天津市电力平衡情况　　单位：亿千瓦时

年份	发电量	用电量	用电缺口
2015	623.00	800.60	177.60
2016	617.55	807.93	190.38
2017	611.00	805.59	194.59
2018	711.47	855.14	143.67
2019	732.98	878.43	145.45
2020	771.61	874.59	102.98

资料来源：数据来自历年天津统计年鉴以及国家统计局公布的年度省区数据。

表 5　2015—2020 年天津市天然气平衡情况　　　　单位：亿立方米

年份	天然气消费量	天然气生产量	平衡缺口
2015	63.62	20.5	43.12
2016	74.06	19.7	54.36
2017	82.31	21.5	60.81
2018	101.92	33.9	68.02
2019	108.49	34.9	73.59
2020	> 108.49	36.3	> 72.19

资料来源：数据来自历年天津统计年鉴以及国家统计局公布的年度省区数据。

（二）能源利用效率有待提升

虽然"十三五"以来，天津市在能源双控工作方面取得较大的成绩，但是与先进省市相比，天津能源利用效率和节能工作力度还有待提升。一方面，能源利用效率还不太高。2020 年，按照当年价格，万元 GDP 能耗为 0.58 吨标准煤，而北京、广州、上海万元 GDP 能耗则分别仅为 0.21 吨、0.25 吨、0.31 吨标准煤，天津比上述城市分别高了 0.37 吨、0.33 吨和 0.27 吨标准煤。从单位 GDP 用电量情况对比来看，2020 年天津单位 GDP 用电量为 621 度，在全国所有省区市里面用电节省程度排在第 11 位；北京、上海每万元 GDP 耗电最省，排在前两位，分别仅为 316 度和 407 度电，万元 GDP 用电量，天津分别比北京和上海多耗电 305 度和 214 度，如图 6 所示。另一方面，从节能工作力度来看，根据国家统计局、国家发改委和国家能源局联合公布的数据，2020 年，天津市万元地区生产总值能耗下降 3.07%，下降幅度在全国排在第 7 位，排在前三的北京、上海和重庆分别下降了 9.18 个百分点、6.64 个百分点和 3.88 个百分点；与此同时，能源消费总量，天津下降 1.7 个百分点，而北京和上海则分别下降 8.1 个百分点和 5.1 个百分点。另外，从整个"十三五"情况来看，北京能耗强度累计下降 24%，下降幅度比天津市高了将近 5 个百分点。

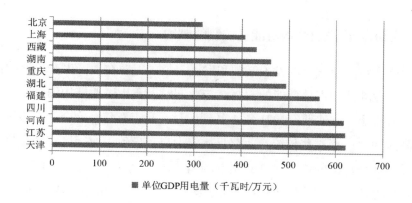

图 6　2020 年部分省区市单位 GDP 耗电量对比

资料来源：数据来自国家统计局公布的 2020 年度省区数据。

（三）能源供应与消费结构不尽合理

资源禀赋约束，清洁能源发展慢。近年来，全市大力发展绿色清洁能源，但受资源禀赋和成本等客观因素影响，煤炭始终占居能源消费的主导地位，消费占比保持在 50% 左右；天然气消费比重偏低，风电、光伏发电、水电等可再生能源开发利用规模普遍较小。从电力工业来看，煤电占比占有绝对优势，是天津市最大发电量类型，远高于全国 70% 的平均水平。根据华经产业研究院相关数据，2020 年天津市火力发电量（基本为煤电）为 737.7 亿千瓦小时，占比为 97.99%；风力发电量为 11.2 亿千瓦小时，占比为 1.49%；太阳能发电量为 3.83 亿千瓦小时，占比为 0.51%；2021 年 1 月至 8 月天津市主要有 3 种类型发电量，发电量占全国比重的 0.95%，其中火力发电量为 497.7 亿千瓦时，占天津市发电量比重的 96.89%。从消费结构来看，能源消费的清洁化水平有待提高，能源消费结构以煤炭为主，大概在 50% 以上，天然气使用比重不足 20%，非化石能源使用比重仅在 5% 左右。与此同时，2019 年北京煤炭消费仅占不足 2%，天然气使用比重达到 34%。

（四）偏重产业结构对能耗控制的制约

由于我市工业城市的发展基础和发展定位，工业在地区生产总值中占比较大，工业耗能约占总耗能的 60%。与此同时，我市工业结构偏重偏旧，新兴产业规模小、占比低，2021 年 1 月到 8 月，我市石化、冶金两大传统产业比重高达 39%，而这些传统产业都是耗能大户，导致工业耗能较高，目前我市万元工业增加值的能耗在 0.65 吨标准煤左右，而北京仅有 0.4 吨标准煤左右，差距明显。同时要维持一定的经济发展水平，仍需依靠工业的强力支撑，同时也离不开化工、冶金等传统支柱产业的发展，能耗控制压力较大。

（五）能源应急保障能力有待提升

天津市在一次能源生产上只有大港油田和渤海油田生产的原油和天然气，占能源消费比重较大的煤炭、电力等能源供应主要依靠山西、河北、内蒙古三省。特别是煤炭供应受运输通道、储备设施、环保和季节性变化等因素影响，易出现供应紧张局面，尚未建立相应的能源应急储备预警机制。

三 能源消费趋势预测

（一）我国能源发展主要趋势

1.能源绿色低碳转型势不可挡

当前全球能源格局正在经历深度调整，气候变化、能源革命等事件推动全球能源向清洁低碳、智慧高效、经济安全的发展方向加速转型。作为能源消费大国和生产大国，国际能源竞争的日益激烈、资源环境制约的不断强化以及实现碳达峰、碳中和目标要求都将快速推动我国能源供需两侧同时变革。低碳可再生能源、非常规油气资源开发、传统能源的清洁高效利用等能源技术的迭代创新将持续改变能源结构。煤炭消费进一步降低，天然气、核能等绿色低碳能源利用持续上升，可再生能源加速发展，我国的能源生产和消费进入新的发展阶段。

2.可再生能源战略地位日益突出

伴随着我国经济社会的持续快速发展，能源安全、环境保护等问题日益突出，同时技术进步推动可再生能源发展成本不断降低，为可再生能源的发展提供了契机。大力开发利用可再生能源不仅是世界能源发展的趋势，也是我国能源发展战略的一项长期国策。我国的可再生能源已进入快速发展时期，太阳能、风电、现代生物质能等技术研发和产业已走在世界前列。我国在"十四五"规划、碳达峰行动方案、节能减排等重要工作方案中，都对可再生能源的发展提出了更高的要求。未来我国的能源供应将持续向更为高效、清洁的多元化方向发展，可再生能源在能源供给和消费中将占据主导地位。

3.一体化能源消费新模式日渐显现

伴随能源革命的提出，能源互联网迅速发展。同时，工业领域更加注重能源梯级利用和循环利用，满足多元化能源生产与消费需求的综合能源服务新业态开始普及。在这种趋势下，能源供给侧跨界融合成为必然。能源企业由传统单向型生产者和销售者转变为综合能源服务商，从能源组合供应式服务向高度定制化、一体化集成服务转变，能源的生产和消费从传统单一型模式向多元化模式转变。这种转变可以更好地实现市场对能源资源的优化配置和资源集约利用，更加经济、高效地满足个性化、智能化的能源消费需求，大大提升社会综合能效水平。

4.能源需求重心逐步转向生活消费侧

随着我国传统基础设施在建规模增速减缓甚至逐步减少，能源密集型工业占比将逐步下降，工业用能达峰并进入下行区间。同时，城镇化进程、乡村振兴战略的持续推进以及现代服务业体系的继续壮大，使得我国能源消费需求增长由生产领域向生活领域转变，居民生活用能、建筑和交通用能将持续增长，能源消费结构逐步转向生活消费侧。未来新能源汽车、绿色建筑、城市慢行交通系统以及绿色物流体系将不断发展完善，清洁能源不断发展壮大，未来生活能源结构将更为绿色低碳。

5.科技创新将重塑能源未来

在实现碳达峰碳中和目标、应对全球气候环境挑战以及保障国家能源安全等重要领域，能源科技创新占有着举足轻重的地位。准确把握能源发展新趋势，在重要领域、关键技术上站在更高起点推进科技创新，成为提升未来全球低碳市场竞争力的关键。我国从能源战略的高度加快推进技术创新步伐，积极推动能实现深度减排的前沿技术研发创新，加快推动大数据、人工智能、区块链等技术与能源行业的深度融合。能源转型在技术创新的驱动下正在深刻改变着全球能源的未来。

（二）"十四五"时期天津能源消费演变趋势

1.能源利用效率将持续提升

"十四五"时期，随着继续落实国家能源"双控"政策，我市新能源产业的发展和能源利用技术创新进步，产业结构的优化升级，特别是工业节能的大力推进，我市能源利用效率将继续保持提升的态势。按照 2020 年现价的万元 GDP 能耗为 0.58 吨标准煤，如果按照"十四五"规划设定的 15%万元 GDP 能耗下降幅度，则到 2025 年万元 GDP 能耗为 0.49 吨标准煤；如果"十四五"时期参照"十三五"时期 19.1%能耗实际下降幅度，则到 2025 年万元 GDP 能耗为 0.47 吨标准煤。

2.能源消费总量仍将保持一定的增长

按照天津市国民经济和社会发展"十四五"规划制定的发展目标，"十四五"时期，我市地区生产总值的年均增速将维持在6%左右，以2020年14083.73亿元的地区生产总值为基数，2025年我市地区生产总值将达到18847.21亿元。如果按照"十四五"规划设定能耗降低目标，到 2025 年万元 GDP 能耗为 0.49吨标准煤，由此到 2025 年我市能源消费总量将为 9235 万吨标准煤。如果按照"十三五"时期实际能耗下降幅度，则到 2025 年万元 GDP 能耗为 0.47 吨标准煤，由此到 2025 年我市能源消费总量将为 8858 万吨标准煤。由此来看，"十四五"时期，我市能源消费总量还将保持一定幅度的增长态势。

3.能源消费结构将不断优化

"十四五"时期，在消费的能源中，随着继续落实国家的煤炭减量替代工作，煤炭的消费总量将持续下降，煤炭消费在整体能源消费中的比重也将逐年下降，石油、天然气、电力以及其他可再生能源的占比将逐渐上升；与此同时，由于煤炭在我市能源消费结构中占比较大，煤炭减量替代仍需较长时间，煤炭消费比重仍将维持在第一位的位置。另外，随着新能源产业的发展、技术进步以及国家对清洁能源发展的各类激励政策的实施，太阳能、风能、氢能等各类非化石能源将呈现较快增长的势头。从各产业部门的能源消费情况来看，随着产业结构不断升级以及人民生活水平的不断提升，第三产业和居民消费用能的比重将继续呈现上升势头；而第二产业，特别是工业用能的比重将继续呈现下降的态势，但第二产业在能源消费中比重仍将维持最大。

四 促进天津能源可持续利用的对策建议

（一）完善顶层设计，构建"双碳"目标和能源安全保障相互协调长效机制

围绕我国碳中和目标，科学谋划我市能源发展战略目标、任务。加快开展我市碳中和目标及路线图的研究，制定实施力争碳排放提前达峰行动方案和配套政策，同步推进各区以及能源、制造业、建筑业、交通等重点领域重点部门碳达峰实施路径。探索推进"双碳"目标与维护能源安全保障的协调机制，注重经济社会发展与节能减排之间的平衡。建立能源安全储备与应急的长效机制，应对各类复杂情况的出现。建立健全适应能源高质量发展的政策支撑体系。推进能源和相关领域改革，形成有效的激励约束机制。创新促进绿色产业发展的金融财税机制，对能源科技创新人才、企业施行相应的奖励制度。大力发展绿色金融，完善绿色金融管理，积极发展绿色资产支持票据、碳配额质押融资业务，绿色租赁业务等。

（二）优化能源结构，提高能源利用效率

加大能源结构调整，持续降低煤炭在结构中的比例，继续提高天然气的消费规模和比重，不断加大本地非化石能源的开发利用，进一步提升绿电消费比例。依托我市资源优势，大力开发海上风电、太阳能、生物质能、核能发电、地热能和海洋能等清洁能源。借鉴丹麦、德国、西班牙、葡萄牙等国经验，构建完善"政策调控、市场引导"的清洁能源消纳长效机制，推动低碳能源替代高碳能源、可再生能源替代化石能源。提升终端能源电气化水平，持续推进工业、交通、建筑等领域电力替代，大力发展可再生能源电力。推动化石能源清洁发展，不断提高煤炭清洁利用水平，着力提高能源使用效率，推进我市能源体系清洁低碳发展。

（三）调整产业结构，构建绿色低碳产业体系

推进供给侧结构性改革，合理调整产业结构。立足我市比较优势和"全国先进制造业研发基地"功能定位，大力推行绿色制造，重点发展新一代信息技术、航空航天、新能源汽车、智能机器人、新材料、生物医药等战略性新兴产业、高端智能再制造业以及现代服务业。加快工业绿色低碳改造和数字化转型，提升产业层级。促进大数据、工业互联网、5G 等新技术与传统制造业深度融合，带动传统制造业转型发展。推动传统产业智能化、清洁化改造，淘汰落后产能、有效优化过剩产能。加速推动电力、石化、化工、建材等重点行业的绿色转型，加强工艺技术创新、升级改造原料路线及关键设备，大幅提升产业低碳化、清洁化水平。健全我市能耗双控制度，更大力度推动减污降碳，构建绿色低碳产业体系。

（四）发展循环经济，推进资源节约集约循环利用

构建生态型经济体系，大力发展循环经济，全面提高资源利用效率。建设绿色低碳循环的工业体系，深入推进工业资源综合利用。大力实施工业园

区、重点行业和重要领域生态、绿色、低碳化提升改造，推进园区绿色循环发展，推行循环型生产方式。积极培育清洁生产、节能环保等绿色低碳产业，推行机电产品、纺织服装、建筑材料、包装物等重点产品绿色设计。强化钢铁、冶金、石化、建材、农副食品加工、工业涂装、包装印刷等重点行业清洁生产。加快推进绿色建筑、装配式建筑等领域的技术创新，强化产业基地生产能力，推动建筑业转型升级和可持续发展，全面减少建筑领域碳排放。加快构建城市废旧物资循环利用体系，扩展大宗固废的利用渠道和规模，推进生活垃圾资源化利用，发展产业间能源资源循环利用，推进生产系统和生活系统循环链接，为经济社会发展提供绿色新动能。

（五）推进技术创新，实现能源高质量发展

充分依托我市科技资源优势，坚持能源技术创新战略，建立完善我市能源技术创新体系，编制以碳中和为目标的技术发展路线图。加强绿色技术研发投入，大力推动污染防治核心技术、新能源技术、碳捕获碳储存、零碳工业流程再造等关键共性技术、前沿技术和先进适用技术的研发与推广。加大交通运输业、工业、农业、民用和商业等各方面节能降耗技术应用。强化企业的科技创新主体地位，鼓励建设"产学研用"的创新联合体，加强能源技术创新交流与合作，打造创新应用场景，加快具有引领作用的重大工程技术示范试验，推动能源技术的研发、推广和产业化应用。建设完善能源领域技术人才发展机制，培育创新型能源科技人才。

（六）加强节能宣传，倡导绿色低碳生活方式

拓宽宣传渠道，进一步加大对节能相关知识的宣传力度，增强全民绿色低碳环保意识。倡导绿色低碳的生产生活方式，树立绿色消费理念，扩大绿色低碳产品的供给和消费。推广落实低碳发展试点示范项目，推广先进典型，突出节能领域的示范引领。加速推进居民消费领域低碳发展，尽快建立绿色消费场景全覆盖的居民低碳消费标准体系，积极探索建立居民消费领域碳交易体系，形成有效激励机制，带动社会消费方式全面低碳转型。加快构建我

市绿色发展法规政策体系，完善约束机制和激励机制。推进低碳城市建设，创建规范的绿色社区环境管理模式，推进社区人居环境建设和治理。规模化建设新型低排放基础设施，发展绿色交通。实施生态环境保护修复工程，提高城市碳汇，加快我市经济与社会发展向低碳、零碳深度转型。

参考文献：

[1] 林卫斌、吴嘉仪：《碳中和目标下中国能源转型框架路线图探讨》，《价格理论与实践》2021 年第 6 期。

[2] 刘满平：《我国实现"碳中和"目标的十二条政策建议》，《智库见解》2021 年第 2 期。

[3] 严晓辉、高丹、李艳杰：《京津冀地区推进能源革命的思考与对策》，《中国工程科学》2021 年第 1 期。

[4] 国务院发展研究中心资源与环境政策研究所：《中国能源革命十年展望（2021—2030）》，《中国能源革命进展报告（2020）》。

[5] 刘恩侨：《全球能源结构转型大势》，《资源与环境》2021 年第 1 期。

天津石化产业发展研究报告（2022）

丁绪晨　天津市经济发展研究院经济师

摘　要： 石化产业是天津的重要支柱产业，是"1＋3＋4"现代工业产业体系中四大优势产业之一，为天津工业稳增长起到了重要的支撑作用。本报告在把握天津石化产业发展现状的基础上，分析了国内石化产业的发展形势，并归纳了天津石化产业水平有待提高、产业布局不够优化、产业发展活力不足、产业园区实力不强、营商环境有待优化、绿色发展仍有差距六个方面的短板问题，进而提出了坚持创新驱动发展战略、实施串链补链强链工程、加大优质企业培育、强化人才培养力度、推动园区高质量建设、创造良好营商环境、推进绿色低碳发展、坚守安全发展底线八个方面的对策建议，从而不断强化石化产业的优势地位，推动产业向高端化、精细化迈进，实现天津石化产业高质量发展。

关键词： 石化产业　石化园区　高质量发展

石化产业是工业的"粮食"，是国民经济的重要支柱，与其他产业关联程度较高，产品应用范围较广，对促进经济增长、提高人民生活、保障国防安全具有重要作用。当前天津已步入全面建设社会主义现代化大都市的新征程，经济发展任务艰巨而繁重，实现石化产业高质量发展才能更好地发挥对经济的支撑作用。

一 天津石化产业发展现状

天津石化产业有着近百年的历史，是我国现代化工的发源地，聚集了包括大型央企、本土企业和世界 500 强在内的一批龙头企业，作为天津传统支柱产业，形成了石油化工、海洋化工、精细化工等较为完整的产业体系。

（一）顶层设计持续优化

为促进石化产业高质量发展，国家和天津市出台了一系列政策举措。2015 年 4 月，中共中央、国务院发布的《京津冀协同发展规划纲要》指出，将天津南港工业区规划建设成为世界一流石化产业基地。天津市"十四五"规划指出，石油化工产业着力发展高端化工、精细化工，延伸产业链，提高产品附加值，打造世界一流的南港化工新材料基地和石化产业聚集区。2021 年 5 月，出台《天津市制造强市建设三年行动计划（2021—2023 年）》《天津市产业链高质量发展三年行动方案（2021—2023 年）》，提出要集中攻坚包括绿色石化在内的 10 条产业链，加快推进石化产业向下游延伸，进一步提升上下游一体化水平。到 2023 年，初步形成以烯烃为龙头和主导的产业集群。2021 年 6 月，《天津市制造业高质量发展"十四五"规划》指出，做优做强石油化工这一优势产业，提高炼化一体化水平，大力发展烯烃深加工、高端精细及专用化学品，拉长产业链，推动产业结构优化和转型升级。

（二）产业发展基础牢固

天津石化产业发展具有扎实基础。一是产业基础良好。天津工业覆盖 41 个工业行业大类中的 39 个、全部 207 个行业中类的 199 个、全部 666 个行业小类的 423 个，覆盖率分别达到 95.1%、96.1% 和 63.5%。特别是汽车制造、医药制造、计算机通信等 13 个行业，行业小类覆盖率超过 80%。[1]在天津

---

[1] 天津市商务局：《关于我市扩大内需稳定产业链供应链的路径研究》。

"1＋3＋4"现代工业产业体系中，石化产业是其中四大优势产业之一。较好的都市产业基础为石化产业的发展提供了良好的承载条件。二是资源优势突出。天津具有丰富的油气和海洋资源。2020年全国有19个省市开采原油，天津产量达到3242.2万吨，占全国的16.6%，超越陕西省、黑龙江省成为我国原油产量最多的省市。[①]乙烯工业是石化产业的核心，2020年天津乙烯产量为111.8万吨，占全国的5.2%，排在各省市的第10位。[②]

（三）产业布局日益优化

石化产业园区化有利于资源充分利用和合理配置，有利于园区产业链的完整性建设和副产物的高效利用，能够有效降低企业公用工程、安全环保和管理服务成本，提升抗风险能力。2017年11月，出台的《天津石化产业调结构促转型增效益实施方案》，要求将城镇人口密集区和环境敏感区的危险化学品生产企业搬迁入园或转产关闭，逐步关停分散在各区的小型化工企业，将南港工业区作为优质石化企业的迁移目的地和新建石化项目的聚集地，临港经济区化工区和大港石油化工区仅允许原有项目提升改造，不再允许新建项目，其他区域则不准批建石化项目。由此，天津石化产业形成以南港为主，临港、大港为辅的园区布局规划，存量石化企业异地搬迁改造工作有序推进，产业布局逐步优化，集约化、集聚化发展水平不断提高。

（四）产业体系日渐完善

经过多年发展，天津已聚集了中石油、中石化、渤海化工等国内主要大型石油化工、海洋化工企业，区内有大港油田、渤海油田两大油田，构筑起了从石油天然气开采、接卸、储备到原油加工、乙烯、合成材料、精细化工等较为完整的产业体系。同时，一批石化产业重大项目正有序布局。2020年9月，天津市政府与中国石化集团签订战略合作框架协议，明确共同打造天津南港工业区世界一流化工新材料基地，在津新建700亿元的产业项目，规

① 国家统计局网站。
② 《天津统计月报》2020年第12期。

划建设 12 个重量级项目。2021 年 2 月，国家发展改革委、工业和信息化部正式批准将中国石化天津南港 120 万吨/年乙烯项目纳入《石化产业规划布局方案（修订版）》，并转为规划项目；配套建设的新材料基地项目提供催化剂产品，大港的炼油装置提供原材料，园区内的 LNG（液化天然气）接收站提供能耗，从而强化产业优势，发挥集聚价值。南港乙烯项目及石科院研发基地、催化剂生产基地、轻烃基地、LNG 湿气分离等中国石化一揽子项目及配套项目将进一步完善天津石化产业体系。

二　国内石化产业发展形势与现状

近年来，在波谲云诡的国际环境中，我国石化产业发展取得显著成效，对国民经济的稳健发展提供了有力保障。"十三五"期间，我国进一步巩固世界第二石化大国和世界第一化工大国的地位，对世界石化市场的贡献稳定在40%左右。[1]

（一）低端产能过剩与高端供给不足并存

当前，我国石化产业仍然存在低端产能过剩和高端供给不足的结构性问题。产业内企业的经营效益与国际先进水平仍有较大差距，2020 年全行业有4596 家规模以上企业亏损，占比 17.6%，同比增加 8.4%，亏损额 1993 亿元，同比增长 8.5%。[2]从主要石化产品产能和消费比上来看，乙烯、聚乙烯和聚丙烯等主要原材料尚有较大缺口，聚苯乙烯、聚氯乙烯和聚酯等产品却已严重过剩；而高端合成材料、医用材料和高端电子化学品等领域产品则长期供给短缺，部分品种依赖进口，严重影响产业链的安全稳定。

[1]　傅向升：《谋篇"十四五"共攀"双碳"目标——我国石化行业成就回顾与展望》，《中国电业》2021 第 4 期。
[2]　傅向升：《谋篇"十四五"共攀"双碳"目标——我国石化行业成就回顾与展望》，《中国电业》2021 第 4 期。

（二）石化产业园区建设驶入快车道

在全球石化产业价值链、供应链加速重构过程中，发展石化园区日益受到主要石化产业大国的重视，成为调整产业结构、培育竞争优势的重要途径。我国"十四五"规划重点规划了五大世界级产业集群，包括环渤海湾、杭州湾、泛大湾区、海西和能源金三角产业集群；重点规划 15 家重点沿海石化基地，16 家重点内陆石化基地，30 家重点的专业化工园区及 4 家全国重点发展的煤化工基地。将着重打造一批产业基础好、资源丰富、配套齐全的产业基地，加强石化园区的区域产业共建、共享。为引导化工行业健康有序发展，国家出台系列文件，要求新建化工项目要进入合规设立的化工园区，在环境敏感区和人口密集区的危化品生产企业需搬迁入园，实现由园区集中治理企业"三废"。

（三）产业集聚度不断强化

"十三五"以来，我国对培育世界一流企业和现代石化产业集群的投入力度不断加大，并加快打造具有全球竞争力的领先企业。《财富》世界 500 强榜单中我国企业位次也不断优化，中石化始终位居前三，2020 年居第二，位居能源化工行业第一，炼油能力、炼油产品总销量均雄霸全球，化工品销售额全球第二。中石油紧随其后，位居前四，国际大石油公司排名位居前三。中海油则从 2016 年的 109 位上升到 2020 年的 64 位。[①]还有像上海石化、岳阳兴长等一批主业突出、创新能力较强的企业，在国际市场具有一定的竞争力。领先企业和产业集群建设正在稳步推进。

（四）精细化发展趋势愈加明显

精细化工是石化产业整体技术水平的重要标志。我国精细化率低于发达

---

① 傅向升：《谋篇"十四五" 共攀"双碳"目标——我国石化行业成就回顾与展望》，《中国电业》2021 第 4 期。

国家的精细化率水平，精细化工产品品种也较少，仅占全球的 20% 左右。[①]但"十三五"以来，在我国石化产业高质量发展取得显著成效，产业链向高端化、精细化转型的需求愈加强烈的背景下，精细化工在石化产业链升级中的重要作用愈加突出，随着科研力量及产能的提升，我国精细化工行业已得到迅速发展，精细化率不断提升。

（五）各地突出做法

我国石化产业将把握全球新一轮技术创新和产业革命浪潮，以推动高质量发展为主题，以绿色低碳数字化转型为重点，以提高行业企业核心竞争力为目标，加快建设现代石化体系。国内石化产业园区发展的典型代表为广东惠州大亚湾经济技术开发区，对标建设的世界著名石化园区，包括新加坡裕廊、荷兰鹿特丹、美国休斯敦等，各园区的基本情况及经验做法见表1。

表 1 部分著名石化园区基本情况及经验做法

石化园区	基本情况	经验做法
新加坡裕廊	产业体系完整，超百家全球大型石油、石化和特种化工企业设厂，产业涵盖炼油、化工、仓储、物流等各环节，是全球第三大石油炼制中心和十大乙烯生产中心之一。	注重环保，强化全方位监控，预留10%土地建设公园和风景区；工厂必须装备环保设施，确保产生的废物能安全处理；注重安防，封闭式管理，设有3个消防局；通过产城融合、基础建设等有效解决区域内员工住房安家需求；重视入区企业研发创新能力，政府主导建立多个产业研发机构，保持较强的自主创新能力。
荷兰鹿特丹	集约化程度高，在上游集聚了5家世界级大型炼油厂，在下游聚集了45家化学品领域企业，形成了从原油炼制到化工新材料、专用化学品的完整产业链，产品覆盖几乎所有的化工领域。	注重服务业对制造业的支撑，在危险化学品运输、第三方物流服务、检验检测以及研究开发方面优势突出；注重创新，政府牵头，企业、高校、科研机构等联动，搭建了"想法—验证—孵化—加速—产业化"全链条创新体系；注重环保，企业必须使用国家规定的技术进行污染物监测，政府进行监测、检查和抽查，应急中心进行应急处置。

---

① 人民网：《品种仅占全球20% 我国精细化工产业亟需转型升级》，http://scitech.people.com.cn/n1/2020/1130/c1007-31948758.html。

石化园区	基本情况	经验做法
美国休斯敦	产业体系完整，产业链延伸应用优势明显，炼油能力占全美30%、基本石化产品占60%、乙烯占70%。	注重技术创新，有效提升上下游产业链产品附加值；注重发展与石化产业和高技术产业配套的服务业，形成"制造业＋服务业"双轮驱动格局；注重利用高校资源，为产业发展提供扎实基础研究、应用成果。
中国惠州大亚湾	珠三角东岸地区唯一的石化基地，连续三年蝉联"中国化工园区30强"第一，具备炼油2200万吨/年、乙烯220万吨/年的生产能力，炼化一体化规模全国第一，已形成碳二、碳三和芳烃等多条产业链。	注重强延补链，打造石化区、新兴产业园、港口现代物流经济带、滨海高端现代服务业集聚区等"1＋3"产业发展平台；注重创新，高新技术产业和战略性新兴产业发展较快；注重招商，制定"招商图谱"，提高标准，精准招商，打造"优等生俱乐部"，落户项目96宗，其中世界500强和行业领先企业投资占比近90%；注重循环发展，园区石化产业关联度达95%，基本形成循环化产业格局。

资料来源：①中国国际石油化工大会：精准对标，新加坡裕廊等全球三大石化园区梳理 https://www.sohu.com/a/453681046_120032696；②惠州大亚湾经济技术开发区管理委员会门户网站：http://www.dayawan.gov.cn/bdgk/kfqjj/content/post_4256619.html；③南方日报：《惠州大亚湾建设世界级绿色石化产业基地——积极融入"双区"建设，迈出新步伐、奋战新征程》，http://epaper.southcn.com/nfdaily/html/2021-06/23/content_7949327.htm。

三　天津石化产业发展存在的问题

天津石化产业经过近年来的转型升级，取得了不错的发展成绩，巩固了在全市产业结构中的重要地位，但跟新加坡裕廊、我国惠州大亚湾等国内外先进地区相比，也存在一些深层次问题和发展瓶颈。

（一）产业水平有待提高

天津石化产业核心竞争力不强，缺少具有较强竞争力的国际化本土品牌，产业链处于中低端环节。产业结构不尽合理，上下游一体化发展格局尚未形成。石化产业存在重头轻尾，大规模、短流程装置较多，下游产品规模小、发展不充分等问题。同时还存在上下游资源互供、原料共享的产业链条衔接不够紧密的问题。加之石化产业与电子信息、装备制造、航空航天、汽车制造等其他优势产业融合发展程度不高，缺乏能满足相关产业需求的高端化工新材料，存在受制于人的问题，高端化、精细化发展水平亟待提升。

（二）产业布局不够优化

随着天津经济发展质量的逐步提高，石化产业发展与城市化建设及人民对美好生活环境的要求之间的矛盾日益突出，石化产业的传统布局加剧环境污染事故和安全生产隐患的发生。受限于规划调整和历史原因的影响，天津石化产业尚未真正形成产业集聚和协同发展的格局，尚未真正做到产业链和上下游行业紧密衔接的合理空间布局。

（三）产业发展活力不足

天津石化产业以央企和地方国企为主体，民营经济在石化产业中的比重仅占10%。[①]民营石化企业均未入选2020年中国石化民营企业百强。在市场化程度高、竞争激烈的精细化工和相关深加工领域，央企和国企涉足较少，市场主体多元化发展格局尚未形成，产业发展活力有待提升。

（四）产业园区实力不强

天津石化产业园区主导产业不突出，集约化水平不高，产城融合水平有待提升，产业基础不够雄厚，基础设施不够完善。根据中国石油和化学工业联合会发布的2021年化工园区30强名单，包括：江苏9家，浙江、山东各5家，广东、福建各3家，河北2家，上海、宁夏、广西、辽宁各1家。天津南港工业区、临港经济区化工区和大港石油化工区均未入选。

（五）营商环境有待优化

地区产业活力与营商环境状况密切相关。近几年，天津市下决心优化营

---

① 《我市石化产业高质量发展的对策研究》，《天津日报》，http://epaper.tianjinwe.com/tjrb/html/2021-08/28/node_1.htm? v=1。

商环境，并取得显著改善。根据《后疫情时代中国城市营商环境指数评价报告（2020）》显示，天津综合排名位居第 8 位，在各分项榜单中，市场环境指数第 6 位、创新环境指数第 10 位，政务服务环境、监管执法与法治保障环境指数均未入围第一梯队城市，与上海、广州、深圳等地还有差距，对优质石化企业的吸引力较弱。

（六）绿色发展仍有差距

石化产业属于资源型和能源型产业，生产过程中使用的原材料有些为易燃、易爆、有毒等的危险化学品，生产过程中还会产生废水、废气、固体废物等有害物质。在石化产业创新发展水平不高、企业研发能力不强、科研成果转化率偏低的背景下，随着能源消费总量和强度双控及碳排放强度控制要求逐渐增强，作为主要的二氧化碳排放源之一，石化产业距离实现绿色低碳发展仍有一定的差距。

四　天津石化产业高质量发展的对策建议

"十四五"是天津市石化产业高质量发展的重要时期，根据《天津市产业链高质量发展三年行动方案（2021—2023 年）》，到 2023 年，天津市绿色石化产业规模将达到 2200 亿元，年均增长 7.5%；根据《天津市制造业高质量发展"十四五"规划》，到 2025 年，产业规模将达到 2600 亿元。在当前国际疫情蔓延、油价大幅震荡、全球经济缓慢复苏等多重因素叠加的背景下，天津石化产业将严格落实国家关于"碳达峰"和"碳中和"的任务目标，强化能源消费总量和强度"双控"，按照发展高端、提升中端、淘汰低端的思路，以推动产业链高值化延伸和对接高端领域消费需求为导向，以产业集群化、高端化和国际化发展为抓手，以大型石油天然气开采、原油加工、乙烯、合成材料、化工新材料和精细化工等完整产业体系构成的产业链为核心，依托区位优势和产业基础，加速向高端化、精细化迈进，不断提高石化产业高质量发展水平。

（一）坚持创新驱动发展战略

石化产业高质量发展离不开创新驱动，创新是建设石化强市的关键。一是建立健全以企业为主体、市场为导向、产学研深度融合的石化产业技术创新体系，最大限度地发挥产业资源价值，提高技术创新能级，促进科研成果落地转化，实现产品结构升级。二是密切跟踪国内外石化产业新产品、新工艺的发展趋势，加强交流学习，积极引进先进技术。三是大力培育高新技术企业、建设国家级和省级研发创新平台、开发战略性新兴产品，促进企业不断提升创新水平和创新能力。

（二）实施串链补链强链工程

加强串链补链强链工程建设，大力推进石化产业链做全、做优、做强，不断提升上下游一体化水平。一是引进高附加值项目。把握石化产业结构调整和转型升级机遇，围绕特种烯烃衍生物、先进化工材料、高端精细及专用化学品等领域，依托天津石化产业现有基础，有针对性地引进和培育一批高附加值项目。二是强化产业链协同发展。整合现有产业资源，提高炼化一体化水平，切实增强烯烃深加工能力，打造乙烯、丙烯、碳四等细分产业链，围绕航空航天、高端装备制造、新能源、汽车、电子信息等重点领域需求，向下游高端化工新材料延伸，不断强化石化产业与下游行业的契合度，形成上下游联动、互促发展的良性循环。

（三）加大优质企业培育

建立石化产业重点企业库和公共服务平台，充分发挥企业主体作用。一是遴选一批掌握核心技术、具有资源整合能力和产业带动作用的优质企业，建立一对一服务机制，支持企业根据政策规划和市场需求，制定科学合理的发展战略，鼓励企业兼并重组，优化资源配置。二是鼓励成长性好、发展潜力大的"专精特新"中小企业尤其是民营企业与优质企业建立稳定的合作关系，夯实产业链基础，提升产业竞争力。三是建立公共服务平台，破除传统企业信息孤岛的局面，实现企业与供应商、客户以及产业内部其他企业之间的信息共享，切实降低企业外部交易成本。

（四）强化人才培养力度

人才是石化产业高质量发展的根本。一是完善人才培育机制，充分利用天津大学、中国石化北化院、渤化集团等高校科研院所和企业资源，制定专项培养计划，依托重点技能创新平台、重大生产建设项目和技改技措项目，创新协同培育模式，孵化高端技能人才。二是加大人才引进力度，推动"特色项目＋智库"模式，吸引和聚集一批石化产业技术创新人才、企业家领军人才和技术工匠人才。三是加强高端人才队伍建设。大力弘扬科学家精神和工匠精神，促进各类高精尖人才快速成长。

（五）推动园区高质量建设

石化园区是石化产业发展的最主要承接地，南港工业区作为天津石化产业发展的主要集聚区，位置优越、地域广阔、后发优势明显，入选"2020化工园区潜力10强园区"。一是提升园区高端产业聚集度，以世界一流化工新材料基地的高标准规划园区产业，推动石化产业向南港工业区集聚发展。二是构建高质量产业生态体系。立足制造业高质量发展需求，与经济技术开发区等工业园区已形成的汽车、装备制造、电子信息等主导产业互联共建。三是充分发挥天津交通优势，利用石化园区紧邻天津港的优势，打通石化企业物流瓶颈，增强企业贸易功能，扩大贸易规模，推动"港产融合"高质量发展。

（六）创造良好营商环境

营商环境是决定石化企业投资项目和扩大生产的重要因素。一是畅通石化项目落地渠道。对产业链关键环节上的重要石化项目开通"以函代证"等绿色审批通道，确保项目落地畅通无阻，协调解决园区规划调整、用海用地、污水排放等问题，赋予园区企业自建光伏、风电等新能源项目的自主权。二是加大金融支持力度。赋予石化园区财政税收"不予不取"政策，整合园区公共工程项目，争取上市融资减轻贷款压力，适时适量发行专项债券，吸引更多符合条件的企业向园区聚集。三是不断完善产业政策。紧盯石化产业发展态势，提前谋划产业政策，及时更新重点危险化学品项目名录及申报审批程序。

（七）推进绿色低碳发展

绿色壁垒逐渐提高、高耗能高污染产品逐步受限是未来石化产业的发展趋势，要顺应"生态优先、绿色发展"的理念。一是加强前瞻性、科学性的政策规划设计，培育绿色发展方式，提升绿色发展水平，推动产业绿色发展和生态环境优先保护的双赢，按照细分产业链分配能耗、污染物排放等指标，避免环保"一刀切"对产业链发展的影响。二是积极落实绿色制造政策，加大绿色清洁工艺和新技术的创新和推广应用，创建绿色产品、绿色工厂、绿色供应链，降低能耗物耗。三是积极建设绿色园区，推进光伏、风能发电等绿电发展，落实集冷热互供、海水淡化、冷能发电等一体供应方案，打造节能低碳示范园区，推进石化产业高质量绿色发展。

（八）坚守安全发展底线

安全是石化产业高质量发展的基石和底线。一是健全石化产业安全生产事故和自然灾害预警处置机制，抓好安全生产制度的建立、企业主体责任的落实和应急管理系统的完善。二是充分运用大数据管理技术，建立危化安全生产管理机制，建设智慧化、信息化管理平台，对重大危险源和风险监测点的实时监控及预警，及时发现和排除生产过程中的安全隐患，避免安全问题的出现。三是在化工园区内定期举行重点石化企业的应急演练，强化风险意识，补齐安全短板，真正做到石化产业"零"隐患。

参考文献：

[1] 胡杰：《石化行业发展态势与竞争策略研究》，《北京石油管理干部学院学报》2021年第1期。

[2] 瞿亮、魏航宇等：《中国石化产业发展分析与思考》，《石油规划设计》2021年第32卷第1期。

[3] 海福、晓雁等：《我市石化产业高质量发展的对策研究》，《天津日报》2020年11月27日第13期。

[4] 傅向升：《谋篇"十四五" 共攀"双碳"目标——我国石化行业成就回顾与展望》，《中国电业》2021第4期。

[5] 韩微微、崔静涛等：《辽宁省精细化工产业发展现状及思路分析》，《辽宁化工》2021年第4期。

天津会展经济发展研究报告（2022）

刘　菅　天津市经济发展研究院经济师

鹿英姿　天津市经济发展研究院高级经济师

摘　要： 疫情防控常态化形势下，天津会展业加快推进展览服务创新、业态模式创新，展览活动安全有序复展复工，随着 2021 年国家会展中心（天津）启用迎展，一批标志性的展会项目相继落地，会展业发展环境不断优化，为天津会展经济发展增添强劲动力。预计国际展览将在 2022 年上半年再次开启，国内区域会展呈竞相发展态势。对比先进省市，天津会展业还面临国内外标杆展会和会展人才缺乏等短板，需更加注重自主品牌的"生根型"专业展会培育，推动绿色智慧会展建设，培育国际化会展人才，厚植会展产业生态圈发展沃土，全面提升天津会展业的国际化、专业化、数字化水平。

关键词： 国家会展中心（天津）　线上展会　数字化

一　会展经济发展现状分析

天津展览各方积极应对新冠肺炎疫情对会展经济的不利影响，充分运用线上线下双线平台，有序推进会展企业复工复产，2021 年国家会展中心（天津）展馆启用迎展，彰显了国家级现代化展馆的独特魅力，天津会展业发展环境实现跨越式发展，有效促进了会展产业集群集聚发展，开启了天津会展经济高质量发展的新篇章。

（一）展馆建设取得新突破

作为服务京津冀协同发展国家战略、辐射"三北"地区的标志性工程、北方展览面积最大的绿色智慧创新型国家会展综合体，2021年，国家会展中心（天津）展馆一期建成启用，一期展馆区建筑面积48万平方米，室内展览面积20万平方米，6月24日至27日首个展览"中国建筑科学大会暨绿色智慧建筑博览会"启幕。

具有绿色智慧国家级现代化展馆的独特魅力。国家会展中心（天津）呈现"第六代会展场馆"的鲜明特征，一是服务京津冀协同发展战略，承载北京非首都功能疏解，具有1小时通达京津冀的交通保障，有效弥补了京津冀城市群缺乏大型国际会展场所的短板，与上海国家会展中心、广州琶洲国际展览中心形成了"北、中、南"分工合作的展览布局。二是深入诠释绿色低碳循环发展核心内涵，整个展馆采用装配式钢结构等88项低碳、环保、节能、节水技术，碳排放总量减少25%以上，达到绿色建筑三星级标准。三是立足生态功能和"津城""滨城"双城发展格局，与绿色生态屏障区、设计之都核心区有机衔接，相邻海河教育园区，是经济转型发展的重要载体。四是注重展览与会议的紧密结合，空间功能强大且具有兼容性，满足会展结合、以会带展、以展促会形式的多重办展需求。五是充分运用新一代信息技术，强化智慧展馆数字化运营与管理，依托5G、区块链移动应用等技术手段，形成一站式在线服务系统、AR精准导航、智慧安防、应急指挥调度等系统平台，助力场馆智慧化、安全化运营。

引领性、带动性和标志性的展会项目相继落地。不断加强与央企、国家级行业协会合作，中国工业博览会、中国国际肉类与食品进出口博览会、全国糖酒商品交易会、AMR国际汽车维修检测诊断设备、零部件及美容养护展览会等一批标志性展会相继落地，为天津会展经济发展增添强劲动力。

（二）会展业安全有序复展复业

展览活动有序复展复业。受新冠肺炎疫情影响，部分展会取消或延期举办。2020年天津各类展览活动办展数量和面积较上年明显下降，线下展览总数减少至41场，展览总面积减少至50.66万平方米（见图1）[①]，处于近年来的低谷。疫情防控常态化机制下，展览主办方落实惠企政策有效助力疫情防控和会展经济发展。2021年，第五届世界智能大会、碧海（中国）春季钓具产业博览会、华夏家博会、第十七届中国（天津）国际工业博览会等展会相继举办。尤其是全市会展业积极主动创新场馆运营模式，探索线上展览、线上论坛、云端采购对接等线上展会服务模式，运用大数据发展平台化管理与运营，进一步推动品牌展会项目开通线上展览业务，开启线上展会新实践，据统计，2020年线上展会达6场。[②]

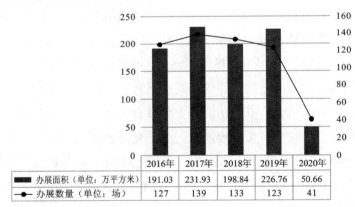

	2016年	2017年	2018年	2019年	2020年
■ 办展面积（单位：万平方米）	191.03	231.93	198.84	226.76	50.66
● 办展数量（单位：场）	127	139	133	123	41

图 1　2016—2020年天津办展数量与办展面积

资料来源：2016—2020年中国展览数据统计报告。

防疫与项目建设同步推进。国家会展中心（天津）项目在严格防疫的前提下率先复工复产，多措并举加快项目建设，有效保证了国家会展中心（天

[①] 中国会展经济研究会统计工作专业委员会：《2020年度中国展览数据统计报告》，第12页。

[②] 中国会展经济研究会统计工作专业委员会：《2020年度中国展览数据统计报告》，第141页。

津）一期展馆竣工时间不变。津南区围绕国家会展中心项目，完善会展经济上下游产业链，大力发展餐饮、酒店、旅游、物流、金融等服务业，引进华墨集团、北京诺德世纪展览等会展企业 691 家。①

会展项目与产业融合发展更加紧密。从展览规模看，以 2020 年经贸展览数据为例，约有 50% 的经贸展览达 2 万平方米至 5 万平方米，有 16.7% 的经贸展览达 5 万平方米及以上，其中，国际装备制造业博览会等展会为赋能行业合作平台发挥重要作用。②从展览场馆看，国际展览中心和梅江会展中心以消费展为主题的展览数量最多，重点是紧密结合城市消费特点。2021 年启用的国家会展中心（天津）展馆主展方向为智能制造（重工业），重工业题材与轻工业题材协调发展。以 2021 中国（天津）国际汽车展览会为例，在突出传统汽车工业生产基地优势的基础上，紧抓培育建设国际消费中心城市机遇，汽车行业最新的技术、产品在展会上集中展示，促进了国内外汽车行业的交流与合作，影响力辐射全国，各项数据在世界汽车展会中均位居前列，有效推动了先进制造业和现代服务业的深度融合发展。

（三）展会实现双线融合发展

实体展会的数字化实践。云上会展平台的数字化办展业态开启线下线上融合办展的创新业态，为行业发展困境提供转型契机。2020 年津洽会走上"云端"，近 80 家外贸企业参展，利用包含数字展馆、供采对接、线上交易等内容的云上展会新平台，实现 24 小时全天候"云"展示，有效节约参展商成本的同时，也带给展会观众沉浸式互动体验。2021 年第五届中国品牌日活动采用双线融合模式，天津展馆共有 36 家本土知名品牌企业的 45 个品牌参与云上展区、17 家企业的 20 余个自主品牌到场参展，全方位多角度地展现出天津企业的品牌魅力。

第五届世界智能大会围绕疫情后国内外经济发展形势，结合天津智能科技产业中新业态的发展情况，在第四届世界智能大会线上成功办会经验的基

① 网信津南：《会展赋能 打造经济增长新引擎》。
② 中国国际贸易促进委员会：《中国展览经济发展报告（2020）》，第 71—101 页。

础上，聚焦线上线下融合互动，进一步创新办会模式，形成大会、展览、赛事、智能体验"四位一体"国际化平台，特别是线上直播互动平台和智能体验内容，通过线上互动、线下交流，体验性、参与性、互动性更强，进一步共签约项目215个，总投资约1057亿元，其中，新一代信息技术、高技术服务、高端装备等新动能项目达到159个，占比76%，为推动人工智能同社会经济发展深度融合提供了更多的拓展应用场景和数字化解决方案，充分发挥了智慧会展平台的展示窗口和营销平台作用。

（四）会展发展环境不断完善

天津围绕国家会展中心规划会展经济片区。2020年8月出台的《天津市全面深化服务贸易创新发展试点实施方案》中明确提出规划建设天津国家会展经济区，加快综合配套服务设施建设，优化会展业发展环境。2021年6月政府批复《天津国家会展经济片区规划》，在突出国家会展中心优势资源的基础上，在总面积90平方公里中规划八大功能板块空间布局，以产业发展为导向打造会展经济集聚区，充分发挥展会平台的带动功能，提升周边地区对国家会展中心的配套支撑作用。与之相随，规划设计海河南道国家会展会议中心段景观，提升双城中间绿色生态屏障区建设与国家会议会展中心环境，突出展现天津形象的城市"会客厅"。2020年8月《天津市加快发展新型消费实施方案》中明确提出聚焦会展服务、会展旅游、会展智能科技服务，加快推进会展产业生态链建设。

津南区加速推进会展经济发展。作为国家会展中心项目所在地，津南区加大会展及配套企业集聚的支持力度，研究出台《关于促进会展产业发展实施意见（试行）》，精准实施招商引资，分别给予承办方等相关单位企业20万~1000万元、10万~100万元不等的奖励，引育会展龙头企业和新兴会展产业项目，集中引进会展产业链上中下游企业和关键配套产业，大力发展餐饮、酒店、旅游、物流、金融等服务业，从构建会展产业生态体系等方面着力提升会展发展营商环境。

二　会展经济发展面临的形势

全球部分展览行业市场在 2021 年上半年陆续重启，预计国际展览将在 2022 年上半年重整旗鼓，数字化、智能化和低碳化是今后全球会展经济发展趋势。新冠肺炎疫情加速了国内会展业绿色智慧创新发展，线上与线下结合的办展方式得到深度融合，随着 2022 年国家会展中心（天津）全面建成，将加快推进会展经济片区建设，引领带动天津会展经济跑出"加速度"。

（一）国际发展趋势与展望

各地展览业复展复业预期较好。尽管新冠肺炎疫情持续影响全球各地展览业，但大多数企业预计区域性和全国性的展览将在未来 12 个月内重新开放，而国际展览将在 2022 年上半年再度开启。未来的展览形式而言，全球调查结果显示，78% 的受访者表示"新冠疫情明确了线下面对面活动的价值"，[1]预计 2021 年全球的会展业收入将比 2020 年增长一倍，全球各地的会展业收入也将比 2020 年出现更大幅度的增长，其中亚太地区 2021 年的收入增幅预计比去年高出 121%。[2]

会展业数字化转型步伐加快。新冠肺炎疫情加速催化展览业实施数字化，各国展商以增加数字服务或产品、开展线上逛展模式等方式不断寻求数字化转型战略。全球调查结果显示，在整个疫情期间，产品和服务的数字化势头增强，一半以上的受访者表示，已经在现有的展览产品中增加了数字服务或产品，在亚太地区尤为明显。[3]数字化、智能化仍是今后会展经济发展的主要趋势。

[1] The Global Association of the Exhibition Industry：VFI Global Exhibition Barometer 27th Edition，June 2021.

[2] The Professional Convention Management Association，*Singapore Exhibition & Convention Bureau*，*Singapore Tourism Board and The Global Association of the Exhibition Industry*：*Reimagining Business Events - Through COVID–19 and Beyond*，June 2021.

[3] The Global Association of the Exhibition Industry：UFI Global Exhibition Barometer 27th Edition，June 2021.

可持续发展仍是展览活动及所有相关参与者首要推行的任务。尽管新冠肺炎疫情对会展经济产生了严重影响，但是展览业对可持续发展相关项目的投资没有像其他行业那样受到影响，从展览行业的长远发展来看，想要改善对环境的影响需要优先考虑的是：降低使用可持续材料、产品、服务的成本，为废气、碳排放等问题开发新技术或新的处理方式，以及在价值链的各个层面开展关于可持续活动的教育等。[①]近期全球展览业协会推出"净零排放活动"，也旨在推动会展业的各项业务实现净零排放。

（二）国内发展趋势与展望

会展经济创新面临差异化竞争战略选择。各地展会市场竞相发展，展馆建设发展态势强劲，大型展会仍集中在一线城市，各地在把握本地区会展业特色与比较优势基础上，均在不断加速区域会展产业能级的跃升。展览业创新发展更加注重自主品牌的"生根型"专业展会培育，更加注重从完善城市功能角度、区域发展角度规划发展展览业，更加注重客群需求激发场馆空间运营的多种可能性。而以人工智能、节能环保等新兴产业，以消费新热点、消费新模式为主要内容的展览成为展览新题材，会展业在消费聚焦战略中的作用更加凸显。

会展产业发展正面临技术领域重塑。疫情常态化下线上虚拟场馆成为发展会展产业新的生力军，以 3D 智能云展场馆——中国银河会展中心为例，利用 3D/VR 引擎、语音通讯引擎、分布式服务器引擎核心技术，实现线上精准呈现线下展会，呈现了 3D 立体沉浸式的"逛展模式"示范实践。加强推进会展业信息化建设成为展览行业转型的关键，通过运用"互联网＋"创新思维，利用先进的计算机技术、VR 技术、大数据技术、RFID 等新技术、新手段，"云展览""云会客""云对接""云洽谈""云签约"等模式不断创新发展，呈现线上线下双轮驱动会展业创新发展的趋势。

会展经济面临绿色转型升级挑战与机遇。在碳达峰碳中和战略目标下，

---

① The Global Assoctation of the Exhibition Industry: Status of Sustainability in the Exhibition Industry, July 2021.

加快推动会展业绿色低碳发展是应有之义。2021 年国务院发布《关于加快建立健全绿色低碳循环发展经济体系的指导意见》提出推进会展业绿色发展，指导制定行业相关绿色标准，推动办展设施循环使用，进一步明确了新型绿色展览的发展方向。未来会展活动坚持绿色可持续发展与运营，需要从办展设施的循环发展出发，逐步推进会展产业的生态化，提高会展项目资源循环利用效率，推进展览业绿色、低碳、可持续发展。

会展产业集聚引领天津会展经济高质量发展。随着 2022 年国家会展中心（天津）全面建成，将给天津乃至北方会展业发展带来重大的战略机遇，项目的引领带动作用持续增强，随着会展产业链上下游企业的集聚发展，品牌展会的影响力不断扩大，将有效促进天津发展成为具有全球影响力的会展中心城市。

三 当前会展经济发展存在的主要问题

天津会展业正处于转型发展的关键阶段，还存在问题和短板，主要体现在国内外有影响力的品牌展会缺乏、绿色智慧建设步伐仍需加快、产业链和服务体系不够完善，会展人才短缺，支持政策还需精准。

（一）国内外标杆展会缺乏

天津已有世界智能大会、国际矿业大会、中国旅游产业博览会等著名会展品牌，但与上海、广东、北京相比较，天津会展品牌数量较少，尤其是缺乏国内外标杆性展会品牌。天津既没有像上海的进博会、北京的服贸会、广东的广交会等国内第一梯队的展会品牌，也缺乏像海口的消博会、厦门的投洽会等国内外影响力较大的展会品牌。天津现有会展品牌经过国际权威机构认证的数目较少，与先进城市还存在一定差距。2020 年底，我国经过全球展览业协会（UFI）认证的展会数目共有 123 个，上海、深圳、济南分别达到

25、17、15 个，而天津仅有 3 个。[①]天津亟须引进国内外顶级高水平、专业性、市场化的标杆性品牌展会和高端会议。

（二）展会智慧绿色转型步伐缓慢

智慧、绿色会展转型进程缓慢。互联网时代、新冠肺炎疫情加速传统会展的创新与转型。线上展会已成为会展业发展的趋势之一，天津线上展会数量相对较少。2020 年上海、福州、广州举办线上展数量位列我国前三位，分别举办 133、80、51 场[②]，天津线上展数不到全国线上展总量的 1%，同时，天津线上展还存在信息服务形式不够多样化、知识产权保护力度不够和商业盈利模式模糊等共性问题。"双碳"目标推动绿色、低碳、环保会展理念正在兴起。据统计，展览会在展台搭建及撤展过程中，产出垃圾面积高达总面积的一半，大部分垃圾是装修材料和宣传资料，德国作为绿色会展业领先者，绿色展具使用率高达 80%～90%，而我国绿色展具使用率不到 10%，天津展台搭建过程也会大量使用胶水、油漆、密度板等传统材料，场馆布置、材料使用等方面存在污染和浪费。

（三）会展产业生态圈亟须培育

会展场馆的利用率不足。2020 年我国展览场馆利用率排名首位的是深圳会展中心，达到 41.64%，第十位是青岛新南国际博览中心（22.77%），天津展馆没有进入前十。大量高水平展览项目的培育和引进是会展业发展的根本，这有赖于会展产业生态圈的酝酿与形成。天津会展业协同拉动制造业与服务业的作用还有待提升，同时，会展企业、会展项目与城市战略定位没有形成高度关联关系，在打通制造业产业链、发挥会展经济的桥梁纽带作用上还不充分。当前我国室内可租用面积在 10 万平方米以上的展览馆已达 30 个，天津国家会展中心作为我国北方地区面积最大展馆，如何在国内大型展馆中脱颖而出，还需从科技、产业、服务、资金、人才等多种维度着手，构建可持

① 中国会展经济研究会统计工作专业委员会：《2020 中国展览数据统计报告》，第 66—67 页。
② 中国会展经济研究会统计工作专业委员会：《2020 中国展览数据统计报告》，第 136—137 页。

续发展的会展产业生态圈。

（四）会展产业人才有待充实

会展人才的培养是关键，天津会展人才规模仍然不足。天津开设会展专业的高等院校数量仅有 9 所，而广州、上海、成都和北京分别有 26、18、18 和 15 所。天津在读会展专业人才数量也存在不足，据统计，2020 年底广东院校在读会展专业学生人数与待毕业人数在全国排第一位，两类人数分别达到 4599 人、1471 人，而天津只有 573 人、186 人[①]，只占广东的 1/8 左右。天津在具备丰富管理经验的会展企业领导者与管理者数量上也相对稀缺。至 2020 年底，IAEE 在中国大陆地区的个人会员累计 299 人，其中，上海 53 人，北京 51 人，深圳 41 人，成都 40 人，天津只有 8 人。[②]此外，会展业人员的素质能力水平和组织管理能力也是影响天津会展人才队伍建设的因素之一。

（五）会展扶持政策精准度仍需提高

天津在会展扶持政策、市场运作、法规体系等方面还存在制约会展企业规模化发展等因素，经过国际展览协会认证的企业会员数相对较少，2020 年底，天津尚没有经过 UFI 认证的企业会员，IAEE 在中国大陆地区的企业会员共 68 个，而天津只有 1 个。在服务京津冀协同发展、承接北京非首都功能疏解方面还需要出台更加精准的会展政策，吸引更多会展企业落地。市级层面缺乏会展业地方性法规、行业扶持措施，尚未出台专门用于会展关键企业引进、宣传推广、人才培训等方面的精准政策，在组织指导和协调管理等方面仍大有可为。

四　促进会展经济发展的对策建议

面对新挑战、新机遇，天津在立足区位优势和产业基础上，积极融入"双

[①] 中国会展经济研究会统计工作专业委员会：《2020 中国展览数据统计报告》，第 95—99 页。
[②] 中国会展经济研究会统计工作专业委员会：《2020 中国展览数据统计报告》，第 58 页。

循环"发展新格局，充分发挥会展平台的窗口作用，努力打造本土高端会展品牌，创新展会服务模式，构建会展产业链多维生态圈，加强会展人才队伍建设，着力提升会展发展营商环境，加快构筑会展经济集聚发展新高地。

（一）助力国际消费中心城市建设，培育高端会展品牌

一是依托天津地域优势，围绕绿色低碳、智能家居、无人驾驶等主题，鼓励首发经济、世界首展、行业首秀类消费展举办，实现首发经济的最大化价值，促进首发经济成为发展城市会展经济的"新标配"。二是培育综合性和专业类消费品展会品牌，吸引国内外头部品牌参展，引进具有国际影响力的组展商、展览专业服务商和会展组织，打造区域消费精品展，同时积极承接展会溢出效应，将展、会、体验推广活动与旅游密切有机融合，激发消费潜能，助力天津打造国际影响力的综合性国际消费中心城市、区域商贸中心城市。三是深耕各类群体的消费需求，把脉消费升级趋势，围绕中蒙俄、东北亚经贸合作及中韩自贸区建设等主题，利用"以贸兴展，以展促贸"或"产地办展，以展兴贸"的"前店后坊"模式，增强展贸联动。

（二）以绿色智慧为引领，创新会展服务模式

一是推动天津成为全国绿色会展城市的典范。以国家会展中心（天津）项目为引领，积极践行"绿色展览"理念，形成可复制可推广的良好新型绿色展览供应链体系。引导展览工程推动企业加快可回收、可循环、节能环保绿色展览器材的研发设计和加工生产，探索展具租赁等模式，提高资源利用率。推动行业协会、中介机构和龙头企业共同制定绿色展览行业标准、团体标准、企业标准，逐步完善绿色展会的标准体系。二是促进会展线上线下双线融合发展。突出实体展会的体验效用优势，通过定制化服务和营销方案增强客户的体验感和满意度，生成会展品牌的记忆点。创新会展服务模式，打造云会展平台，形成在线下可体验、线上消费的全新展会模式，全面提升会展场馆的数字化、智慧化水平。

（三）服务国家战略，培植会展产业链多维生态圈

一是服务京津冀协同发展，瞄准北京中国国际服装博览会、中国铸造博览会、北京·埃森国际焊接展等大型品牌展会资源，主动承接北京大型会展项目，打造京津冀会展产业生态圈引领者。二是构建天津会展经济多维生态圈，通过产业维、人才维、资金维、服务维、创新维、载体维等多维支撑，形成强大的会展产业生态合力，以外圈与中圈的相互配合，推动会展产业链内圈健康发展（见图 2）。三是促进产业与会展深度融合。围绕"1+3+4"现代工业产业体系，推动天津会展业与智能科技、高端装备、汽车、生物医药、新能源等产业融合发展，促进天津会展业与文化旅游、商贸娱乐、商务服务、设计服务、健康服务、教育服务等天津服务业主导产业的联动发展，发挥会展业最大最直接的产业促进效能。

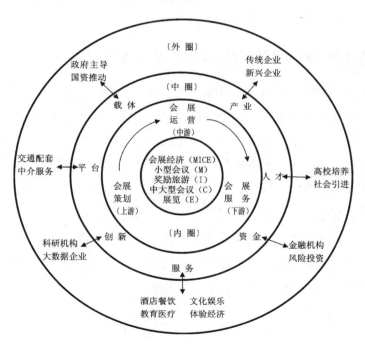

图 2　会展经济多维生态圈

（四）利用海教园优势，推进优质会展人才的引育

一是加大高校会展人才培养力度。充分发挥海河教育园区院校人才资源聚集的优势，加大更具现代化的创新思维和专业化能力会展人才的培养，支持天津高等院校、职业院校设置会展管理与策划、创意设计相关专业，鼓励与国内外知名会展院校进行交流合作，培养"一专多能"的优秀会展人才，加强复合型会展人才保障。二是构建政、产、学、研、用五位一体的会展人才培育协同机制。鼓励天津院校、职业培训机构、行业组织与会展主办组织、会展场馆和会展企业加强合作，充分开发利用会展平台资源，设立会展培训和实训基地，深入推进展教融合。三是不断完善会展人才引进政策，鼓励从国内外引进高层次、紧缺型会展领军人才，出台规定使其享受财税扶持、培养进修、社会保险、医疗服务、子女教育、住房租购、落户等方面的优惠政策，进一步扩大会展行业人才规模。

（五）完善政策环境，推动会展产业跨越式发展

一是构建会展业议事协调机制，建立涵盖工商、公安、交通等多个职能部门的"会展一站式服务"保障体系，在全市统一的网上政务服务平台开设会展服务窗口，力争实现企业办展、参展"最多跑一次"目标。健全会展活动备案制度，为各种类型和规模的会展活动营造宽松、便捷的法治化营商环境。二是在资金保障方面，设立会展业发展专项资金，纳入同级财政预算，用于支持会展举办、品牌会展引进与培育、会展业与相关产业联动、会展业宣传推广、人才培训、信息化建设等工作。三是精准扶持会展产业链中的关键企业，侧重组展（主办）类企业的扶持，加大对引进知名会展企业和重大会展活动作出重要贡献的单位和个人的奖励力度。

参考文献：

[1] 中国会展经济研究会会展统计工作专业委员会：《2020 年度中国展览数据统计报告》，中国会展经济研究会，2020 年。

[2] 中国会展经济研究会：《坚守与创新——2020 中国会展抗疫复业纪实》，中国商务出版社 2021 年版。

[3] 李晶晶、周红：《天津会展业双线融合发展策略研究》，《商展经济》2021 年第 5 期。

[4] 陈珂：《"十四五"展望：城市会展业高质量发展——从城市会展规划思考会展名城建设》，《中国会展》2021 年第 9 期。

[5] 张凡、蔡卫民、王峰：《新时代中国会展经济的创新引领——习近平关于新时代会展经济发展论述的初探》，《中国会展》2021 年第 7 期。

区域战略篇

京津冀城市群深度协同发展研究报告（2022）

王　双　天津社会科学院城市经济研究所研究员

摘　要： "十四五"时期，京津冀城市群将成为我国区域高质量发展的示范和引领标杆，推动京津冀城市群深度协同对于提升整个环渤海区域的综合竞争力和培育区域转型升级引擎具有重要的战略意义。为此，京津冀城市群要在立足新发展阶段、完整准确全面贯彻新发展理念的基础上，以建设世界级城市群为目标和指向，加快构建新发展格局，不断拓展区域参与国际竞争新优势，实现在更高层次上参与国际分工，成为探索区域协调发展新机制、加快推进我国区域重大战略向纵深发展的重要支点。

关键词： 京津冀　城市群　协同

一 京津冀城市群发展现状

（一）京津冀城市群产业协同创新活跃度明显提升

京津冀城市群在明确的产业分工基础上，不断强化重点产业之间的协同创新，三地跨区域产业活动和创新活跃度显著提升，尤其北京的产业创新外溢效应更为突出，成为三地产业协同创新的主要策源地。截至 2020 年，北京向津冀输出技术合同累计超过 2 万项，成交额达到 1410 亿元，2020 年北京向津冀输出的技术合同交易额占向全国输出总额的比重持续上升，达到了 22.3%，比 2018 年增加了近 13 个百分点，初步形成了"北京疏解、津冀承接，北京研发、津冀转化"的产业协同创新格局，立足京津冀、辐射全国的产业协同创新集聚区已经初具雏形。与此同时，天津和河北承接非首都功能疏解能力也在同步提高，加大产业承接载体建设和重要平台培育，能够更加有效地承接北京疏解转移的产业。天津构建起以滨海新区为综合承载平台、各区专业承载平台为支撑的"1 + 16"承接格局。河北加快建设雄安新区中关村科技园，以雄安新区为中心，强化与北京中关村科学城、怀柔科学城、未来科学城和北京经济技术开发区以及天津滨海中关村科技园的合作对接。北京现代沧州工厂等重大产业协同项目投产增效，有力推进了河北承接北京转移产业向链式布局、平台集聚的"大承接"转变。

（二）京津冀城市群内外要素配置的市场化作用不断增强

目前，京津冀协同发展进入关键阶段，随着区域协同发展不断深化，三地将面临更多的跨区域政策协调以及利益分享等深层次的协同需求。依据《中共中央、国务院关于建立更加有效的区域协调发展新机制的意见》，京津冀三地正在进一步加快形成统筹有力、竞争有序、绿色协调、共享共赢的区域协调发展新机制，努力减低破除地区之间的利益藩篱和政策壁垒，通过健全市场一体化发展机制和区际利益补偿机制，加快区域之间、京津冀与其他区域之间的要素配置市场化改革，不断创新区域政策调控方式和手段，逐步健全区域要素流动的保障机制，发挥市场在资源配置中的决定性作用，实现京津冀城市群要素配置的不断优化。

（三）京津冀城市群协同发展内生动力源加速培育形成

2021年前三季度，京津冀地区生产总值达到70231亿元，占全国总量的8.5%，其中北京、天津、河北分别为29753亿元、11417.55亿元和29060.7亿元，按可比价格计算，同比分别增长10.7%、8.6%和7.7%（见图1）。2021年第三季度，北京市高技术制造业、战略性新兴产业增加值同比分别增长1.4倍和1.1倍，两年平均分别增长72%和57%；天津规模以上工业中，高技术产业和战略性新兴产业增加值同比分别增长16.7%和13.1%，两年平均分别增长8.8%和7.8%；河北高新技术产业增加值同比增长13.4%，快于规模以上工业8.3个百分点，占规模以上工业增加值比重为20.9%，同比提高2.3个百分点。同时，北京、天津两个超大城市拥有近3600万人口（根据"七普"数据显示，北京人口数为2189.3万人，天津人口数为1386.6万人），北京建设世界级创新中心、天津建设世界一流的智慧和绿色港口、河北雄安新区加速推进，区域产业结构转型升级的创新能级和发展规模不断跃升，区域内生动力源为建设世界级城市群都市连绵带提供了足够的基础和条件。

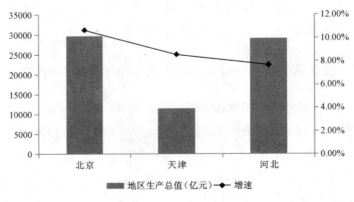

图 1 2021年前三季度京津冀地区生产总值及增速

（四）京津冀中心城市极化效应逐渐凸显

周灵玥、彭华涛（2021）通过构造京津冀城市群中心城市对周边城市创新发展的涓滴效应测量模型，研究京津冀城市群协同创新效应，结果表明京津冀城市群协同创新的涓滴效应逐渐显现且呈现加强趋势，带动了周边城市的创新发展。北京、天津作为京津冀区域中心城市，在积极探索区域协同发展新机制的过程中极化效应不断增强，成为破解区域协同治理难题的重要途径。随着京津冀地区城市化进程的加快和协同发展进程的深入发展，区域城市群的组织形态和空间形式也在发生变化。由中心城市及周边城镇相结合的圈层空间发展模式，将为资源最优配置和环境功能整合提供更多的空间载体。北京积极探索解决"超大城市病"这一世界性难题的有效途径，积极推进北京城市副中心功能完善和非首都功能疏解的同时，极化效应将不断增强，为区域其他单元的发展提供更多的空间和机会，辐射带动形成城市群的协同水平也随之提高，为区域深度协同奠定了基础。

二 京津冀城市群深度协同的主要障碍

（一）京津冀城市群重点领域关键环节的市场化改革需不断强化

京津冀城市群要素禀赋与空间分异是实现协同发展的基础，区域自组织和区际合作行为是协同发展的具体体现，重点领域关键环节的市场化改革是完善和创新京津冀城市群协同机制的关键。但是从目前协同发展的重点领域看，京津冀城市群在产业协同、体制机制创新、利益补偿与全面改革开放等重点领域还缺乏互补融合的协调机制，因此深度协同还需要进一步加快市场化改革。

（二）京津冀城市群内部发展不平衡不充分需要进一步破解

从产业结构的高级化程度看，2020 年京津冀三次产业结构比重分别为

0.3∶15.8∶83.9、1.5∶34.1∶64.4、10.7∶37.6∶51.7，北京和天津产业结构中第三产业比重均高于河北，三地产业结构差异明显（见图2）。

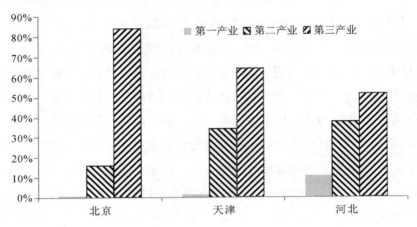

图 2 2020 年京津冀产业结构

　　从产业数字化水平看，北京数字化优势行业支撑作用明显，2020年北京信息服务业、金融业、科技服务业对服务业增长的贡献率合计超过50%；同期天津重点企业数字化研发设计工具普及率达到81.9%，生产设备数字化率达到53.3%，关键工序数控化率达到54.8%，产业数字化进程明显高于河北。从居民收入看，2021年京津冀三地居民人均可支配收入与人均消费差异依旧较大，京津两地保持着较高收支水平，北京、天津居民可支配收入达到了5.65万元和3.76万元，人均消费分别达到3.18万元、2.44万元，而河北省这两项均低于全国均值，人均可支配收入与人均消费为2.16万元和1.4万元（见图3）。因此，京津冀城市群内部发展不平衡不充分问题依然突出，需要深度协同发展建立有效体制机制，优化资源配置、提升协同发展能级和水平，逐步破解发展的鸿沟。

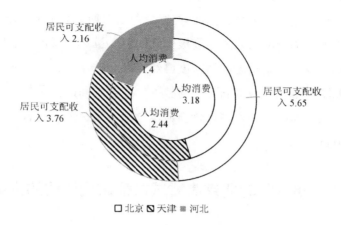

图3　2021年前三季度京津冀居民可支配收入和人均消费

（三）京津冀城市群系统性产业协同机制未能有效整合区域创新要素

作为京津冀协同发展的重点任务，北京在进行非首都功能疏解过程中，与津冀之间的承接缺乏有效衔接，集中体现在北京基础创新和原始创新仍然没有很好地在津冀实现转化。同时，京津冀创新资源空间分布不均衡现象较为显著，三地高校的创新活力尚未有效激活，虽然吸收、转化、投入环节和创新成果产出环节对区域协同创新的促进功能正在逐步完善，但是基础研发环节对区域创新产出的促进效果相对有限，北京和天津的创新成果主要流向京津冀以外地区，再加上京津冀三地的科技中介和知识产权保护主体发育不足，基础研发投入对区域协同创新的促进作用不能得到有效发挥。

（四）京津冀城市群创新要素优化配置的常态化供给机制仍较欠缺

《京津冀蓝皮书：京津冀发展报告（2021）》指出，京津冀城市群与其他城市群相比，其内部各城市在产业部门和创新部门复杂网络中与其他城市的关联程度较低，城市间产业部门与创新部门的节点度值差距较大，京津冀城市群内部创新主体活动的扩散效应较低。由于区域协同创新要素优化配置的常态化供给机制还存在欠缺，因此导致京津冀三地城市创新要素规模和能级差距过大，区域创新网络陷入过度极化的困境。虽然北京正在建设世界级创新中心，其自身创新集聚度和活跃度已经具有全球竞争力，但在缩小京津冀区域创新差距、带动区域创新合作与技术辐射等方面的作用与其世界级创新中心地位还不相匹配，中心城市创新溢出动力不足，缺乏强有力的创新次中心和创新节点。

三 "十四五"时期京津冀城市群深度协同的主要路径

（一）加快要素市场深度一体化

《京津冀协同发展规划纲要》明确了三省市各自的发展定位，依据三地的功能定位，北京作为京津冀协同发展的核心和主要引擎，加快市场化改革在优化提升首都功能中有序疏解非首都功能，加快创新驱动的引领，强化科技创新中心功能，加速融入全球创新体系，构建世界级创新平台，服务区域要素市场深度一体化。天津将全面落实"一基地三区"功能定位，以要素市场化制度创新倒逼产业结构、经济结构深度调整，充分利用自贸区、保税区、开发区等平台载体，提升京津冀区域整体开放度。河北紧抓住雄安新区建设这个"牛鼻子"，大力推进"三区一基地"建设，推进省域市场化改革和一体化发展，建立雄安高标准高质量发展的创新体系，加强与京津协同发展创新平台建设，加快廊坊北三县融入北京城市副中心发展格局。三地合力探索区域协调发展的体制机制和路径模式，在基础设施、产业布局、改革开放、公共服务、生态环境等重点领域深化协同创新，全方位宽领域多层面推进要素市场化改革，形成优势互补、各有侧重的创新发展局面，实现三地在重点领域深度一体化的率先突破。

（二）深化与拓展创新协同机制

京津冀深度协同发展需从供给侧和需求侧两端发力，从区域协同发展的需求侧出发，围绕满足京津冀三地产业创新发展的不同诉求需求，找寻三地产业链与创新链的有效对接方向，形成城市群内部创新主体的合理空间布局，发挥其在创新成果转化过程中的最大化作用。从区域协同发展的供给侧出发着力挖掘和培育北京创新资源要素和创新技术在津冀两地的应用场景，结合京津冀城市群各城市单元的创新要素禀赋和创新愿景，发挥北京创新中介集聚度的优势，辐射引领津冀两地创新主体加速集聚，提升京津冀各城市创新中介主体的集聚规模。三地强化区域合作与创新主体高度联动，注重创新高端人才的培养和服务，不断强化创新服务的重点产业政策环境。以推动数字化区域创新平台建设为契机，搭建中关村、海河、保定（雄安）三个区域性创新赋能中心，探索区域创新要素共生共融共建共享的京津冀协同发展模式。立足三地协同发展的功能定位，构筑区域创新要素的开放型合作网络矩阵，建设枢纽型的区域创新转化中介平台，推动"政产学研金介贸"跨界联动，打造区域创新创业创造的人才直通车、应用场景集和区域样板间，推动区域经济社会全域创新的深度融合发展，推动区域创新载体和体制机制的深度协同。

（三）加速产业疏解实现资源再配置

京津冀城市群深度协同需要在深化疏解北京非首都功能方面探索更多的路径，实现区域产业要素资源的再配置。京津冀三地政府积极引导产业资本和人才向重点疏解产业流动，推动产业疏解与要素资源流动的双向融合，引导产业链创新链深度融合的模式创新和业态创新，探索形成全新的区域资源配置模式和再生产模式。同时，三地统筹规划京津冀产业疏解的园区资源，加快京津冀区域现有产业疏解主要功能区的提质升级。以现代服务业为例，三地现代服务业发展现状呈现出北京较为发达，天津现代服务业与金融业融合度较高，而河北相对滞后的局面，若实现三地现代服务业深度协同发展，可以考虑三地围绕未来一定规模的数量级产业集群，构建高能级的区域服务业结构体系，合力搭建金融商贸、物流会展、研发设计、知识产权、信息服务等区域性服务业平台，为区域服务业高端化发展提供差异化的要素资源整合场域，以实现区域产业要素的再配置。充分发挥区域头部企业在创新中的主体作用，鼓励京津冀城市群头部企业建立以企业为主体的创新平台，增强企业在创新过程中的主体地位和引领作用，从创新链的源头上增强区域产业的创新供给能力。

（四）提升区域协同开放的全方位融合度

京津冀协同发展、"一带一路"倡议、长三角一体化、粤港澳大湾区是我国推进高质量发展的区域性战略引擎，更是构建新发展格局的重要支撑，要推动京津冀深度协同，必须实现京津冀协同发展与其他区域重大战略的联动，从而提升区域协同开发的融合度。通过与"一带一路"建设的联通，实现全球资源要素的整合和配置，以全方位高水平对外开放和国际合作推动区域产业创新的中高端价值链重构。立足世界级城市群尤其是湾区发展规律与趋势，超前布局环渤海湾区的战略谋划，充分借鉴粤港澳大湾区的建设模式和创新经验，推动环渤海大湾区要素布局与基础设施的储备建设。面向探索超大城市治理模式和人口经济密集地区有序疏解功能的有效开放模式，协同长三角构建重大区域性战略创新合作发展机制，建立高度开放和高效包容的泛区域化人才协同自由流动平台，抢占全球高端人才要素的区域制高点，推动京津冀城市群与长三角、粤港澳大湾区均衡发展，加快大区域板块之间的融合互动，为形成全国一盘棋的区域协调发展新体制机制进行有益探索。京津冀城市群准确把握加强与长三角、粤港澳大湾区互补互动，首先要认清自身的优势和短板，准确把握在国家发展战略中的定位与作用；以开放性、整体性、动态平衡性视角审视京津冀协同发展战略与其他区域发展战略，尤其是长三角一体化、粤港澳大湾区建设之间的有机联系。在此基础上，京津冀城市群发展要充分借鉴长三角、粤港澳大湾区发展经验，优化区域功能布局，面向环渤海、放眼东北亚，让京津冀城市群发展成为具有国际影响力和竞争力的世界级城市群，打造引领我国高质量发展的重要动力源。

（五）更好发挥区域中心城市主体功能与引领辐射作用

"十四五"时期京津冀深度协同创新的主要任务之一是加快区域创新网络次级节点的建设，大力培育创新次中心，重点提升滨海新区、雄安新区、石家庄、唐山等重要节点城市的创新水平，形成空间分布更为合理、辐射半径更小、创新作用弧更宽的区域创新网络结构。同时，大力推动津冀产业链与创新链融合，打造京津冀区域创新走廊，增强京津区域中心城市的创新主体功能，发挥中心城市对整个区域及周边区域的引领辐射带动作用。京津冀建设世界级城市群在探索中心城市引领城市群发展、城市群带动区域发展新模式上寻找更多突破，在促进区域内部均衡发展的基础上实现与其他区域板块之间的有效联动与健康发展。京津冀中心城市应积极分享区域发展成果、输出有效治理模式，形成更加开放包容的中心城市辐射带动格局，加速区域一体化发展进程。同时，北京、天津作为京津冀城市群中心城市，应积极推动城市群间协同发展政策的有效衔接，推动建立健全有效的区域及次区域合作机制，促进区域要素的自由流动和产业分工。北京要以副中心建设为机遇，合理布局首都城市空间，优化京津轴线布局，立足世界级城市群建设要求，积极谋划与周边区域的空间资源协同，促进京津两个超大城市间的共享合作，形成以京津为主体的世界级都市连绵带，为京津冀世界级城市群建设提供有力的空间支撑。

参考文献：

[1] 周灵玥、彭华涛：《中心城市对城市群协同创新效应影响的比较》，《统计与决策》2019年第11期。

[2] 叶堂林、李国梁：《京津冀蓝皮书：京津冀发展报告（2021）》，社会科学文献出版社2021年版。

京津冀城市群投资吸引力研究报告（2022）

董微微　天津社会科学院城市经济研究所副研究员

摘　要： 投资是经济循环中的关键环节，是区域经济发展的决定因素。提高投资吸引力、积极扩大有效投资，是构建国内国际双循环发展格局、推动实现高质量发展的重要举措。京津冀城市群的投资吸引力与长三角、珠三角之间存在一定差距，京津冀城市群内部各城市的投资吸引力差距较大，北京的引领作用突出，天津的投资吸引力位列第二，唐山、石家庄、廊坊等地的吸引力较为靠前。为进一步增强京津冀城市群的投资吸引力，需要拓宽有效投资、改善投资结构，完善产业配套，优化产业生态体系，提升服务效能，打造一流的营商环境。

关键词： 京津冀　城市群　投资吸引力　趋势

投资是经济活动的重心，是经济增长的决定因素。提高投资吸引力，积极扩大有效投资，是贯彻落实新发展理念、推动实现高质量发展的重要举措。地区投资吸引力的大小受到市场规模、投资成本、产业结构、创新能力、营商环境、基础设施等多种因素的影响。《环球时报》发布的《中国城市投资吸引力指数报告》将城市投资吸引力指数界定为"区位优势、经济发展环境、人力资源创新环境、营商环境、民生保障环境及国际化发展程度等六个层面"。深入分析和评估京津冀城市群投资吸引力的现状、存在的问题与薄弱环节，并提出对策建议，为进一步发挥投资对促进区域经济高质量发展、优化产业结构的关键性作用提供参考。

一 京津冀城市群投资吸引力总体状况

"十四五"时期，城市群建设依然是我国实施区域协调发展战略的重要载体，也是贯彻落实新发展理念的伟大实践。《中华人民共和国国民经济和社会发展第十四个五年规划和二〇三五年远景目标纲要》指出，发展壮大城市群和都市圈，分类引导大中小城市发展方向和建设重点，形成疏密有致、分工协作、功能完善的城镇化空间格局。"以中心城市和城市群等经济发展优势区域为重点，增强经济和人口承载能力，带动全国经济效率整体提升。""以京津冀、长三角、粤港澳大湾区为重点，提升创新策源能力和全球资源配置能力，加快打造引领高质量发展的第一梯队。"京津冀城市群作为我国北方地区的重要支撑载体，以 2.23% 的土地，聚集了全国 7.58% 的人口，实现 GDP 达到 8.6 万亿元，占全国 GDP 总额的 8.46%，成为我国经济发展的主引擎区域之一，呈现出较强的集聚性和规模效应。

从经济总量上看，京津冀城市群 13 个城市在 2020 年经济总量占全国 GDP 的比重为 8.46%，2021 年前三季度经济总量为 70231.25 亿元，占全国 GDP 比重为 9.72%，较 2020 年提高了 1.26 个百分点。但京津冀城市群的规模体量与长三角和珠三角城市群仍有一定的差距。2020 年，京津冀城市群人均 GDP 为 8 万元，高于全国平均水平（7.2 万元），但与长三角城市群（12.1 万元）、珠三角城市群（11.5 万元）仍有差距。

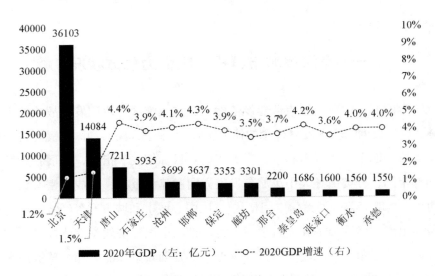

图 1　2020 年京津冀各城市 GDP 及增速

资料来源：各城市统计公报。

从人口规模看，2020 年京津冀城市群常住人口为 1.07 亿人，而长三角、珠三角城市群常住人口分别为 1.75 亿人和 0.78 亿人。根据各省市第七次人口普查公报，珠三角、长三角、京津冀城市群从 2010 年至 2020 年，人口增量分别为 2184 万人、1807 万人、588 万人，三大城市群的人口集聚能力在全国均处于前列，但京津冀城市群与珠三角、长三角相比，人口吸引力仍显不足。

从经济密度看，2020 年京津冀城市群地均 GDP 为 3999 万/平方千米，仅为长三角城市群地均 GDP 的 42.5%、珠三角城市群经济密度的 24.5%，这一指标反映出京津冀城市群单位面积上的经济活动利用效率和土地利用密集程度与长三角、珠三角城市群仍有差距，主要受到河北省各城市经济密度较低的影响。

从投资看，2020 年京津冀固定资产投资增速分别增长 2%、3% 和 3.2%，北京固定资产投资增速低于全国平均水平（2.7%），天津与河北省固定资产投资均高于全国平均增速。从房地产开发投资看，2020 年京津冀城市群房地产开发投资额为 11370 亿元，增速为 5.2%，其房地产开发投资额和增速均低于长三角城市群和珠三角城市群。

表 1　京津冀、长三角、珠三角三大城市群经济、人口、房地产市场规模

城市群	长三角	珠三角	京津冀	全国	京津冀占比
城市数量（个）	27	9	13	/	/
面积（万平方千米）	22.5	5.5	21.5	963.4	2.23%
2020GDP（万亿元）	21.2	9	8.6	101.6	8.46%
2020GDP 平均增速	4.00%	2.20%	3.60%	2.30%	/
2020 常住人口（亿人）	1.75	0.78	1.07	14.12	7.58%
人均 GDP（万元）	12.1	11.5	8	7.2	/
地均 GDP（万/平方千米）	9413	16292	3999	/	/
2020 房地产开发投资额（亿元）	30500	14085	11370	141443	8.04%
2020 房地产开发投资额同比增速	9.70%	8.70%	5.20%	7%	/

资料来源：北京中指信息技术研究院《2021 中国地级以上城市房地产开发投资吸引力研究》、各城市统计公报等。

二　京津冀城市群投资吸引力现状分析

（一）京津冀城市群各城市经济水平稳步增长

2021 年上半年，京津冀城市群各城市 GDP 均呈现恢复性增长态势，从 GDP 总量看，北京、天津、唐山位居前三，北京 GDP 为 19228 亿元，大幅领先于其他城市；天津 GDP 为 7309.25 亿元，超过天津 2020 年全年 GDP 的一半；唐山市 GDP 为 3805.4 亿元，居河北省各城市之首位；石家庄、沧州、邯郸、保定、廊坊、邢台 GDP 总量均在 1000 亿元以上，秦皇岛、张家口、衡水、承德 GDP 在 700 亿元以上。

从增速上看，京津冀城市群 13 个城市 2021 年上半年 GDP 同比增长速度排名依次为北京、保定、秦皇岛、天津、唐山、沧州、邯郸、衡水、张家口、廊坊、承德、石家庄、邢台。其中，北京的增速最快，呈现较强的增长动能，对京津冀城市群的带动作用最为突出；保定、秦皇岛、天津、唐山的增长势头较好，石家庄受疫情影响经济仍处于恢复中，增速较慢。

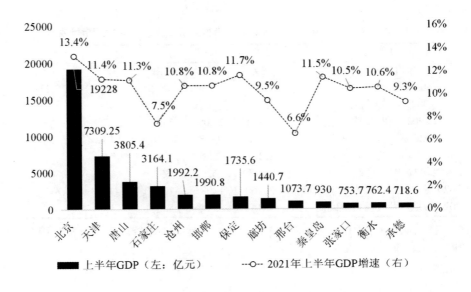

图 2 2021 年上半年京津冀各城市 GDP 及增速

资料来源：各城市统计局、政府网站等。①

　　从各城市 GDP 在京津冀城市群占比看，从 2014 年到 2021 年上半年，京津冀城市群各城市 GDP 对京津冀城市群的占比发生较大变化，13 个城市的GDP 占京津冀地区 GDP 的比重仅有北京的占比出现大幅度提高，其他 12 个城市 GDP 占京津冀的比重均有所下降。其中，北京 GDP 占比由 2014 年的32.04%提升到 2021 年上半年的 43.04%，增长了 11 个百分点；天津 GDP 占比由 2014 年的 23.63%下降到 16.36%，这与天津市新旧动能转换叠加，近年来天津市处于深度调整期相关；河北省各城市累计占比由 2014 年的 44.26%下降到 2021 年上半年的 41.12%，河北省各城市 GDP 占京津冀城市群的比重均有不同程度下降。

---

① 因河北省沧州、衡水、保定、张家口等城市 2021 年三季度数据缺失，因此采用 2021 年上半年数据。

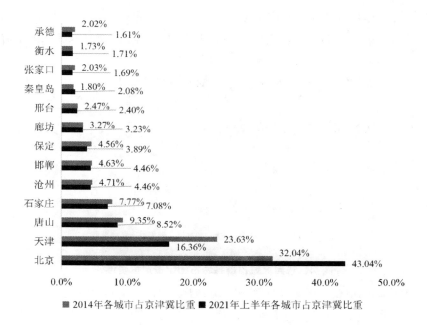

图 3 京津冀城市群各城市 GDP 占京津冀 GDP 比重

资料来源：中国统计年鉴、河北省经济年鉴、各城市统计局官网、统计月报等。[①]

（二）京津冀城市群固定资产投资出现分化

2021 年上半年，京津冀城市群各城市固定资产投资呈现不同变化，京津冀城市群 13 个城市固定资产投资增速由高到低依次为北京、保定、天津、唐山、廊坊、沧州、邯郸、秦皇岛、张家口、承德、衡水、邢台和石家庄，固定资产投资增速分别为 9.20%、7.60%、6.20%、5.80%、4.70%、4%、2.30%、1.90%、1.80%、0.10%、–0.90%、–30.20%、–32.10%，上半年全国固定资产投资增速为 12.6%，河北省固定资产投资增速为 0.4%。京津冀城市群各城市固定资产投资增速均低于全国平均水平，河北省各城市的固定资产投资增速总体不高，衡水、邢台和石家庄呈现负增长。

与 2020 年相比，北京、保定、天津、唐山 4 个城市 2021 年上半年固定

---

① 因河北省沧州、衡水、保定、张家口等城市 2021 年三季度数据缺失，因此采用 2021 年上半年数据。

资产投资增速均高于 2020 年增速，廊坊市持平，沧州、邯郸、秦皇岛、张家口、承德、衡水、邢台、石家庄 8 个城市固定资产投资均有不同程度下降。

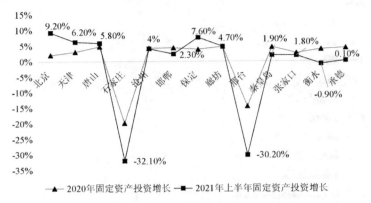

图 4　京津冀城市群各城市固定资产投资增速

资料来源：北京、天津统计公报，唐山市统计月报，各城市政府公开数据等。

（三）京津冀城市群产业投资结构持续优化

2021 年上半年，京津冀城市群产业投资结构处于深度调整期，京津两市第二产业投资增速较快，而河北省工业投资呈现负增长。2021 年上半年，京津冀城市群各城市工业投资增速排名依次为北京、张家口、承德、天津、邯郸、唐山、沧州、秦皇岛、衡水、廊坊、保定，其中北京、张家口、承德 3 个城市的第二产业投资增速高于全国平均水平（16.2%），天津、邯郸、唐山低于全国平均水平，而河北省其他城市的工业投资呈现负增长。

分区域看，北京第二产业投资同比增长 20.5%，其中，制造业投资同比增长 31.8%；天津第二产业投资同比增长 10.6%，其中，制造业投资同比增长 28.2%；河北省工业投资增速为–10%，[①]河北省 11 个地级市中，张家口、邯郸、唐山工业投资增速呈现增长，增速分别为 19.2%、9.7% 和 7.6%，其他城市工业投资均为负增长。京津两市在高技术制造业投资增速领先于其他行业，

[①]　《2021 年 6 月唐山市统计月报》，唐山市统计局。http://new.tangshan.gov.cn/zhengwu/ zw_tongjijutjsj/ 20210802/1206947.html。

北京高技术制造业投资同比增长 38.6%，天津市高技术制造业投资同比增长 42%，以战略新兴产业、高技术产业为代表的高端产业在京津加速集聚发展。

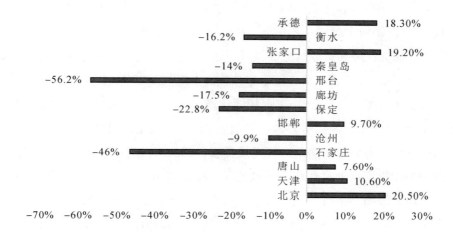

图 5　2021 年上半年京津冀城市群各城市工业投资增速
资料来源：各城市统计局官网、唐山市统计月报等公开数据。①

2021 年上半年，北京、天津、河北省第三产业投资同比增长分别为 9.7%、6.1% 和 5.1%。其中，北京金融业投资同比增长 6.6 倍；天津高技术服务业投资增长 26.3%；河北省在服务业投资占固定资产投资的比重为 58.9%，在生态保护和环境治理业投资、教育、卫生等民生领域投资分别为 13.1%、18.1% 和 16.7%。

（四）京津冀城市群投资领域不断调整

2021 年，京津冀城市群基础设施投资和房地产开发投资不断优化。前三季度，北京基础设施投资同比下降 6.2%，下降幅度不断缩小，房地产开发投资同比增长 10.8%，商品房施工面积为 13509.5 万平方米，商品房销售面积 777.4 万平方米，商品房施工面积、销售面积同比增长分别为 3.4% 和 28.2%。

---

① 北京、天津为第二产业投资增速，河北省各城市为工业投资增速。

前三季度，天津市基础设施投资同比增长 4.6%，增速快于上半年，房地产开发投资额为 1611.01 亿元，同比增长 7.3%，房地产施工面积同比增长 7.3%，新建商品房销售面积增长 16.1%，商品房屋累计销售额为 1184.84 亿元，同比增长 37.2%，[①]加大对"一老一小"社会事业投资力度，持续增加对教育、卫生健康、社会保障和就业的公共预算投入。[②]前三季度，河北省投资建设项目个数同比增加 1212 个，增速较上半年提高 9.5 个百分点，房地产开发投资额同比增长 11.7%，[③]房地产施工面积同比增长 21.9%，商品房累计销售面积为 2594.43 万平方米，商品房累计销售额为 2118.96 亿元，同比增长 15.8%。[④]

从京津冀各城市的房地产开发投资看，2021 年上半年，京津冀城市群各城市房地产投资增速呈现较大区域差异，按增速由高到低依次为唐山、秦皇岛、廊坊、沧州、邯郸、北京、承德、衡水、天津、保定、邢台、张家口、石家庄，分别为 42.90%、40.20%、32%、24.30%、20.20%、18.10%、17.60%、15.40%、10.90%、10.50%、7.40%、−2.90%、−6.80%，其中唐山、秦皇岛、廊坊、沧州、邯郸、北京、承德、衡水等 8 个城市房地产开发投资增速高于全国平均水平（15%）。

---

① 《2021 年上半年度天津市房地产投资、施工面积及销售情况统计分析》，https：//www.huaon.com/channel/industrydata/745145.html。

② 天津举行 2021 年上半年统计新闻发布会，http：//www.scio.gov.cn/xwfbh/gssxwfbh/xwfbh/tianjin/Document/1710380/1710380.htm。

③ "2021 年前三季度河北省国民经济形势"新闻发布会，http：//zhuanti.hebnews.cn/2021–10/25/content_8650925.htm。

④ 《2021 年上半年度河北省房地产投资、施工面积及销售情况统计分析》，https：//www.huaon.com/channel/industrydata/745161.html。

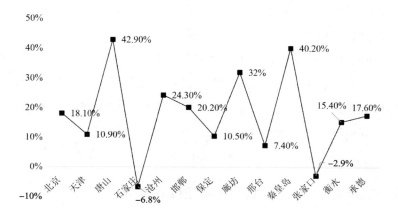

图 6　2021 年上半年京津冀城市群各城市房地产开发投资增速

三　京津冀城市群投资吸引力存在问题与制约因素

（一）京津冀各城市的投资吸引力差距较大

京津冀城市群各城市的投资吸引力呈现地区间差距较大的特点，京津冀城市群投资吸引力分层较为明显，北京处于第一层级，在京津冀城市群中居于头雁地位；天津处于第二层级，随着人才吸引力和营商环境持续改善，天津质量效益持续向好，在京津冀城市群内部依旧处于领先地位；河北省内各城市发展水平呈现较大差距，唐山、石家庄经济总量领先，沧州、邯郸、保定、廊坊处于中游，邢台、秦皇岛、张家口、衡水、承德的经济体量和吸引力较为靠后。

（二）重大投资项目开工进度仍需加快

从京津冀城市群固定资产投资看，京津冀城市群各城市固定资产投资增速均低于全国平均水平，河北省各城市的固定资产投资增速总体不高，且衡水、邢台和石家庄呈现负增长，重大投资项目的投入力度仍需强化。北京围绕基础设施、民生改善、科技创新及高精尖产业布局 300 项重大项目，建筑安装工程投资同比增长 9.6%，推动重大投资项目储备入库，项目开工率仍需提升；天津已启动两批次共 733 个、总投资 5647 亿元的重大项目，涵盖中国医学科技创新体系核心基地天津基地和高端装备、新能源、大数据等领域重点项目，河北省各城市深入开展重大项目升级加力行动，重点项目累计完成投资 7631.1 亿元。当前处于"十四五"开局之年，重大基础设施建设处于接续期，"十四五"大量的大型项目还没有到位，地方政府的投资库存不足，原材料价格上涨对一些行业产生冲击，从而导致整个投资接续受到了剧烈影响。

（三）产业生态和产业配套体系建设需要加强

京津冀三地按照优势互补、分工协作、协调发展原则推动高质量发展。北京通过疏解不符合首都城市战略定位的一般制造业企业，着力加强国际科技创新中心建设、推动高精尖产业发展，"十四五"时期培育新一代信息技术、医药健康、新能源汽车等万亿级产业集群，建设全球数字经济标杆城市。天津市坚持制造业立市，打造一批加快制造业高端化、智能化、绿色化、服务化发展，着力构建"1 + 3 + 4"现代工业产业体系，打造人工智能先锋城市，培育壮大生物医药、新能源、新材料等新兴产业，巩固提升装备制造、汽车、石油化工、航空航天等优势产业。河北省"十四五"时期大力发展先进制造业和战略性新兴产业，强化钢铁、装备制造、石化、食品等优势产业领先地位，布局发展高潜力未来产业。从京津冀三地"十四五"时期产业布局看，三地产业方向上有相近之处，在产业链和配套体系建设上仍需加强协同互动，营造良好的产业生态。

四　京津冀城市群投资吸引力预测及政策建议

（一）京津冀城市群投资吸引力预测

2021 年，我国经济运行稳定恢复，经济循环日益畅通，市场预期不断改善，支撑经济稳定复苏的积极因素不断增多。展望 2022 年，经济发展动能有望持续恢复，面临的内外部环境依旧复杂，也存在较多的不确定性因素，新冠肺炎疫情防控仍面临较大挑战，国内发展不平衡不充分问题仍然较为突出。随着京津冀协同发展战略深入实施，新型城镇化建设和城乡融合发展稳步推进，城市群承载能力不断增强，京津冀城市群的发展能级得以提升，发展潜力得以释放。

"十四五"规划重大项目深入实施，京津冀城市群的投资增速有望获得恢复性增长，但城市群内部各城市的投资分化可能更加明显；随着人口红利的消退和城镇化放缓，房地产调控政策的规范化和稳定，对房地产开发投资产生影响，京津冀房地产投资增长速度可能放缓；基础设施建设投资规模保持平稳态势，从地方财政收入和支出结构上看，在财政支出的投向上更加注重改善民生，在基础设施建设支出占比有所回落；制造业投资增速受到原材料价格影响，在企业成本压力较大的背景下，原材料价格上涨对很多行业产生较大冲击，制造业投资增速的提升需要有利润端的配合才能实现。

（二）政策建议

1.拓宽有效投资，提升各城市投资吸引力

发挥投资对区域经济发展的支撑作用，加大力度提高投资有效性，加快推动京津冀各城市"十四五"规划纲要中提出的重大工程项目的实施落地，加强重大项目储备和项目库的建设，不断积聚经济发展新动能，形成投资项目良性循环。加大高精尖产业投资布局，围绕新一代信息技术与制造业的深度融合，培育壮大生物医药、新能源新材料等战略新兴产业，巩固产业发展优势。创新融资机制，畅通融资渠道，大力引导民间资本参与投资。加强重点项目资金保障，推进重大基础设施建设项目落地进度，尽快形成工作量。积极推动能源投资稳定增长，特别是扩大新能源投资，推进能源实现绿色发展。扩大制造业设备更新和技术改造投资，推动产业转型升级，增强未来实体经济增长潜力。继续加大基础设施领域补短板投资力度，加强新型基础设施建设投入。

2.优化产业投资，促进产业结构调整

深入推进供给侧结构性改革，推动京津冀各城市优化产业投资结构，促进制造业高端化、智能化发展。鼓励加大技术改造投入，推进工业企业数字化、智能化升级。推动新产业、新产品、新业态投资布局。北京立足"四个中心"战略定位，充分发挥"一核"辐射带动作用，着力推动"五子"联动，打造高端商务、文化旅游、数字信息等千亿级产业集群，服务业扩大开放、数字经济和高景气产业发展将推动北京产业持续升级。天津坚持制造业立市，全面增强先进制造研发基地核心竞争力，深化京津冀产业协同，与京冀共同打造世界级先进制造业集群，建设国际消费、区域商贸"双中心"城市，持续优化营商环境，增强城市承载力和服务辐射功能。石家庄、唐山、廊坊等城市应加快发展现代产业体系和推动经济体系优化升级，依托京津两地产业发展和产业转移，优化产业结构，大力发展新能源、新材料等战略性新兴产业，推动生产性服务业向专业化和价值链高端延伸。

3.完善产业配套，打造产业生态体系

优化产业空间布局，完善京津冀城市群产业协同分工体系，打造跨界融合的产业链、价值链和创新链，精准施策，打造促进京津冀城市群产业发展的良好生态体系。加快区域的开放融合发展，形成错位发展、功能互补的产业结构体系。改造提升传统产业、大力发展新兴产业、积极发展现代服务业，构建高质量发展产业体系。通过产业链的合理分工，发挥各自的优势，推动区域经济深度融合，夯实世界级城市群的微观基础。完善京津冀城市群产业协同合作机制，制定具有针对性的优惠政策，吸引市场主体积极参与协同发展，以"政府想、市场做"的方式寻求京津冀产业协同发展突破口。加快京津冀产业转型升级，注重协作过程中的分工，构建现代化产业体系，依赖现代化产业体系实现京津冀城市群产业协同发展。

参考文献：

[1] 范红忠：《市场规模、地区投资吸引力与地区经济差异的逻辑解释及实证》,《财经研究》2004 年第 11 期。

[2] 中指研究院：《2021 中国地级以上城市房地产开发投资吸引力研究》, https：//fdc.fang.com/report/13916.html。

[3] 蒋奕廷、蒲波：《基于引力模型的成渝城市群吸引力格局研究》,《软科学》2017 年第 2 期。

[4] 宋鸿、张培利：《城市人才吸引力的影响因素及提升对策》,《湖北社会科学》2010 年第 2 期。

[5] 刘建朝、李丰琴：《京津冀产业协同政策工具挖掘与量化评价》,《统计与决策》2021 年第 20 期。

[6] 陆大道：《京津冀城市群功能定位及协同发展》,《地理科学进展》2015 年第 3 期。

基金项目：国家社会科学基金项目"创新生态系统视角下京津冀创新集群价值共创与治理机制研究"（课题号：20CJY030）。

天津国际消费中心城市建设研究报告（2022）

吕静韦　天津社会科学院城市经济研究所副研究员

刘　涛　国网天津市电力公司发展研究中心正高级工程师

李　维　国网天津市电力公司发展研究中心高级工程师

摘　要： 在世界百年未有之大变局和新冠肺炎疫情交织叠加的背景下，全球经济复苏存在不确定性。面对新形势，加快推进国际消费中心城市建设，既是服务构建新发展格局、深化扩大内需战略的需要，也是全面开启建设社会主义现代化大都市新征程的重要抓手。结合国内外建设经验，立足天津建设国际消费中心城市面临的问题，建议充分利用地缘优势，拓展外部消费市场；创新商圈载体形态，提升消费繁荣度；完善特色文化空间，增强城市活力；提升数字化功能，优化消费环境品质；联动特色旅游资源，充实"双城"消费格局；丰富交通网络场景，提升消费便利度。

关键词： 国际消费中心城市　消费市场　消费格局

一　国内外国际消费中心城市建设经验

作为现代化国际大都市的核心功能之一，国际消费中心城市是消费资源的集聚地，更是引领地区乃至国内外消费市场的制高点，国外知名消费城市在发展过程中形成了较为成熟的展会模式、交通纽带、配套设施、文化特色，为国际消费中心城市建设提供了经验借鉴。同时，国内首批 5 个国际消费中心城市已纷纷出台相关政策举措，积极推进国际消费中心城市建设。

（一）国外建设启示

1.以展会为契机，增强城市消费性能

国际展会一般拥有较强的国际影响力和吸引力，在展、销、售等方面具有较高水平的市场化机制和分类协同运作模式。如拥有百余年历史的巴黎航展，将军售和展演分别设置在后台和前台进行，后台军售的专业性和前台展演的观赏性融为一体，在集聚大批航空制造业供应商、分包商的同时，也吸引了大批观众前往，而免费参观著名的布尔歇航空航天博物馆的机会也极大地延伸了展会的消费性能。

2.以交通为纽带，延伸城市消费空间

成熟的交通网络是提高城市消费功能的基本条件，也是推进产业和消费互动发展的重要途径。便利的交通能够为消费者提供更加便捷高效的消费出行选择，如巴黎拥有直达很多欧洲城市的高铁、火车，并推出了自动驾驶汽车等交通服务，不断优化国际机场和公共交通系统，极大地方便了消费者往来；迪拜四通八达的立体交通网络体系不仅实现了国内外城市互联互通，而且将沙滩、机场、旅游景点和购物中心串联，使消费者通过地铁、轻轨、水上巴士等多种方式便利出行。

3.以配套为抓手，提升城市消费引力

完善成熟的配套是城市赢得国际消费者的重要因素。一是硬件设施的完善性。德国法兰克福市通过布局完善的场馆、酒店，将非产业基地成功打造为汽车消费城市和展览中心。二是软服务的优质性。巴黎的个性化服务与便捷的环境相得益彰，多层次满足了消费者的需求，大型购物中心向海外消费者提供多语种导购、退税、售后、咨询等配套服务的完善也极大提升了购物体验。

4.以文化为特色，丰富城市消费体验

城市文化为持续繁荣消费市场、丰富消费体验注入动力。很多国际知名

的消费城市通过为游客提供更具特色的文化体验，增添了城市消费的魅力，也为传统消费拓展出更多的增长点。如法国以香榭丽舍大街为中心，在蒙田大道、奥斯曼大道、圣奥诺雷街等多个特色商业街区发展丰富的时尚文化和节日主题活动，拓展了社交和娱乐功能，激发了消费潜力。而英国剧场文化成为伦敦文化消费的一大支柱，剧场的火爆带旺了演出手册、唱片、纪念品等衍生产品以及周边餐厅、酒吧、超市、旅馆、出租车等行业的消费，通常1英镑的门票收入可带动2英镑的附加消费。日本东京通过引入东京电影节、森美术馆等活动和设施，将动漫文化与商业、旅游观光相结合，使动漫成为吸引国际消费客流的重要渠道。

（二）国内实践探索

2019年10月14日，商务部等14部门联合印发了《关于培育建设国际消费中心城市的指导意见》，提出要用5年左右时间培育建设一批国际消费中心城市。2021年7月，商务部公布首批五座培育建设国际消费中心城市名单，包括上海、北京、广州、天津和重庆。自名单公布之后，培育城市先后编制了培育建设工作方案，推进国际消费中心城市建设。

1.上海

《上海市建设国际消费中心城市实施方案》提出，要突出高端资源集聚、市场创新活跃等优势，重点聚焦于集聚全球消费资源、提质扩容服务消费、引领全球消费潮流、建设全球影响力商圈、营造优质消费环境、完善政策制度体系和加强区域协同产业联动七个方面，着力打造全球新品首发地、全球消费目的地，全面打响"上海服务""上海制造""上海购物""上海文化"四大品牌。

2.北京

《北京培育建设国际消费中心城市实施方案》提出，突出大国首都功能，以打造具有国际影响力的消费地标、做好"首都文化＋"等为重点，提出全面实施消费新地标打造、消费品牌矩阵培育等"十大专项行动"，并配合实施方案出台多项创新政策和奖励措施，鼓励企业参与推进国际消费中心城市建设。

3.天津

《天津市培育建设国际消费中心城市实施方案（2021—2025年）》提出，将突出"津城""滨城"国际消费核心承载区"双核"形态，结合打造消费地标、聚焦消费国际化、打造引领消费新高地、提升国际消费环境、构建国际消费自由便利制度环境、构建区域消费联动发展格局等六大重点任务和二十五项细化举措，全力构建具备高知名度和美誉度的国际消费目的地、全球消费资源集聚地、全国消费者向往地和展示国内大市场风范的亮丽名片。

4.广州

《广州市培育建设国际消费中心城市实施方案》指出，围绕"国际范、广州味、强强项、补短板、增供给、优环境"，系统性谋划布局"四层次的国际消费中心空间体系"，构筑"一带两区一轴"世界级消费功能核心承载区、"5＋2＋4"的国际知名商圈体系、新型城市级商业中心、商业节点四个层次，创新规划理念，着力提升消费资源密度、通达便利程度、政策引领力度。

5.重庆

重庆在2019年发布《关于加快建设国际消费中心城市的实施意见》的基础上，提升了"十大工程"能级，围绕国际、消费、中心、环境四个关键词，提出将以建设国际购物、美食、会展、旅游、文化"五大名城"和实施"十大工程"为重点，升级打造三级消费平台体系，推进国际消费标志性商圈建设，加快培育富有巴渝特色、彰显中国风范、引领国际时尚、辐射西部、面向全球的国际消费中心城市。

二 天津国际消费中心城市的建设进展

天津拥有"一基地三区"先行先试的优越条件，以及优越的地理位置、成熟的商圈、浓厚的商贸传统和良好的市内交通条件，"津城""滨城"双城发展格局为天津建设国际消费中心城市提供了新动能，但与国际化消费城市形象仍有差距，对外部消费者的吸引力有待增强。

（一）天津国际消费中心城市特征分析

1.地理区位优势明显

天津地处中蒙俄经济走廊主要节点、海上丝绸之路的支点、"一带一路"交汇点、亚欧大陆桥最近的东部起点，是北京通往东北、华东地区铁路的交通咽喉和远洋航运的港口，是北方对外开放的门户、北方国际航运核心区和物流中心。

2.政策优势持续增强

《天津市培育建设国际消费中心城市实施方案（2021—2025年）》提出，经过3—5年的努力，将天津建成具备高知名度和美誉度的国际消费目的地、全球消费资源集聚地、全国消费者向往地和展示国内大市场亮丽名片的目标定位，并聚焦组织领导、政策引领、统筹推进中心城区商圈布局、唱好"津城""滨城"双城记、构建"洋楼＋"消费场景、提升老字号功能活力等，提出了6个方面25项具体任务，围绕国际知名度、商业活跃度、消费繁荣度、到达便利度和政策引领度，确定了38项评价指标，其中国家指标22项，天津特色指标16项，为建设国际消费中心城市提供了遵循。《天津市加快发展新型消费实施方案》为新型消费发展环境持续优化，促进新型消费发展的体制机制和政策体系更加完善提供了保障。

3.商业载体丰富

经地方申请、第三方评估，2021年7月，天津金街被商务部确认为第二批"全国示范步行街"之一。另外，天津还拥有五大道、意式风情区、欧式风情街、津湾广场等商圈，时代奥城夜间经济示范街区、运河新天地夜间经济示范街区、爱琴海老门口夜间经济示范街区等夜间经济示范区，以及海信广场、大悦城、万象城、万达商业广场、佛罗伦萨小镇等高端商业综合体，形成了传统与时尚并重、历史与现代交融的商业文化氛围和消费载体资源。

4.商贸传统较为浓厚

作为近代国内最早的通商口岸和北方最大的工商业城市，天津很早就以

"买全国卖全国、买世界卖世界"著称，蕴含着丰富的商贸基因，且得到较好的传承和延续。2021年6月16日至9月16日以市政府名义举办的海河国际消费季，是近年来规模最大的全市性促消费活动，累计举办600多场主题促销，国家统计局天津调查总队对40家重点商贸流通企业抽样调查显示，6—8月份累计销售56.9亿元，累计客流达到4000万人次，分别同比增长11.8%和22.4%。

5.市内交通基础良好

轨道交通是承载客流、物流、信息流、资金流的重要通道，能够促进城市消费资源集聚和消费能力释放。从流通运输看，2021年前三季度，交通运输、仓储和邮政业增加值同比增长8.3%，两年平均增长2.7%；从客流承载看，现有投入运行的地铁线路6条，规划中的线路13条，轨道交通网络初步形成，辐射影响范围逐步扩大。

6.会展经济效益初步显现

随着国家会展中心（天津）的投入使用，会展成为燃爆天津消费市场的新亮点。作为年度北方地区规模最大、品牌最齐全、规格最高的国际A级汽车展会，中国国际汽车展集聚全球首发、中国首发、概念车25台，吸引观展人数63.3万人次，实际成交15933辆，成交金额30.5951亿元。据第三方监测显示，第105届糖酒会参展客商3504家，成交额超120亿元，235家住宿、餐饮、百货、商业综合体等商贸流通企业8天累计销售13.3亿元，同比增长10.5%，较国庆黄金周高出2个百分点。

2021年，天津有包括万达广场东丽店、新城吾悦广场滨海新区店、KllSelect购物中心、仁恒伊势丹、津悦城等在内的十余座商业综合体开业，新增商业面积达150万平方米。"十四五"时期，天津市商业将迎来更大的发展契机，35座超过5万平方米的商场将建成开业，累计投资金额将超过200亿元，商业布局将填补蓟州、宁河、静海、宝坻等区域缺乏大型购物中心的空白，业态将更加丰富、多元，商业文化氛围将更加浓厚，为国际消费中心城市建设奠定更加坚实的商业设施载体基础。

（二）天津国际消费中心城市建设存在的问题

1.国际化消费的城市形象尚未形成

商圈业态较为传统，以传统餐饮、购物等商业布局为主，载体形态单一、风格传统，与现代市场需求存在差距，新业态和消费亮点对时尚性、潮流性的消费引领不足。商圈消费商圈时尚、专业等元素和特色不鲜明，差异化、特色化定位不明晰，引领时尚先锋消费和新潮特色消费的高端载体设施不健全，缺乏具有承接国际消费的标志性商圈和载体，缺少国际知名的主题消费设施和导向性消费地标，国际化商业中心和国际消费品牌集散地的城市形象有待深度打造。

2.特色资源的消费支撑力度相对较弱

立足津门、海河、天津卫等本土特点的文化没有得到充分彰显，运河、长城、航母等特色文化着力点的消费支点作用尚未充分发挥，消费商圈文化特色不鲜明，"老字号"文化价值链未能充分延伸，文化场馆和文化空间载体"活力"和"魅力"不足。天津港、航母、邮轮等具有核心竞争力的休闲文旅资源消费支撑功能没有形成。

3.交通运输功能与消费场景融合度不够

畅通市内外、国内外的交通网络智能化消费场景有待激发，交通网络串联消费空间和消费场所的便利度和多样性有待提升，交通载体与新型消费场景、智能消费形态的融合度需要加强，轨道交通地下空间利用不充分，涵盖超市卖场、餐饮美食、娱乐休闲、体验设施等的轨道交通消费载体供给形态较少，与现代化、潮流化消费趋势不匹配，难以对特定目标的消费群体产生磁极效应。

4."双城"联动消费格局尚未形成

城区之间的差异化和城市统一的符号化规划与设计有待加强，中心城区与环城区、市郊区的旅游资源串联度不高。"津城""滨城"双城联动的休闲旅游线路有待深度开发，中心城区与环城区、滨海新区之间的联动消费旅游线路和休闲观光线路较少，横向和纵向区域之间的消费功能融合度不够，影响本地居民和外地游客多样化消费需求和消费升级。

三 天津建设国际消费中心城市的对策建议

加快推进国际消费中心城市建设，增强天津消费的国际知名度、消费繁荣度、商业活跃度、到达便利度、政策引领度，围绕不断提升现有消费环境品质，提出如下建议：

（一）充分利用地缘优势，拓展外部消费市场

第一，探索京津冀联动消费模式。深度推进京津冀协同发展，以雄安新区建设和京津冀世界级城市群建设为契机，建设京津冀智慧旅游平台，发展区域智慧旅游产业，积极引进北京的国际消费资源，打造北京消费区的第二目的地、住宿地。以国家会展中心(天津)为依托，探索国际会议、国际会展、国际赛事联合承办模式和"会展＋景区/场馆"门票销售模式。利用、调动河北的自然资源、产业资源，探索京津冀国际文化旅游节等活动。

第二，提升对东北亚市场的吸引力。充分利用与东北亚地区地理位置相近但资源禀赋差异的特点，以邮轮母港建设为抓手，继续扩大开发邮轮旅游项目，丰富旅游产品，合理规划、衔接海陆空旅游路线，调动东北亚区域消费资源与旅游资源，吸引东北亚区域的游客。

（二）创新商圈载体形态，提升消费繁荣度

第一，优化商圈布局。加快推进"一带九轴九商圈"空间布局，着力打造金街步行街等具有全球影响力和美誉度高的地标商圈，推进大胡同等商圈提升改造，形成多支点格局。借助国际时尚主题活动，将商圈从单纯的购物场所转变为集体验、社交为一体的活动中心，提升消费活力和消费吸引力，形成消费资源聚集地。

第二，塑造时尚多元消费载体。聚焦时尚发布前沿，丰富时尚展演、路

演载体，拓展消费环节、消费元素、消费属性，差异化提升海信广场、大悦城、万象城、万达商业广场、佛罗伦萨小镇等消费支点，鼓励意式风情区、欧式风情街、津湾广场等商圈引入"剧本杀"、换装体验馆、减压博物馆、星空博物馆、街舞工作室等新消费业态，开发"夜购天津"消费路线，串联夜间经济示范区发展特色小咖吧、潮玩手办店等新型消费场景。联动和平路滨江道（金街）、五大道、朗香街、古文化街等主要商业节点发展"新国潮新消费"。用好V1汽车世界国际赛车场等载体，推进中国篮球博物馆建设，大力发展精品赛事消费。

第三，发展特色医疗综合体和教育综合体。引入日韩医美项目和国际高端医疗品牌，打造一批专业化、特色化高端医疗综合体。聚焦小白楼、滨江道和东疆港区等区域，发展学历教育、文体培训、职业技能培训等，布局一站式、多样化、面向全生命周期的教育培训综合体，构建"双城"教育消费载体格局。

（三）完善特色文化空间，增强城市活力

第一，突出海洋文化特色。联动东疆湾沙滩景区、邮轮母港、国家海洋博物馆、航母主题公园，引入国际海洋文旅品牌，策划国际海洋IP项目、国际水上赛事、国际海洋文明度假项目，打造特色鲜明的"滨城"亲海形象，塑造京津冀国际旅游度假新坐标和沉浸式海洋主题休闲目的地。拓展邮轮母港欧美航线，与大连、青岛、上海、三亚等国内邮轮码头协同开发国内邮轮旅游精品线路和邮轮旅游岸上产品，打造"邮轮旅游消费航线"。

第二，拓展津韵文化空间。加强文化娱乐节目和影视剧制作和宣传力度，突出大运河文化、长城文化，挖掘红色文化、商贸历史文化、饮食文化，延伸"老字号"文化价值，充实消费文化内涵。用好用活天津的城市资源与文化品牌，彰显历史人文特色，撰写"名人在天津"故事，打造"津沽文化""津味文学"品牌，重塑"曲艺之乡"形象。

第三，构建融合性文化消费体系。将本土性与世界性融合，传统性与现代性融合，推动各类地域资源与旅游产品开发有机融合，发展一批具有地域

特色、本土气息、古今融合、中外交融的消费场所和消费项目。联合滨海新区文化中心图书馆等网红资源，开发"图书馆＋""文化馆＋"等一批公共文化空间，积极发展书咖等文化消费商业模式。

（四）提升数字化功能，优化消费环境品质

第一，以数字赋能历史街区。加强对古文化街等特色景区的数字化升级和智能化管理，发展"动漫＋"主题空间，提升泰安道等历史文化街区，打造"全场景引流＋新消费体验＋智慧化管理"的"数字化历史文化街区"。

第二，打造数字化网红拍摄地。推动 AR/VR、大数据技术赋能天津音乐厅、天津大剧院等传统文化载体，建设网红打卡街区和废弃工厂等闲置资源直播带货基地。

第三，打造数字商务新标杆。发展面向数字经济产业的示范性商圈，完善商务载体数字化功能，引入 24 小时智慧商务管家，发展万物智联标杆商务载体，以优质商业生态提升数字化消费的活跃度。

（五）联动特色旅游资源，充实"双城"消费格局

第一，打造"双城"消费格局。拓展"津城"休闲旅游线路，以建筑、津韵、文博等为主题，打造多条具有本土地域特色、古今中外交融的城市休闲体验项目。完善"滨城"文旅点位生活配套设施，集成欢乐谷、方特等主题乐园和盘山、湿地等资源，开发多款"津城—滨城""中心城区—环城区—市郊区"旅游项目。

第二，创新旅游主题。将文化旅游与商务旅游、学术旅游等结合起来，打造"百年教育在天津""万国建筑聚天津""近代历史看天津"等文化历史标签，开发文化类、建筑类、历史类等学术旅游线路，依托博物馆、纪念馆、名人故居、旧址等开发红色旅游路线，建立爱国主义教育基地等。将季节性景观、国际化大型娱乐中心、创意文化艺术区与具有东西方韵味的餐饮元素融合，打造深度游、体验游项目。充分利用大运河和长城两个世界文化遗产资源，丰富文化旅游产品，充分展示天津文旅融合发展新形象。

（六）丰富交通网络场景，提升消费便利度

第一，提供连接全球、通达顺畅的智能化消费场景。构建辐射东北亚的海陆空一体化立体运输网络，完善东北亚区域物流网络体系，加快城市公共交通网络尤其是轨道交通网络与高铁、机场互通，完善城际、城内交通网络和信息、物流设施体系，推进高铁换乘功能和地铁公交换乘功能智能化、数字化发展，推动高铁支点功能和城市轨道交通建设融合。

第二，畅通京津冀轨道交通、公共交通衔接。建设"轨道上的京津冀"，加强京津冀空港、海港、陆港的融合，推进京津冀交通一体化。依托"海陆空"一体化交通枢纽建设，结合季节性客流量变化，联创"景区—生活点位"通景交通系统，打造多款"津城—滨城""中心城区—环城区—市郊区"公交线路。

第三，延伸交通载体消费属性。加快地铁上盖商业和地铁内延综合体开发建设，开启"建设＋运营＋经营"和"地铁＋商业"新模式，营造超市卖场、餐饮美食、娱乐休闲、体验设施等多位立体的轨道交通消费载体，完善"交通＋消费"业态供给。

参考文献：

[1] 吴欣阳、郭武燕：《产业与消费"双升级"背景下零售业数智化转型研究》，《商业经济研究》2021 年第 20 期。

[2] 刘金山、杜林：《论以消费动能提升为核心的国内国际双循环》，《消费经济》2021年第 10 期。

[3] 简新华、程杨洋：《构建新发展格局的四大战略和两个有机结合》，《上海经济研究》2021 年第 8 期。

[4] 黄群慧、陈创练：《新发展格局下需求侧管理与供给侧结构性改革的动态协同》，

《改革》2021 年第 3 期。

[5] 许永兵：《扩大消费：构建"双循环"新发展格局的基础》，《河北经贸大学学报》2021 年第 2 期。

[6] 广州市统计局、国家统计局广州调查队：《2020 年广州市国民经济和社会发展统计公报》，http：//www.gz.gov.cn/zwgk/sjfb/tjgb/content/post_7177238.html。

天津北方国际航运核心区建设研究报告（2022）

石森昌　天津社会科学院经济分析与预测研究所研究员

摘　要： 多种因素导致从 2020 年下半年起全球航运业进入新一轮景气周期，而且有迹象表明景气周期仍将维持一段时间。北方国际航运核心区建设成绩斐然，枢纽港口功能日益凸显、政策支持体系持续完善、港航生态圈更显活力、航运服务能级进一步提升、营商环境持续优化以及绿色智慧港口引领发展。全球航运景气周期在 2022 年仍将持续一段时间，雄安新区建设和京、津两地经济发展可能会超预期，北方国际航运核心区建设面临新机遇。预计 2022 年全市港口货物吞吐量将超过 5.2 亿吨，外贸货物吞吐量将超过 2.9 亿吨，集装箱吞吐量突破 2000 万标准箱。要加快推进港航协同高质量发展，打造北方港航科教创新高地，加快港口旅游创新发展以及探索"元宇宙＋港口"产业发展。

关键词： 航运枢纽　港航协同　景气周期　元宇宙

一　国际航运业发展现状

（一）多重因素推动全球航运业进入景气周期

2021 年以来，货币宽松和补贴政策导致需求充足，供需关系的失衡导致全球对集装箱船舶运输需求的激增，尤其是亚洲和北美之间的集装箱运输需求快速增长。运输需求飙升导致北美港口到港船舶数量剧增，远超疫情下的港口正常生产能力，最终导致北美港口拥堵和全球集装箱空箱短缺，推高全球集装箱市场价格，全球航运业意外进入一轮景气周期。始于2020年下半年的这一轮全球航运业景气周期，使得中国出口集装箱运价指数由2020年1月的927.91上涨到2021年9月的3173.57，增长了242.01%。

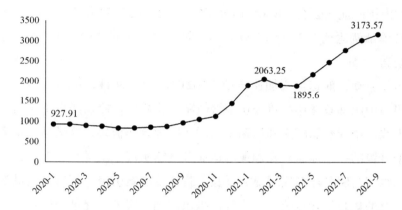

图 1 2020 年 1 月至 2021 年 9 月中国出口集装箱运价指数增长趋势

集装箱价格的暴涨引来监管部门的关注，在全球航运监管峰会后，全球航运巨头通过不同方式纷纷表示将停止即期运价上涨。但航运价格回归最终还得由市场供需来调解，全球航运景气状态很有可能仍将持续一段时间。

全球集装箱运输平台 Seaexplorer 开发的拥堵指数显示，截至2021年10月20日，全球主要承运人仍然有超过683艘船舶停泊在世界各地的港口外，创下全球港口拥堵新的历史高峰。美国调查公司 Descartes Datamyne 公布的最新数据显示，亚洲运往美国的集装箱数量到2021年9月已连续15个月超过上年同期数字，创下历史新高。因此，海运价格高位运行的状态有可能还会持续一段时期。

（二）景气周期引发全球航运新变局

扩充运力，新船订单连创新高。新一轮航运景气周期使得航运企业有足够现金更新运力。在国内，2021 年 9 月，中远海控宣布，其下属公司将以超过 100 亿人民币的总价格，向南通中远川崎、大连中远川崎订购 10 艘集装箱船舶。从全球看，英国交通研究机构克拉克森的数据表明，2021 年上半年全球新船订单量已达到 2380 万 CGT，共计 520 亿美元，是 2014 年以来七年中的最高水平，已经超过了 2020 年全年的 2190 万 CGT，共 475 亿美元的水平。波罗的海国际航运公会（BIMCO）的报告表明，仅 2021 年上半年，全球集装箱船订单量就达到 317 艘约 290 万标准箱，比去年同期增长 10 倍，创下 16 年来新高。

多轮驱动，航运巨头加速转型。2021 年 6 月 29 日，世界航运巨头马士基集团与中国邮政速递物流公司签署战略合作协议，协议涵盖了海运快船、航空干线、全球仓储配送和铁路多式联运四大合作板块，这是马士基集团加快转型升级的一个缩影。在确保海运业务继续实现稳定增长前提下，马士基将推动物流与服务业务实现显著增长，打造发展新引擎，其目标是最终成为一家综合的集装箱物流公司，为客户提供端到端服务，促进全球贸易发展、社会经济繁荣。

（三）港航智能化数字化向纵深挺进

无人驾驶船舶技术进一步成熟。2021 年 9 月，我国首艘面向商业运营的、具有智能航行能力的运输货船"智飞"号在青岛顺利开展海上测试。该船总长约 110 米，型深 10 米，型宽约 15 米，设计航速为 12 节，载重 300 标准箱，是目前在建的全球吨位最大的智能航行船舶。船上有人工驾驶、远程遥控驾驶、无人自主航行三种驾驶模式可选，能够实现航行环境智能感知认知、航线自主规划、智能避碰、自动靠离泊和远程遥控驾驶等功能。由挪威公司 Yara 研制的无人驾驶零排放集装箱船 Yara Birkeland 即将首航，该船以电池为动力运行，设计最高速度为 13 节，实现零排放，没有配备船员，航行中可携带 103 个集装箱。

新型港航智能设备设施纷纷涌现。汉堡港正在测试一套伯格运输系统，计划用磁悬浮技术来运输集装箱，已经在森根塔尔的试验轨道上进行测试，计划在 2021 年 10 月 11 日至 15 日召开的汉堡智能运输系统世界大会（ITS world congress）上展示用于集装箱运输的磁悬浮测试轨道。国际港口运营公司 DP World 宣称，一种新型全自动集装箱智能堆场系统——Boxbay 垂直存储系统已结束 6 个月的试用期，实验结果显示其性能好于预期。DP World 声称，该堆场的容量是传统堆场容量的 3 倍，使用土地面积可以减少 70%，能源成本减少 29%。山东港口积极推动全球首创智能空中轨道集疏运系统的研发，实现"空轨 + 集卡"的作业模式。该系统占地面积仅为公路建设的 30%，建设成本比铁路方案节省成本 50% 以上，可以有效避免传统铁路方式导致的进出港效率低下和导致的城市拥堵问题。

二 2021 年北方国际航运核心区建设进展

（一）枢纽港口功能日益凸显

港口综合服务功能进一步增强。2021 年以来，天津港围绕"六个聚力""十大战役"，全面实施"一二三四"强港兴企战略，高质量建设世界一流绿色智慧枢纽港口。港口辐射力进一步提升，开通覆盖欧洲、东南亚、日韩的 7 条外贸新航线，增加多条通向内陆腹地的海铁联运新通道，加密环渤海内支线航线密度。智慧港口建设进入新阶段，天津港北疆港区 C 段作为全球首个"智慧零碳"码头正式投产运营。持续推进绿色港口建设，争创"公转铁""散改集"示范品牌，铁矿石铁路运输占比提升至 65%，位居行业领先水平。船舶停靠效率连创新高，直靠率保持在 90% 以上，连续打破港口各货类装卸记录 13 次、集装箱外贸干线全球纪录 3 次。港航联动取得新进展，中远海运港口收购天津港集装箱码头有限公司 34.99% 股权，推出"海上高速–FAST"内贸航线品牌。打响"津港服务"品牌，"津港四千，天天为你"入选国务院国资委品牌建设典型案例，是全国港口行业唯一入选的案例。2021 年前三季度，全市完成港口货物吞吐量 4.03 亿吨，同比增长 4.5%；外贸货物吞吐量 2.21 亿吨，同比增长 2.1%；集装箱吞吐量 1580 万标箱，同比增长 14.8%，创出历史新高，在沿海主要港口中位居前列。

全球航运中心地位持续提升。英国劳氏日报发布的"2021全球100大集装箱港口排行榜"中天津港位列第8名，比2020年的排名前进一名。在最新发布的《2021新华·波罗的海国际航运中心发展指数报告》中，天津排名全球航运中心第20位，与去年持平，但得分有小幅上升，由2020年的58分增至2021年的58.7分。

（二）政策支持体系持续完善

北方国际航运枢纽建设地方立法。2020年7月，国家发展改革委、交通运输部联合发布《加快天津北方国际航运枢纽建设的意见》，提出加快建设以天津港为中心的国际性综合交通枢纽。2021年7月，天津市审议通过《天津市推进北方国际航运枢纽建设条例》，并于2021年9月1日正式实施。《条例》围绕规划与基础设施建设、智慧创新发展、安全绿色发展、现代航运服务体系建设、航运营商环境建设等方面做出明确规定，为加快天津北方国际航运枢纽建设提供法治保障，为实现港城协同发展提供有力支撑。

"十四五"规划确立国际航运枢纽建设重点任务。《天津市综合交通运输"十四五"规划》提出，建设智慧绿色、世界一流的国际海港枢纽是天津"十四五"期间交通运输领域的重点任务。围绕提升港口设施能级、提升港口智慧水平、提升港口绿色水平、增强港口国际影响力、促进港产城融合发展、完善港口集疏运体系、优化升级津冀港口合作等方面，《天津市综合交通运输"十四五"规划》对推进北方国际航运枢纽建设做出了具体部署，致力于打造京津冀协同发展的重要支撑、"一带一路"倡议的重要支点。

邮轮经济再获政策支持。继2018年出台《天津市邮轮旅游发展三年行动方案（2018—2020年）》后，2021年9月天津市再次出台促进邮轮经济发展的新政策——《天津市人民政府办公厅关于加快天津邮轮产业发展的意见》。《意见》指出，要加强邮轮产业发展顶层设计，加快推进天津国际邮轮母港建设，大力培育邮轮产业市场主体以及优化邮轮产业发展环境，致力于打造中国邮轮制造维修基地、中国北方邮轮旅游中心以及国际邮轮用品采购供应中心。

（三）港航生态圈更显活力

港航合作方式呈现多样化。2021 年以来，天津港分别与宁夏天元锰业集团、中国铁路北京局集团、中车长江运输设备集团、大连海事大学、中交第一航务工程勘察设计院、中国铁路太原局集团有限公司、山西省交通运输厅、华远国际陆港集团有限公司、中国华能集团有限公司华北分公司、湖南省港务集团有限公司、安徽省港航集团有限公司等企业和院校签署战略合作协议，与厦门象屿集团有限公司签署全面合作框架协议，与中远海运物流有限公司签署合作备忘录，与全球航运商业网络（GSBN）签署合作意向书，成功举办"四千行动"走进神木——兰炭服务推介会、走进甘肃客户座谈会。港航股权投资取得新进展，2021 年 2 月 26 日，天津港向中远海运港口转让天津港集装箱码头有限公司 34.99% 的股权。

推动构建内贸海运新模式。2021 年 4 月 23 日，连接天津港与广州港的"海上高速–FAST"航线正式运营，开启内贸海运新模式。2021 年 7 月 16 日，天津港集团与广州港集团联合泛亚航运、安通控股、中谷海运、信风海运等内贸航运企业联合发布"海上高速–FAST"品牌，发起成立中国内贸集装箱港航服务联盟。港航领域头部企业联手打造天津—广州"两港一航"精品航线升级版，强化南北港口联动协同，有助于深度挖掘南北海运大通道发展潜力，推动内贸港航服务生态圈创新发展，更好服务国内大循环、国内国际双循环的新发展格局。

市内港航部门强化联动协同。天津滨海机场与天津港集团签署战略合作协议推动构建海港空港联动发展新格局。国网天津市电力公司与天津港集团签署战略合作框架协议，共同推进建设能源电力"碳达峰碳中和"先行示范区，打造"零碳码头、低碳港口"示范区。天津海关与天津港集团持续深化全方位合作，做牢做实"船边直提""抵港直装"模式，推动关港集疏港智慧平台建设应用。天津港与天津边检总站、天津海事局、天津新港海关等机构建立常态化工作联席会议制度。

（四）航运服务能级进一步提升

陆海双向服务京津冀协同发展。天津港—石家庄海铁联运通道实现班列化运行，助力冀中地区外向型经济发展。天津港—石家庄海铁联运通道正式实施"一单到底"，开启京津冀地区海铁联运"一单到底"全程物流新模式。开通天津港—曹妃甸港欧洲原木进口集装箱全程运输中转路径，大幅降低客户物流成本。新建"鹿泉"和"灵寿"两个内陆港，密织京津冀地区服务网络。持续提升津冀港口间"两点一航"泊船作业效率，在泊船时效率达93.04自然箱/小时，创历史新高。津冀港口联动效应明显，已形成干支联动、无缝衔接、相互支撑的发展格局，19条内支线覆盖环渤海主要港口，天津港外贸集装箱航线中70%以上的货物来自京津冀地区。

积极服务广大腹地经济发展。与甘肃酒泉市签订合作框架协议，畅通酒泉洋葱外销外运物流渠道。采用重来重回的"钟摆式"运输方式，开行天津—呼和浩特海运集装箱海铁联运"牧草"班列。与山西华远陆港集团合作开通"天津港—山西公路绿色运输物流新通道"，打造集约、高效、绿色的津晋双向运输服务平台。成功运作首票新疆烧碱出口海铁联运业务，有力支持新疆外向型经济发展。首趟天津港—西北地区的"公转铁""散改集"敞顶箱专列成功发运，打通"西北矿石走廊"铁路大通道。开启天津—长春"一单到底"全程国际海铁联运通道，助力东北振兴。开通日照—天津港—东南亚的钢材转水运输"水上巴士"新航线，扩大转水内支线航线覆盖范围。目前，天津港在"三北"地区设立了超百家直营（加盟）店，海铁联运通道达42条，基本实现对内陆13个省份的覆盖，天津港70%左右的货物吞吐量和50%以上的口岸进出口货值来自天津以外地区。

（五）营商环境持续优化

制度创新提升跨境贸易发展活力。"仓储货物按状态分类监管"制度增强进出口企业"供应链"韧性，通过允许非保税货物以非报关方式进入海关特殊监管区域，实现与保税货物一起集拼、分拨，推动进出口企业业务范围由单一的保税货物仓储拓展为保税货物、完税货物与内贸货物同仓存储，丰富了企业货物类型、扩大客户群体，有效提高仓库利用率和提升企业市场竞争力。保税燃料油混兑调和业务启动是天津港对外开放的重要突破，在原有单一的保税油仓储、供应业务的基础上，拓展为保税油储运、调和加工以及供应业务，是天津港打造环渤海保税油调和中心、加注中心和分拨中心的前提条件，增强天津港对国际航行船舶的吸引力，助力天津港打造世界一流港口。

信息化智能化提升港口服务效率。在上线一批贸易物流便利化平台后，天津港实现集装箱业务线上受理率超 95%，集装箱主要业务单证电子化率达到 100%。"关港集疏港智慧平台"运行一年来已拥有 14000 个注册用户，服务 13000 辆物流车辆，为天津口岸推广"船边直提""抵港直装"作业模式提供强大支撑，有效降低用户费用、时间和人力成本，提升口岸通关效率。依托可视技术和大数据分析平台，科学制定生产组织计划，动态调整作业布局，提前规划好场地和路线，进口卸船作业效率攀上 728 自然箱/小时，出口装船作业效率攀上 496 自然箱/小时。

（六）绿色智慧港口引领发展

智慧外理"两个系统"上线。2021 年 6 月，具有国内领先、世界一流水平的智慧港口建设新成果"天津外理智慧理货系统""件杂货智能一体化项目"正式对外发布。天津外理智慧理货系统含集装箱、滚装汽车和件杂货三个模块，集理货生产、业务办理、客户服务、费用结算、企业管理等功能于一体，可大幅减少人工操作环节，缩短人工操作时长 87% 以上。件杂货智能一体化项目通过对件杂货理货作业流程进行标准化改造，推动业务的统一化、标准化、自动化和单据无纸化，有效提升了生产作业和业务办理的效率。

天津港智能拖轮获得全国首批认证。2021 年 7 月，"津港轮 31""津港轮 32"两首拖轮获颁签注有"智能船（智能机舱、智能能效、智能集成平台）"附加标志的中国船级社船舶入级证书，这是全国首批按照中国船级社《智能船舶规范》建造并取得认可的港作全回转拖轮，被列为国家智能船舶示范船。

这种智能型拖轮的自动化和智能化程度在国内乃至国际轮驳行业都是最高水平，对港作拖轮行业在船舶使用和管理方面具有颠覆性影响和发挥着行业引领的作用。

智能化新型设备助力智慧港口建设。天津港自主研发生产的人工智能运输机器人正式下线，并投入到天津港C段智能化集装箱码头进行测试。该设备具有智能化、轻量化、模块化的特点，可以为码头生产提供全天候水平运输服务，为传统集装箱码头自动化、智能化改造升级提供新的技术解决方案。研发成功国内首个散粮全自动取样设备，具有精准投放、降低损耗、采样快捷、数字化管控等功能优势，打造全自动、全封闭、无人值守的进口散粮取样作业模式，有效提升港口粮食货类生产作业及采样效率。

全球首个"智慧零碳"码头投入运营。2021年10月17日，天津港北疆港区C段智能化集装箱码头正式投产运营，这是全球首个"智慧零碳"码头，引领世界港口智能化、低碳化的发展趋势。该码头在全球港口智能化建设中具有四个领先优势：自主研发基于人工智能的"智能水平运输管理系统"，打造新一代智能港口建设的"智慧大脑"；实现L4级无人驾驶在港口的规模化商用；以"5G＋北斗"融合创新打造全天候、全工况、全场景的港口智能化应用环境；遵循绿电自发自用、自给自足为原则，实现码头运营全过程零碳排放。

绿色港口建设生机勃勃。码头实现100%绿电供能，全港26个泊位实现岸基供电全覆盖，自有船舶岸电和低硫油的使用率达到100%，大力推进LNG（液化天然气）等清洁能源应用，加快港口机械清洁化改造。全市首个试点试用氢能重卡，探索"双碳"目标新路径。生态环境（大气）智能监测管控系统投入使用，是国内港口企业第一家针对大气环境六项指数、风速、风向、温湿度实时监测及趋势预测的系统。形成水支持系统的自循环，实现生产作业市政水季节性"零占用"。首套多功能轮胎冲洗设备投入使用，实现污水与固形物同时回收再利用。

三　2022 年发展展望

（一）港航深度融合带来新机遇

港航深度融合给港口企业带来新机遇。港航融合发展成为大趋势。2021年 7 月，包括广州港集团、福建省港口集团、浙江省海港投资运营集团、江苏省港口集团、安徽省港航集团、山东省港口集团、天津港集团、海南港航控股有限公司在内的八家港口集团与 GSBN 签约。2021 年 7 月 16 日，天津港集团与广州港集团联合泛亚航运、中谷海运、安通控股、信风海运等内贸航运企业发起了中国内贸集装箱港航服务联盟，为我国南北海运物流大通道建设注入新动能。2021 年 8 月 10 日，上港集团与马士基、达飞、地中海和长荣等全球知名航运物流共建东北亚空箱调运中心。由技术创新带来的数字化、智能化、平台化正在深刻影响港口与航运企业间的关系，为港航深入融合发展提供了新的路径和手段。而港航融合发展有助于推动航运、港口、物流、仓储、陆上运输等节点的一体化，完善综合物流供应链服务体系，催生物流贸易新模式。

（二）腹地经济不确定性带来新挑战

近年来，我国经济发展出现一个新趋势，即南北方经济发展差距在扩大，呈现南强北弱的特点。2020 年 GDP 前十名城市分别是上海、北京、深圳、广州、重庆、苏州、成都、杭州、武汉和南京，在北方城市中仅有北京入选 GDP排名前十。腹地经济发展水平决定了港口的兴盛。以我国的东北为例。近年来，东北经济持续低迷，东北三省地区生产总值占全国的比重呈现持续下降的态势，2017 年东北三省 GDP 占全国的比重为 5.41%，到 2020 年已经下降到 5.07%。东北三省经济发展低迷也影响了东北港口的发展。2017 年，大连港和营口港两港的货物吞吐量、集装箱吞吐量占全国的比重分别为 6.43% 和6.74%，到 2020 年已分别下降到 3.93% 和 4.07%，下降趋势明显，参见图 2。

2021 年前三季度，大连港货物吞吐量为 23620 万吨，同比下降 7%；集装箱吞吐量为 269 万标准箱，同比下降 37.2%，两个增速指标在沿海主要港口中都位居最后。

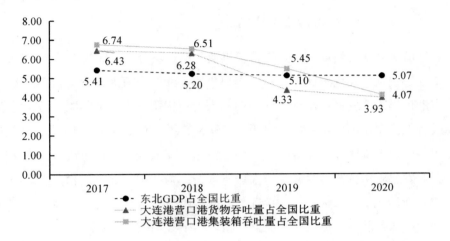

图 2　2017—2020 年东北三省经济和港口指标对比图

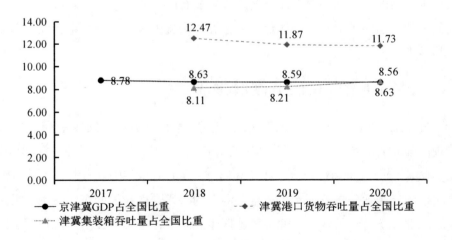

图 3　2017—2020 年东北三省经济和港口指标对比图

2017 年以来，京津冀地区 GDP 占全国的比重呈现下降趋势，由原来的 8.78%下降到 2020 年 8.56%；同时，京津冀地区港口货物吞吐量占全国的比重也在下降，由 2017 的 12.47%下降到 11.73%，参见图 3。因此，要推动以天津港为核心的北方国际航运枢纽持续健康发展，一方面要扩大天津港的辐射服务范围，另一方面要推动港城协同发展，为京津冀地区经济发展带来更多活力。

（三）2022 年主要航运指标发展预测

首先是对港口货物吞吐量进行预测。2021 年前三季度，天津全市的港口货物吞吐量达到 40355 万吨，同比增长 4.5%。利用 2017、2018、2019 年前三季度数据，通过比较分析，预计 2021 年全市港口货物吞吐量将达到 52887.79 万吨左右。为了进一步提升预测的精准度，基于港口货物吞吐量的历史数据，建立货物吞吐量的灰色系统模型，并对 2021、2022 两年的货物吞吐量开展预测，结果分别为 51571.83 万吨和 51413.66 万吨，参见图 4。综合考虑各种因素，预计 2022 年将超过 5.2 亿吨。

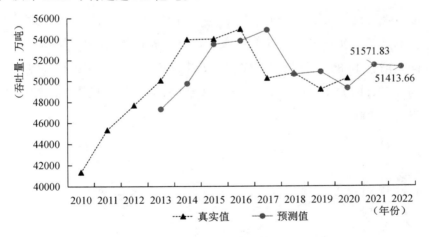

图 4　2010—2021 年天津货物吞吐量增长趋势图

其次是对外贸货物吞吐量进行预测。2021 年前 9 个月，天津市外贸货物总量达到 22134 万吨，同比增长 2.1%。依据外贸货物吞吐量的时间序列增长特点，采用灰色系统预测法，预计 2022 年全市外贸货物吞吐量将有望到达 28575.21 万吨。由于外贸货物吞吐量增长图非线性，使得仅仅由一种方法预测难以保证精度水平，对 2021 年的预测值再结合 2021 年前三季度的实际值，运用平均比例法，最终得到 2022 年的预测值为 28962.74 万吨，参见图 5。综合考虑各种因素影响，预计 2022 年全市外贸货物吞吐量有望超过 29000 万吨。

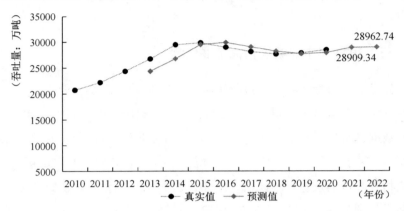

图 5　2010—2021 年天津外贸货物吞吐量增长趋势图

最后是对集装箱吞吐量进行预测。从 2010 年至今，集装箱吞吐量呈现稳步增长的趋势。2021 年前 9 个月，天津市已完成集装箱吞吐量 1580 万标准箱，同比增长 14.8%。运用增长模型对天津市集装箱吞吐量进行预测，2022 年达到 2021.11 万标准箱，参见图 6。综合考虑各种因素的影响，预计 2022 年有望超过 2000 万标准箱。

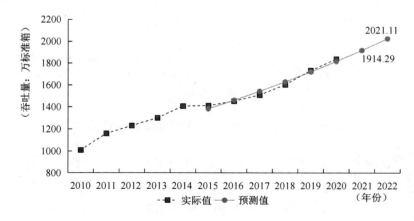

图 6　2010—2021 年天津集装箱吞吐量增长趋势图

四　对策建议

综合当前港口航运业发展的趋势，推进北方国际航运枢纽建设应着重从以下几方面着手。

一是加快推进港航协同高质量发展。深化天津港同航运龙头企业的合作，以中远海运港口收购天津港集装箱码头公司股权为契机，全面深化港口与航运企业合作，加快推动航运企业的全球运输网络、全程供应链网络、区域市场服务网络向天津港聚集，促进天津港对外航线开发和重点航线增量扩容，持续优化航线结构，实现天津港集装箱业务跨越式发展。加强与主要港口集团间的协同，以服务国内大循环以及国内需求增长为主导，围绕内贸喂给、南北联动、外贸中转等领域，加强天津港同国内主要港口间的协同，激活彼此战略价值增长点。加快畅通"端到端"全程物流大通道，围绕构建便捷、经济、高效的"端到端"全程物流大通道，进一步密切港口物流链上下游联系，提升港口服务腹地客户质量，降低客户物流成本，提升港口综合服务能力。

二是打造北方港航科教创新高地。加快筹建港航领域高水平大学，相关部门积极推动可行性论证，争取国家有关部门支持，统筹天津海运职业学院等已有港航科教资源，创办一所以港航为特色的高水平大学，立足于打造具有重要影响力的国内一流港航特色高校。规划建设港航科教产业园，建议在滨海新区选择合适区域建设港航科教产业园，与天津滨海高新技术产业开发区海洋片区实现联动融合发展，充分发挥集聚效应和规模效应，推动我市港航领域创新链、产业链、资金链和政策链"四链融合"，促进各项资源有效整合和高效利用，推动港航领域高质量发展。打造港航智库聚集区，建议在港航科教产业园内部或者周边建设港航智库聚集区，实现高新区海洋片区、港航科教产业园和港航智库聚集区三区联动，共同推动建设东北亚乃至全球港航领域创新思想的重要策源地。

三是加快港口旅游创新发展。做好港口旅游顶层设计。立足于把港口旅游打造成我市旅游标识品牌，以全域旅游理念指导港口旅游规划建设，确保提供更好的港口旅游体验，全方位展示港口资源，实现"以游促港"，带动港口经济发展。加快由"邮轮港"到"邮轮城"的转型发展，高水平规划建设邮轮码头周边区域，打造成为以邮轮综合服务、免税购物为特色，集餐饮、旅游、休闲、娱乐产业于一体的新型城市功能区，建设"邮轮城"。发展港口沉浸式旅游体验，充分利用智慧港口建设的科技感和海洋世界的神秘感，大力发展以港口海洋为主题的浸式旅游技术和项目。加大港口旅游短视频营销力度，建议在主要的短视频平台上开设专门的天津港口旅游视频号，积极发展港口云旅游和港口旅游直播。

四是探索"元宇宙＋港口"产业发展。随着全球首个"智慧零碳"码头正式投产运营，天津港建设世界一流智慧港口、绿色港口取得重大进展，成为以全新模式引领世界港口智能化升级和低碳发展的中国范例。引入最新科技发展技术和理念，继续引领智慧绿色港口建设成为天津港未来发展的重要任务。作为当今世界科技发展新热点，元宇宙极有可能带来新一轮互联网革命和产业变革，成为人类历史新的社会形态和经济形态。探索"元宇宙＋港口"发展，是开创智慧港口3.0建设的重要使命。积极推进"元宇宙＋港口"产业发展前瞻性布局，在充分了解元宇宙的核心思想、技术构成、潜在应用方向以及国内外元宇宙产业发展现状基础上，参考互联网、移动互联网与其他行业相互融合发展的历史，结合智慧港口、绿色港口建设的现状和未来发展需求，做好"元宇宙＋港口"产业发展前瞻性布局。

参考文献：

[1] 封云：《天津建设北方国际航运核心区现实差距与路径分析》，《天津经济》2019年第6期。

[2] 郑霖等：《天津港服务天津市融入"一带一路"建设研究》，《中国港口》2021年

第 5 期。

[3] 刘海艳:《上海国际航运中心与特殊经济功能区联动研究》,《经济研究参考》2021年第 5 期。

[4] 郭建科等:《国际航运中心高质量发展的内涵与路径———以大连为例》,《海洋经济》2021 年第 1 期。

[5] 李文增、杨海田:《发挥天津北方国际航运核心区作用大力发展国际航运保险业》,《求知》2021 年第 6 期。

天津金融创新运营示范区发展研究报告（2022）

沈艳兵　天津社会科学院经济分析与预测研究所副研究员

摘　要： 2021 年作为"十四五"的开局之年，天津金融创新运营示范区继续在金融生态环境建设、服务实体经济、加大科技创新等方面不断深化发展，在促进经济社会发展中发挥了重要的作用。《天津市金融业发展"十四五"规划》为未来五年天津金融创新运营示范区的发展确立了更高的目标。未来，在"十四五"的发展进程中，天津金融创新运营示范区建设将在双循环的发展格局中，着重在支持国际消费中心和国际货运中心建设、供应链金融、金融数字化发展、防范金融风险和培养引进高端复合型人才等方面发力，提升天津金融创新运行示范区的高质量发展水平，基本建成"服务实体有特色、监管稳定有成效、改革创新有活力"的金融创新运营示范区。

关键词： "十四五"　金融创新运营示范区　科技金融　金融生态

　　2021 年既是"十四五"的开局之年，亦是承上启下的重要发展阶段，9 月发布的《天津市金融业发展"十四五"规划》（简称《规划》）明确了未来 5 年天津金融业发展的目标：力争基本建成"服务实体有特色、监管稳定有成效、改革创新有活力"的金融创新运营示范区，到 2025 年，金融改革创新能力走在全国前列，在引领全国金融开放创新、服务区域经济社会发展中发挥更大的作用。

一　2021年天津金融创新运营示范区发展情况

（一）2021年天津金融发展总体情况

2021年上半年，天津金融运行一直朝着"稳、准、新、优"的方向发展，重点围绕"六稳""六保"目标任务，在金融宏观政策精准直达、服务民营小微企业、防范金融风险、金融改革创新等方面取得了显著成绩。

1.社会融资总量依然呈稳定增长态势，贷款需求较高

2021年天津经济整体发展呈现出稳中加固、稳中有进态势，金融运行依然延续上一年的向好态势，2021年前三季度，金融业增加值同比增长2.4%，两年平均增长3.8%。社会融资总量整体发展依然处于增长态势，截至2021年8月末，天津市金融机构（含外资）本外币各项存款余额35642.60亿元，同比增长3.59%，比年初增加1497.60亿元。各项贷款余额40712.89亿元，同比增长6.48%，比年初增加1853.51亿元。[①]从每月数据环比来看（图1），在近一年内，有6个月的本外币各项存款低于上月，各项贷款低于上月的仅有2021年7月，说明社会对资金需求意愿较高，金融机构的资金供给较为充分。

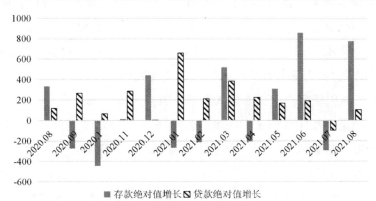

图 1　天津中外金融机构本外币存贷款各月环比增长情况图

数据来源：中国人民银行天津分行官网。

---

①　天津统计局官网，http://stats.tj.gov.cn/。

2.以政策为引领，持续优化金融服务

2021 年前后，政府部门和金融机构不断出台有针对性的发展政策，旨在通过政策引领，不断优化金融服务，助力招商引资、提质增效。政府部门紧密结合地方金融组织行政审批工作实际，持续夯实深化"放管服"改革成效，扎实推进"一制三化"审批制度改革成果落实落地，坚持把促进优质项目在津落地发展摆在重要位置，进一步强化招商引资意识，市金融局制定出台《进一步优化金融营商环境若干措施（第一批）》，坚持审批过程既重实质审核、严把标准，又重流程优化、提升效率，为金融项目提供优质高效的审批服务。2020 年底，银政部门联合印发《天津市金融支持制造业发展的指导意见》和《关于金融支持天津市重点产业链高质量发展的若干措施》，提出进一步推动金融支持天津市制造业高质量发展，强化多元化融资服务、强化精准化对接服务、强化专业化模式创新、强化考核监测等方面具体措施。

3.有效防控重点领域风险，保护消费者权益

小贷公司一直是金融监管的重点目标，监管部门在鼓励小贷公司降低贷款利率的同时，不断加大对小贷公司的监管力度，积极开展"失联"小额贷款公司认定清理工作，进一步净化行业环境。在公示了 136 家小贷公司名录之后又发布了《关于我市小额贷款公司进一步加强金融消费者权益保护工作的通知》，对辖内小贷（包括网络小贷）公司做出 6 点要求，主要包括："加强服务信息明示""规范利率和还款计划""合理确定授信额度""规范与第三方机构合作""妥善保管客户信息"以及"加大消保投诉处理力度"。

4.以创新引领融资租赁业做大做强，服务实体经济

融资租赁业作为天津金融领域的名片具有"融资""融智"双重特色，融资租赁企业凭借自身的信用、业务能力强等优势和政府的支持，从源头上获得资金活水，为服务实体经济发挥了重要作用。2020 年，我市共有 9 家融资租赁公司发行债券 78 笔，发行规模 531.3 亿元，同比增长 59.3%。其中，国网国际融资租赁有限公司发行规模最大，达 119.3 亿元，占比 22.5%；有 13 家融资租赁公司发行 84 只资产证券化产品，发行规模 368.6 亿元，同比增长 20.8%。

5.深化银企合作，对实体经济的信贷支持更加精准

全市金融部门积极调整优化信贷结构，助力构建新发展格局，对实体经济重点领域和薄弱环节的信贷支持更加精准。到 2021 年上半年末，76%的新增贷款投向企业部门；基础设施业和建筑业贷款同比增长 13.6%；制造业中长期贷款、高技术产业中长期贷款增幅分别达到 20.3%和 45.6%；普惠小微企业贷款增幅已连续 12 个月保持在 40%以上。同时，积极推进政府性融资担保业务发展，完善中小微企业营商环境，各金融机构以灵活精准、合理适度为导向开展金融普惠服务，北京银行天津分行与天津市担保中心联合推出了"'京津循环贷'批量业务产品"，其主要是服务战略性新兴产业、创业创新市场、"三农"等领域小微企业和个体工商户；人民银行天津分行亦加大了对民营小微、乡村振兴、科技创新、绿色发展等重点领域信贷投放，上半年全市各项贷款新增额创近三年同期新高，同时创新推广"小二生活"服务平台，惠及个体工商户超过 11 万户；加大融资服务平台推广应用力度，促成中小微企业融资是去年同期的 3.3 倍；积极推进动产和权利担保统一登记工作，动产融资统一登记公示系统登记量位居全国第二，等等。

（二）天津金融市场运行情况

总体看，2021 年上半年天津金融市场发展稳中有进、稳中出新、稳中向好，各类金融市场表现良好，但也有一些需要引起重视的问题。

一是银行业总体发展较好，全市金融总量保持了稳定增长态势，但值得注意的是不良贷款率较上年有所增加。天津银行业总资产和总负债额从 2020 年至 2021 年第二季度一直呈上升趋势，银行业税后利润波动较大，2021 年第一季度同比减少 55.68%，第二季度同比增长 39.07%。银行的不良贷款率 2021 年前两季度都高于 2020 年的四个季度的数值，这需要金融机构引起重视，监管部门对不良贷款率高的银行要加强监管，避免金融风险的发生。

二是保险业整体运行受大环境影响较大，金融服务功能较为突出，各项风险总体可控。截至 2021 年上半年，天津保险业原保险保费收入 394.79 亿元，同比下降 0.76%，其中，主要是财产险同比下降了 3.57%，人身险增加了

0.01%，特别是健康险同比增加了 14.79%；原保险赔付支出 87.24 亿元，同比增长 14.5%，其中财产险同比增长 23.46%，人身险同比增长 7.33%，健康险增长 29.52%，人身意外伤害险增长 59.52%。2021 年上半年保单件数减少 3489 万件，同比下降 29.87%。由此可以看出，居民对于自身的健康保障意识在不断提高，亦充分体现了保险的金融服务功能。

三是证券、期货、债券市场整体发展稳定，持续增长态势明显。2021 年上半年，天津市银行间市场发债融资 1376.86 亿元，全国排名第 8 位，同比增长 17.76%，高于全国增速 22.38 个百分点。截至 2021 年 8 月，我市共有上市公司 69 家，比上年同期增加 4 家，拟上市公司 28 家，挂牌公司 137 家，滨海新区占比居于全市首位，分别为 61.9%、57.14% 和 45.26%。上市公司总股本 879.82 亿股，比上年同期增长 7.35%，上市公司总市值 11272.18 亿元，比上年同期增长 33.16%。证券分支机构 185 个，河西区占比最多（25.95%），期货公司（6 个）和期货分支机构（33 个）主要集中于和平区。证券营业机构总资产 254.20 亿元，净资产 15.29 亿元，净利润 0.51 亿元，与上年同期值相比，分别增长 13.16%、-2.55% 和 30.77%。期货公司的总资产、净资产和净利润比上年同期分别增长 50.9%、15.2% 和 386.5%。[①]

（三）金融创新运营示范区建设的特征

金融业作为我市重要支柱产业在服务实体经济，促进经济社会发展中发挥了重要作用。同时，金融创新运营示范区建设也按照市政府的部署规划在逐步深化发展，主要呈现了以下一些特征。

一是特色金融业态集聚效应不断显现。天津金融创新运营示范区建设从 2015 年发展至今，已经初步形成特色金融业态集聚优势突出、国际化特征鲜明的区域金融中心。融资租赁、商业保理、私募基金、产业（公募）基金等构成了多种金融业态集聚发展的良好局面。截至 2020 年末，总部法人融资租赁公司达到 1764 家，资产总额约 1.8 万亿元；全市商业保理公司达到 674 家；

① 天津证监局官网，http://www.csrc.gov.cn/pub/tianjin/。

各类备案私募基金管理人 470 家、私募基金 1980 只，管理资金规模 8386 亿元；海河产业基金认缴规模 1239 亿元，累计投资项目和子基金 183 个，投资金额 221 亿元。

二是金融创新在全国处于前列。融资租赁、商业保理领域创新的"第一"尤其多，东疆港已经成为我国融资租赁创新高地。自贸区金融改革创新成果不断涌现，获批复制自由贸易（FT）账户体系、累计发布 70 多个金融创新案例、国内头部商业保理公司纷纷在津落地、增资等。一批首创性金融创新产品不断涌现，先后落地了全国首单"碳中和"资产支持票据、全国首批试点三家企业之一的"高成长型企业债务融资工具"、天津市首单乡村振兴资产支持票据和天津市首单绿色金融债券等专项创新产品。

三是金融服务实体经济的功能不断增强。金融服务实体经济主要表现为金融对制造业、农业、小微企业和个体工商户等的融资支持力度。截至 2020 年末，对制造业企业贷款同比增长 27.63%；本外币绿色贷款同比增长 7.9%；普惠小微贷款同比增长 45.5%；涉农贷款比年初增长 15.98%，中征融资服务平台业务辐射全国。银行间债券市场直接融资已帮助越来越多的绿色环保、科技创新、高端装备制造等战略性新兴领域的企业获得资金，助推天津经济结构转型升级和高质量发展。

四是防范化解重大金融风险取得积极成效。政府和金融机构一直以来都非常重视对金融风险的防控，从监管政策制定、监管措施实施到宣传防范等多方面稳妥有序地化解重点债务风险，如出台了《天津市地方金融监督管理条例》，把地方金融纳入法制化监管进程；非法集资案发量、涉及人数、涉案金额连续三年大幅下降；互联网金融风险专项整治工作圆满完成；各金融机构纷纷深入社区和高校等积极进行防范金融风险的宣传等。

五是金融生态环境持续优化。近些年，天津不断优化金融生态环境以降低金融风险、促进金融业的健康发展，主要表现为：第一，地区经济整体发展稳中有升，在供给侧结构性改革、去杠杆、降成本等方面逐步推进中取得成效，为金融业发展提供了良好的外部环境。第二，对外开放水平不断提升，自贸试验区成为改革开放的新高地，为金融的进一步开放发展提供了更多的机遇。第三，金融法治体系不断完善，出台了与金融相关的指导性文件，在加强金融商事审批、打击金融犯罪、加强执行力、推进金融与法律专业人才队伍建设、构建化解纠纷机制等方面为防范金融风险、维护金融安全方面提供了有力保障。第四，不断推进社会信用体系和信用平台建设，通过现代化科技手段实现信用数据的规范和共享，着重开展了中小微企业的信用体系建设等深化征信服务的措施，促进了金融的健康发展。

二　天津金融创新运营示范区发展中的问题

（一）供应链金融的发展水平有待提升

随着我国提出"加快形成以国内大循环为主体、国内国际双循环相互促进的新发展格局"的战略部署以来，从中央到地方对供应链及供应链金融的支持是前所未有的。供应链金融作为构建现代供应链的核心要素，在国家战略布局中的重要性日益凸显，各地方政府也相继推出一系列政策，不断加快供应链金融行业创新发展的步伐。我市也于2020年底发布了《关于促进中国（天津）自由贸易试验区供应链金融发展的指导意见》，虽然有了政策指导，但我市供应链金融发展仍面临诸多的挑战，包括政策如何进行落地、如何保证监管和创新的平衡等。供应链金融的发展水平有待提升，要把供应链金融落地，还是需要构建可持续发展的供应链金融生态，需要生态圈里各个参与主体共同推进。

（二）物流金融的发展对国际货运中心的支持不足

建设以天津机场和天津港为核心的海空货运双枢纽中心是我市"十四五"期间的重要发展方向。近年来，许多金融机构都把物流产业作为新的利润增长点，推出物流融资、物流结算、物流担保、物流保理等金融产品，形成了良好的物流金融的发展环境。但是，与国际发达的货运中心和国内上海、广州等发展较好的交通中心相比，物流金融的发展还有很大不足，主要表现为：

物流金融的相关法律法规不健全，由于物流金融发展起步较晚，国家和地方的法规特别是适用于国际物流发展的相关法规不足；物流企业发展受到一些金融政策的限制，对于融资等金融活动参与度不高；物流金融的相关风险控制仍处于探索阶段；物流企业自身发展因素也制约了物流金融的发展。

（三）对金融科技的监管力度仍需加强

我市一直重视金融监管问题，也取得了一些成效，但是与金融业态多样化、金融科技触角深度化的发展相比，天津对金融特别是金融科技的监管力度仍显不足。目前在金融科技发展中，天津缺乏来自国家层面赋予的金融监管权的支持，是现阶段天津金融科技战略制定和探索的最大瓶颈之一。随着天津金融科技发展生态全面发展，金融科技企业不断增多，表现出对金融科技监管的政策措施等相对发展缓慢，也加剧了金融科技发展不平衡的问题。

（四）优秀的复合型、专业型人才严重短缺

金融创新运营示范区建设最核心的因素之一是人才，科技金融、产业链金融、开放金融等诸多领域都需要更多高端的金融、科技、产业、外贸等复合型人才。专业性、复合型人才不足是天津金融创新运营示范区建设面对的困难之一。随着金融科技和产业链金融的快速发展，全国各地都对于高端复合型的金融人才和技术人才的需求度越来越高，天津"金融复合型人才缺口"问题也一直存在，如何吸引人才和留住人才是"十四五"重点要解决的问题之一。

三 天津金融创新运营示范区高质量发展的趋势研判

"十四五"天津金融发展将以基本建成服务实体有特色、监管稳定有成效、改革成效有活力的金融创新运营示范区为主线，在改革与创新、发展与服务、监管与稳定等方面加大发展力度，向重点区域和重点企业、向产业链和供应链、向新动能板块、向产融结合、向金融趋势前沿、向对风险的预判和防范

等方面不断延伸。

（一）以"先进制造研发转化"为目标发展产业链金融

《天津市制造业高质量发展"十四五"规划》中明确指出："天津在新发展阶段将坚持制造业立市，到 2025 年，我市将基本建成研发制造能力强大、产业价值链高端、辐射带动作用显著的全国先进制造研发基地。"金融作为经济发展的重要支撑保证，在制造业立市的发展中起到至关重要的作用，政府部门联合金融机构在中央《关于金融支持制造强国建设的指导意见》基础上，共同发布了《天津市金融支持制造业发展的指导意见》《关于金融支持天津市重点产业链高质量发展的若干措施》等多项指导性政策措施。未来关键是要把政府相关决策部署落实到位，更好地发挥金融支持"稳链、补链、强链"作用，提升金融服务实体经济水平，助力重点产业链高质量发展。主要在支持科技创新成果转化，支持改革开放先行先试和自主创新示范，提升产业链、供应链现代化水平，聚焦新动能产业和传统支柱产业高端化，促进产融良性互动等方面充分发挥金融活水的作用，高水平地服务天津"十四五"新发展格局。

（二）依托"国际货运中心"建设发展高质量物流金融

《国家综合立体交通网规划纲要》明确了天津要成为"国际航空货运枢纽"，《天津市综合交通运输"十四五"规划》中提出"将建设智慧绿色、世界一流的国际海港枢纽"是"'十四五'重点任务之一"。未来，物流金融将在海空国际货运中心枢纽建设中发挥重要作用，要打造北方国际货运融资中心，充分发挥金融的融资功能，把跨境融资租赁和国际保理业务继续做大做强，同时发展特色航运、海运国内外保险业务，不断拓展物流金融发展的深度和广度，一方面助力银行扩大贷款规模，降低信贷风险，另一方面助力中小型物流企业拓宽融资渠道，扩大经营规模，提高机场和港口物流供应链的整体绩效和运作效率，实现供应链良性互动和多方共赢，进而提高天津国际物流的综合竞争实力。

（三）以培育建设"国际消费中心"带动消费金融的提升

天津作为商务部率先开展国际消费中心的五个城市之一，在"十四五"规划纲要中明确提出"加快培育内需体系，建设国际消费中心城市、区域商贸中心城市；加快建设具有全球影响力的国际消费中心城市"。"消费"包括生活性服务和生产性服务，"国际消费中心城市"是将生产性服务和生活性服务融合起来，构架在一定的产业基础之上，实现各领域产业联动，促进消费融合创新。因此，天津在培育建设国际消费中心的过程中能够推动先进制造业与现代服务业深度融合发展，促进城市经济发展转型升级，进一步打造拉动经济增长的新载体和新引擎，在提升全球商品集散能力、扩大城市消费潜力、提高城市消费对外吸引力的同时，必然会推动金融等多个服务领域的对外开放，释放行业内部潜力，加快消费金融的发展。金融在国际消费中心建设中不仅是助力者，亦是受益者，为国际消费中心注入新的金融活力，激发新的消费潜能的同时，金融的扩大开放、产品创新、服务升级、数字化等方面都将得到飞跃式发展。

（四）以服务"津城"滨城"双城发展提升金融服务水平

"十四五"时期是天津加快实现国家赋予的功能定位。落实"津城""滨城"双城发展布局的重要阶段。在双城发展格局中，金融将发挥重要的服务功能，随着金融的进一步开放，不断集聚的金融资源将提升"津城"的现代服务功能，推动金融服务成为津城发展的重要支柱产业，在盘活生活配套设施、优化津城产业布局、承接北京非首都功能金融资源疏解、引进金融机构总部和金融科技公司等方面充分发挥金融服务功能，同时通过科技手段不断提升消费金融、普惠金融、绿色金融等发展水平。不断优化的金融服务将提升"滨城"的综合配套能力，通过推动金融资源与企业和产业链的深度融合，优化金融资源的空间布局等措施为滨城服务。金融机构通过创新多样化的产品和模式服务企业，推动金融资源与高端装备制造、智能科技、新材料、新能源、生物医药等重点发展的产业链和核心龙头企业深度结合，形成对滨城的多元化融资服务、精准化对接服务、专业化模式创新等。

四　天津金融创新运营示范区发展的对策建议

（一）坚持服务实体经济，积极推进供应链金融高质量发展

《"十四五"金融业规划》指出，借助自贸试验区、金融牌照齐全和港口等优势，发展供应链金融，为服务国内大循环和国内国际双循环提供金融支持。通过提升供应链运行质效，促进供应链、产业链现代化水平，促进我市实体经济的发展，探索供应链金融发展新模式、应用场景、产品形态和服务机制，让技术和金融双向赋能产业、形成良性金融生态圈是我市当前需要重点解决的问题。因此，需要政府、金融机构和企业等多维度联合，从扩大供应链参与主体范围、加大力度支持促进供应链金融领域的人才培养、制定切实有效的奖补措施助力推动供应链金融创新发展、充分发挥供应链金融平台的作用为更多中小企业提供供应链金融解决方案、加强供应链企业整体风险控制等措施加大我市供应链金融的发展。

（二）健全物流金融体系，加大对国际货运中心的金融支持

"十四五"时期更要积极打造北方国际货运融资中心，积极推进高水平、多层次的金融服务体系。加大海空货运金融创新力度，鼓励金融机构开发海空货运金融产品，在做大做强跨境融资租赁业和特色航运保险业的同时，加快推进国际货运核心区建设。同时，可以学习先进经验，设立"国际货运中心建设专项资金"和"海空枢纽建设专项扶持资金"，重点用于支持海空货运枢纽中心建设和促进海空货运功能性机构集聚。鼓励境内外各种社会资本参与天津国际货运中心建设，为国际货运业的发展提供资金服务。

（三）依托科技创新打造新的金融增长点，防范金融风险

首先，充分发挥科技优势，通过科技赋能金融，推动我市金融数字化建设，依托科技金融实现优势互补、产业共兴，打造新的金融增长点。用科技带动创新，用创新带动发展，用发展促进开放为原则，大力培育和引进金融科技企业，借助科技的力量深化金融改革。其次，为普惠金融深化发展、为推动外循环优化跨境业务等提供科技支撑，不断加强科技资源和金融资源的对接，健全金融风险防控体系。最后，在政府规划引导下，积极拓宽金融与科技结合的领域，加快科技赋能传统金融机构的步伐，例如大型银行、证券、保险机构等通过成立金融科技子公司等形成对外输出技术，不断扩大金融科技布局，中小机构借助技术优势整合多方资源，实现更大突破等。

（四）拓宽扩大内需的有效途径，推动消费金融多元化发展

在新发展格局下，金融的发展应以问题为导向，通过高效服务于扩大内需战略，发挥重要的助推作用。因此，我市在"十四五"期间，积极推动传统消费的升级和大力培育新兴消费增长点、统筹推进内部需求结构升级和扩大消费市场空间、基础设施投资建设升级改造和发展推广。充分发挥金融在服务扩大内需中的作用，不断优化金融结构，挖掘消费潜力；创新金融服务，引领投资导向；强化金融保障，维护贸易稳定等。推动消费金融服务多元化发展，拓宽消费群体和消费贷款的发展空间，规范消费金融机构发展，继续推动传统金融机构发展消费金融板块，综合运用消费金融工具，推动消费水平提档升级，让金融服务消费链乃至整个消费市场，着力打通生产、分配、流通、消费各个环节，使各类消费金融服务之间相互联系，助力打造健康的消费金融环境。

（五）强化人才培养机制，多举措集聚吸引高端复合型人才

针对高端复合型人才短缺问题，可以通过聚焦金融靶向引才优化金融服

务吸引人才。一方面围绕天津金融业发展对金融人才的需求，大力推动市场化选聘职业经理人进程，集聚和培育高端金融人才。吸引金融人才来津发展，为金融人才提供交通出行、职称评定、子女上学、家属就业、健康医疗等方面的优质服务。另一方面通过不断提升金融服务水平，持续优化金融发展环境，吸引各类优势产业和企业来津落户，以产业发展集聚优秀人才，以高端人才提升产业层次，实现产业与人才队伍共同发展，打造引才育才"强磁场"。而且，可以学习上海经验，制定《天津市重点领域（金融类）"十四五"紧缺人才开发目录》，通过紧缺人才目录精准制定引进人才的目标和方向。同时，利用天津优质的高校教育资源，有针对性地制定培养复合型人才的教育机制和用人机制，在吸引人才的同时更要留住人才。

参考文献：

[1] 王信、袁佳：《强化金融支持产业链现代化》，《中国金融》2021 年第 15 期。

[2] 岳付玉：《力争基本建成金融创新运营示范区〈天津市金融业发展"十四五"规划〉发布 17 条重磅措施》，《天津日报》2021 年 9 月 20 日。

[3] 王爱俭、林文浩、刘炀：《天津金融发展报告（2020）》，中国金融出版社 2021 年版。

[4] 中国人民银行天津分行货币政策分析小组：《天津市金融运行报告（2021）》，中国人民银行天津分行官网，http：//tianjin.pbc.gov.cn/fzhtianjin/113668/4264235/index.html，2021-06-18。

天津滨海新区经济发展研究报告（2022）

庞凤梅　天津滨海综合发展研究院助理研究员

段吉闯　天津滨海综合发展研究院副研究员

摘　要： 2021 年，滨海新区认真落实"双城"发展战略，积极推进生态、智慧、港产城融合的宜居宜业美丽滨城建设，经济运行稳中向上、质优效好，美丽"滨城"建设起步有力、开局良好。2022 年，滨海新区仍处于大有可为的战略机遇期，预测 2022 年滨海新区经济会保持总体平稳运行，地区生产总值增长 7% 以上，规模以上工业总产值增长 9%，一般公共预算收入增长 10%，固定资产投资增长 6%，实际利用外资增长 6%，实际利用内资增长 8%，城乡居民人均可支配收入与 GDP 同步增长。滨海新区在抓好常态化疫情防控的同时，应把握新阶段、贯彻新理念、融入新格局，发挥好产业优势、区位优势、制度创新优势等比较优势，积极主动融入双循环发展格局，认真落实京津冀协同发展战略，不断创新策源能级、产业引领能级、绿色发展能级、开放门户能级、公共服务供给能级及街镇发展能级，实现"滨城"高质量发展。

关键词： 滨海新区　滨城　经济预测　高质量发展

2021 年，是"十四五"开局之年，也是滨海新区落实"双城"战略，建设生态、智慧、港产城融合的宜居宜业美丽滨城的起始之年。滨海新区认真贯彻落实天津市委、市政府各项决策部署，巩固拓展经济社会发展成果，坚定不移实施创新立区、制造强区、改革活区、开放兴区、环境优区"五大战略"，全力推进民生福祉、文化繁荣、乡村振兴、社会治理"四大工程"，经济运行稳中提质、稳中向好，企业效益显著提高，新动能加快引育，经济运行趋势良好。

一　2021 年滨海新区经济运行情况^①

（一）国家战略深入落实，融入新发展格局成效明显

全力推进京津冀协同发展战略，引进北京项目同比增长 11%，协议投资额同比增长 16%。56 家央企二三级公司和项目落地，注册资金近 500 亿元。积极融入"一带一路"建设，中欧班列发行同比增长 17%。中非泰达合作区、意大利中小企业产业园等对外合作载体加快建设，国家文化出口基地获批。天津港绿色、智慧港口加快建设，C 段智能化集装箱码头项目投产使用，港口作业效率提升近 20%，集装箱吞吐量同比增长 15.8%。努力建设国际消费中心城市核心区和区域商贸中心城市核心区，积极引入各类贸易企业，限上商品销售总额同比增长 38%。跨境电商示范园区作用增强，B2B 出口额增长 2 倍以上。外贸进出口保持良好增势，进出口完成 3923.3 亿元，同比增长 10%；其中出口 1393 亿元，同比增长 16.6%。

（二）新动能引育持续发力，制造强区根基不断夯实

绘制工业现代产业体系高质量发展蓝图，发布《滨海新区 2021 年新动能引育工作方案》和滨城"1＋3＋4"产业工作手册。大力培育发展战略性新兴产业，连续三年获国务院督察激励，国家人工智能创新应用先导区获批。战略性新兴产业和高技术制造业增加值分别增长 13.2% 和 15.8%，均快于规模以上工业平均水平。"信创谷"、生物制造谷、特色细胞谷和北方声谷加快建设。"信创谷"集聚了以麒麟、飞腾、曙光、360 等上下游企业 1000 多家；国家合成生物技术创新中心在全球首次实现二氧化碳到淀粉的人工合成；康希诺

---

① 滨海新区经济运行数据均截至 2021 年三季度。

疫苗获批投用，科大讯飞 5G＋AI 应用示范工程加速推进。新入库国家科技型中小企业增长 24.9%。技术合同交易额增长 54.6%。高技术服务业及现代新兴服务业增加值增长 10.5%。"抖音产业园"聚集效应凸显，实现供应链企业、电商机构、品牌商家全产业链生态嫁接。

（三）改革创新持续深化，营商环境水平进一步提升

法定机构改革持续深化。自贸试验区滨海高新区联动创新区、中新生态城联动创新区揭牌成立，在国家超算天津中心和国家干细胞工程产品产业化基地建设自贸联动创新示范基地，实现"全域自贸"。推动要素市场盘活提升，设立北方大数据交易中心、天津粮油商品交易所、滨海国际知识产权交易所股权重整和业务创新加速。加快供应链金融创新，可信仓单为企业授信 23.5亿元。推广 FT 账户，开户 1009 个，收支规模 2835.9 亿元。积极推进自贸改革试点经验复制推广，"保税租赁海关监管新模式"入选全国"最佳实践案例"。着力打造营商环境新高地，在 18 个国家级新区营商环境测评中评价优秀。优化升级"一企一证"综合改革，新区经验获中央深改专版刊发。推行"拿地开"工审批模式，6 个项目获批开建。推行"集群注册＋许可秒批"模式，平台企业落地效率显著提升。加强诚信建设，获评全国社会信用体系建设示范区。

（四）城市功能加快完善，基本公共服务能力持续提升

高质量编制"滨城"及各街镇国土空间总体规划和专项规划。双城间绿色屏障新造林 88.5 公顷。出台城市更新指导意见和更新计划，探索 TOD（以公共交通为导向）等城市开发新模式，56 个老旧小区改造项目全面启动。持续实施畅通工程，第二大街跨京山铁路桥、洞庭路地道相继通车，地铁 B1线 6 座车站主体封顶，欣嘉园区域、九大街至云山道站隧道贯通；地铁 Z4 线 5 个高架区段和滨海总医院站施工加快推进。加大教育补短板力度，汉沽三幼正式开园，北塘二幼开工建设，实验中学海港城学校加快建设。不断提高医疗卫生资源供给质量，滨海新区中医医院开业问诊，北京大学滨海医院门诊楼投入使用，肿瘤医院加快推进。加快建设社区老年日间照料服务中心，

新北街诺德名苑等 5 个项目建成运营。

（五）质量效益持续提高，绿色低碳转型步伐加快

产业结构持续优化，三次产业结构转换为 0.2∶45.1∶54.7，二、三产业并驾齐驱的局面持续巩固。规上工业总产值同比增长 19.5%，获批国家人工智能创新应用先导区，制造强区根基不断夯实。财政收入快速增长，一般公共预算收入同比增长 10.5%，其中，税收收入同比增长 11%。持续落实减税降费政策，规模以上工业企业利润总额增长 41.4%。市场信心不断增强，新增市场主体 4.4 万户，同比增长 26.5%。绿色低碳转型步伐加快，第一届双碳论坛成功召开，总投资 132.7 亿元的新能源、合同能源管理、碳捕捉碳封存项目集中签约。产业绿色转型加快，累计获评 2 个绿色园区、24 个国家级绿色工厂、11 个绿色供应链管理示范企业、3 个绿色创造集成项目。碳金融创新加快开展，天津排放权交易所交易量跃升至全国第一位。大气环境持续改善，年度 $PM_{2.5}$ 浓度为 35 微克每立方米，同比改善 25.5%。水与土壤环境逐步改善。

（六）开发区主力军作用持续增强，街镇经济发展启动发力

开发区主力军作用持续增强，5 个开发区地区生产总值占全区的 73.6%。经开区汽车、装备制造、生物医药、化工新材料两位数增长，渤化"两化"码头开放，华熙透明质酸钠项目投产。保税区地区生产总值增长 19.8%，增速领跑全区，空客首架 A350 飞机交付，加氢母站加速建设，海洋工程装备制造基地项目稳步推进。高新区信创谷集聚效应明显，CPU 设计和集成电路子链产值增长 40.4%，网安产业纳入国家战略新兴产业集群。东疆飞机租赁业务稳中有升，船舶租赁业务数量创历史新高，风电平台租赁聚集效应凸显。中新生态城全域旅游资源版图进一步扩充，综合游客接待量突破 350 万人次。大力实施"乡村振兴工程"，印发《滨海新区加快街镇经济发展的实施意见》和相关配套实施细则，建立了开发区、区级经济部门和街镇的结对帮扶机制，选派干部帮助街镇招商引资，招商力量得到加强，85 个"飞地经济"项目落

地。中塘工业园、新城镇城镇化、胡家园街农村城市化建设项目加快推进。

二　2022年滨海新区经济运行预测

（一）发展形势分析

当前，外部环境更趋复杂严峻，国内经济恢复仍然不稳固、不均衡。全球产业链供应链断裂问题凸显，全球产业分工的安全性受到质疑，逆全球化思潮加剧，发达国家重新调整产业布局，加快制造业回流，势必对我国产业结构造成比较大和深远的影响。

从国内来看，以习近平同志为核心的党中央根据我国发展阶段、环境、条件变化，特别是基于我国比较优势变化，审时度势做出了构建新发展格局的重大决策。加快构建以国内大循环为主体、国内国际双循环相互促进的新发展格局，是以习近平同志为核心的党中央应对百年未有之大变局、立足发展新阶段、遵循经济发展规律作出的英明战略抉择，是指导我国高质量发展的重大战略方针。基于推动实现可持续发展的内在要求和构建人类命运共同体的责任担当，以习近平同志为核心的党中央作出了力争于2030年前达到峰值，2060年前实现碳中和的重大战略决策。"双碳"目标是中国基于推动构建人类命运共同体的责任担当和实现可持续发展的内在要求作出的重大战略决策，是推动经济社会绿色转型和系统性深刻变革的重大举措。实现碳达峰碳中和是一场广泛而深刻的经济社会系统性变革，将带来观念重塑、价值重估、产业重构等根本性变化，也将在今后一段时间深刻影响政府、企业、个人的行为。

从全市来看，更加深入落实京津冀协同发展战略，积极构建新发展格局，逐步构建新"津城""滨城"双城发展格局，全力推进国际消费中心城市和区域商贸中心城市建设，不断提升对外开放水平。更加注重产业结构优化和能源结构调整，正在稳步推进碳排放达峰行动，推动工业绿色转型。更加注重增强人民的幸福感和获得感，不断发展民生事业，努力提高群众生活品质。

但同时也应看到，新区 2022 年经济社会发展还面临着一些挑战。国家向各省下达能耗双控目标，对"两高"项目限制审批，将对新区传统高耗能行业造成影响。如铁矿石、钢材、原油等大宗商品价格上涨带来的石化产业产值和商品销售总额的高速增长不可持续。国家对平台经济监管及国家税收返还政策的收紧，将可能影响滨海新区招商引资，也可能使新区存量平台、结算类企业流失，对新区经济发展造成波动。

（二）2022 年主要经济指标预测

总的来看，滨海新区经济社会秩序基本稳定，仍处于大有可为的战略机遇期。新形势下，面对百年未有之大变局，滨海新区应认真落实京津冀协同发展战略及"双碳"战略，发挥好产业优势、区位优势、制度创新优势等比较优势，积极主动融入双循环发展格局，以深化供给侧结构性改革为主线，以国际消费中心城市核心区和区域商贸中心城市核心区建设为主攻方向，以海空两港为链接两个市场、两种资源的平台纽带，以产业链供应链高质量发展为重点支撑，以国际化一流营商环境为重要保障，构建以"国内大循环"撬动"国内国际双循环"、以"国内国际双循环"促进"国内大循环"的新发展格局，促进滨海新区更好更快发展。

在日前发布的《2022 年亚洲发展展望》中，亚行对中国经济给出乐观预测，认为中国会成为东亚地区少数几个成功摆脱经济低迷的经济体之一，预计 2022 年 GDP 增速 5.5%；在《世界经济展望》中，国际货币基金组织预测，2022 年中国经济从急剧收缩中快速反弹，GDP 将回升至 5.6% 左右。

分析 2020 年、2021 年前三季度滨海新区主要经济指标运行情况，结合对 2022 年经济前景的预判，本文认为，2022 年滨海新区经济运行会保持总体平稳，初步预测发展目标如下：地区生产总值增长 7% 左右；规模以上工业总产值增长 9%；一般公共预算收入增长 10%；固定资产投资增长 6%；实际利用外资增长 6%；实际利用内资增长 8%；城乡居民人均可支配收入与 GDP 同步增长；节能减排指标完成天津市下达的任务。

三 推进滨海新区经济高质量发展的对策建议

2022 年，滨海新区在抓好常态化疫情防控各项工作的同时，把握新阶段、贯彻新理念、融入新格局，做好"六稳""六保"工作，落实好各项政策措施，持续推进美丽滨城建设，不断提升滨城能级。对推进滨城经济高质量发展，提出如下对策建议。

（一）落实京津冀协同发展等国家战略，参与世界级城市群打造

坚持把推进京津冀协同发展作为重大政治任务和重大历史机遇，主动服务北京非首都功能疏解和雄安新区建设，高水平建设滨海中关村科技园等重点承接平台，增强综合配套服务能力，吸引更多高质量项目和市场主体落户。根据各开发区优势特色资源，调整优化承接载体平台布局，促进新建载体平台和非首都功能适配。充分发挥天津港雄安服务中心作用，加强雄安新区的通关服务保障，打造京津冀最便捷的出海口。持续强化天津港海港门户功能，不断提高天津港在世界航运领域的资源配置能力。在发展外贸的同时，积极强化内贸功能，促进口岸由通道功能，向贸易功能、产业功能和开放功能积极拓展，提高口岸贸易本地结算率，增强口岸对国际优质要素集聚能力，促进天津国际消费中心城市和区域商贸中心城市建设。

（二）深入实施创新引领，提升创新策源能级

大力提升创新平台功能，加快合成生物技术、先进操作系统、先进计算等国家级创新中心建设，全力推动信创、合成生物学、细胞生态和物质绿色创造与制造四个领域的海河实验室建设。聚焦科技创新前沿，突破一批"卡脖子"关键核心技术，打造更多滨海版"国之重器"。建立完善人才培养、科技研发、金融支撑、成果转化的"四位一体"发展模式，推动更多科研成果本地转化。推进北方大数据交易中心建设。梯度培育科技企业成长，不断提

高国家高新技术企业、新认定"雏鹰"企业及"瞪羚"企业数量。

（三）加快产业新动能引育，提升产业引领能级

加快引育新动能，发展壮大"1＋3＋4"产业体系，加快构建现代服务体系，不断改善供给质量，持续提升产业链供应链现代化水平，全面提升产业引领力和整体竞争力，推动供给创造和引领需求，实现供需良性互动，保持新区经济的安全和稳定。依托新区企业、科研院所等创新载体，着力突破信创、先进计算、生物制造等领域一批"卡脖子"关键核心技术。深化与国内知名院校在人才培养、科技研发及创新成果转化等方面合作，打通从科技强到产业强、经济强的通道。全面推广"链长制＋产业（人才）联盟＋主导产业"发展模式，做实产业（人才）联盟，定向培育、精准招引中高端人才，做足产业基金文章，做优供应链金融品牌，完善金融支撑体系，促进创新链、人才链、金融链、产业链四链深度融合。加快主题园区建设，坚持龙头拉动、补齐短板原则，加快完善产业布局，强化园区企业联动，打造良好园区生态。

（四）深入推进"双碳"工作，提升绿色发展能级

积极推进"双碳"工作，锚定"双碳"目标，优化能源结构，持续降低煤炭消费比重，加快清洁能源替代，推动 LNG 冷能梯级开发，打造冷能综合利用示范基地。大力发展风电、光伏等非化石能源电力生产。发展绿色产业，以中环、维斯塔斯为龙头，做大做强新能源产业，加快力神电池新工厂建设，形成高效清洁、低碳循环的绿色制造体系。推广建筑节能，新建民用建筑全部执行绿色标准。加快生态城智慧能源小镇建设，打造智能低碳生活新标杆。推动天津滨海能源互联网综合示范区建设。全力打造"公转铁＋散改集"双示范绿色港口，扩大散改集规模，保持铁矿石铁路发运占比 65% 以上。持续推进"871"生态工程建设，提高生态系统碳汇能力。突出依法治污、精准治污、科学治污，深入打好污染防治攻坚战，着力做好空气质量保障，全力保障入海河流水质。防范生态环境风险，不断提高执法水平，持续改善生态环境质量，为建设美丽滨城提供良好环境支撑。

（五）不断深化改革开放，提升开放门户能级

积极推进投资、贸易、人员、数据、运输等关键要素跨境自由流动，推进综合保税区功能升级，探索设立国际科技工业园，打造世界一流自由贸易园区。促进互联网平台型服务业规范健康发展，推动跨境电商产业园建设，探索跨境电商O2O新零售模式。加大自贸区"首创性"制度创新力度，推动进口药械、细胞治疗、保税维修、数据开发应用等创新突破，争取扩区方案尽快落地，推进综保区功能升级。深度融入"一带一路"建设，畅通融入海上"一带一路"，推进陆上"一带一路"提质扩量，加快建立连接全球主要经济体的空中"一带一路"，深化网上"一带一路"创新突破，推进外贸高质量发展，为构筑新发展格局提供强大动力。

（六）持续优化营商环境，着力打造营商环境最优区

积极推广应用市场化综合开发模式，加快实施城市更新行动，全力打造发展载体、完善城市功能、提升城市品质。加快推进基于数字化、网络化、智能化的"新城建"，以"新城建"对接新基建，全面提升城市运行效率。继续推进夜市街区特色化发展，打造"夜游滨海""夜滨购""夜品滨味"等品牌。完善综合交通体系，加快B1、Z4线建设，推动Z2线开工，完成闸南路跨铁路桥。加快工农大道拓宽改造，完成津歧公路改造一期、津石高速天津东段、塘承高速新区段建设。加强海绵城市建设，完成年度任务。继续推进法定机构改革，完善"三考合一"，更好地发挥体制机制创新作用。深化土地、数据、人才等要素市场化改革，用好现有资源，激活闲置资源，切实降低生产要素成本。大力推动智能审批，推动电子证照扩面和应用场景拓展，优化升级"一企一证"综合改革，拓展"跨省通办"。推进社会信用体系建设制度化、规范化，完善区级信用信息共享平台服务功能，以信用平台支撑信用体系建设。

（七）逐步提升街镇经济发展能级，推进新区乡村振兴

发挥城镇连接城市、服务乡村的作用，畅通城乡经济循环，推进乡村振兴。落实好《滨海新区加快街镇经济发展的实施意见》和配套细则，切实解决街镇经济发展中的堵点、难点问题，深化开发区与街镇融合发展，落实"飞地经济"政策，落实部门帮带机制，着力攻克街镇招商短板，努力将街镇打造成经济发展的新阵地、主导产业发展的配套区、中小微企业发展的集聚区、假日休闲经济发展的活力区。

天津科技创新发展研究报告（2022）

张冬冬　天津市科学技术发展战略研究院经济师

李小芬　天津市科学技术发展战略研究院高级工程师

摘　要： 进入新发展阶段，党中央对科技创新给予空前重视。《天津市国民
经济和社会发展第十四个五年规划和二〇三五年远景目标纲要》
围绕"提高自主创新能力，打造自主创新重要源头和原始创新主
要策源地"做出专篇部署。2021年，《天津市科技创新"十四五"
规划》发布实施，围绕规划的定位、目标和重点任务，天津科技
创新精准聚焦培育战略科技力量、加速科技经济融合、围绕产业
链部署创新链、实施人才强市战略等方面发力，科技创新支撑引
领高质量发展的态势更加明显。

关键词： 天津　科技创新　对策

一　天津科技创新取得的重要进展

《天津市国民经济和社会发展第十四个五年规划和二〇三五年远景目标
纲要》提出"坚持创新在现代化建设全局中的核心地位，坚持'四个面向'，
深入实施创新驱动发展战略，着力提升自主创新和原始创新能力，打好关键
核心技术攻坚战，优化创新生态系统，加快推动科技成果转化，全力塑造发
展新优势"。以规划为引领，2021年，天津市科技创新聚焦提升创新能力，
激发创新动力，培育发展新动能、新优势，科技创新支撑引领高质量发展的
趋势更加明显。

（一）培育战略科技力量取得重大突破

1.国家级重大创新平台建设有序推进

天津高度重视国家重大科研设施平台、国家级技术创新中心等国家战略科技力量建设。国家合成生物技术创新中心在联合研发、人才引进、成果转化、基金引导等方面得到天津市大力支持，制定出台了一系列创新性举措，已联合全国47家单位实施了79个科研项目。国家应用数学中心揭牌，将通过大力发展应用数学，推动数学与多学科交叉融合，为天津前沿技术、颠覆技术和关键技术的原创突破提供强大的数学理论和应用支撑。血液病国家临床医学研究中心、中医针灸国家临床医学研究中心两支临床医学"国家队"建设加快推进。依托天津大学建设的"环渤海滨海地球关键带国家野外科学观测研究站"获批，成为天津市首个国家野外科学观测研究站。

2.海河实验室高标准启动建设

培育国家战略科技力量，是建设世界科技强国的必然要求。面对百年未有之大变局，为加快科技强国建设、实现高水平科技自立自强，有赖于战略科技力量的坚强的支撑。按照规划部署，天津市委、市政府经过认真谋划、科学论证，提出了聚焦现代中医药、先进计算与关键软件（信创）、细胞生态、合成生物学、物质绿色创造与制造5个重点领域建设海河实验室，打造天津市最高层次的科学研究类创新基地，培育和参与国家实验室的"预备队"，探索走出一条科技创新支撑引领高质量发展之路。10月30日，首家海河实验室"现代中医药海河实验室"揭牌启动建设，标志着海河实验室从"蓝图规划"进入"现场施工"阶段。

（二）原始创新和自主创新能力加速提升

1.基础研究取得重大原创性成果突破

依托药物化学生物学国家重点实验室等一批国家级重大创新平台，天津在基础研究、前沿技术和颠覆技术方面不断取得突破。中科院天津工业生物技术研究所在淀粉人工合成方面取得突破性进展，在国际上首次实现二氧化碳到淀粉的从头合成，中科院召开新闻发布会对成果及其进展进行解读，该成果被国内外相关领域专家高度评价为"典型的 0 到 1 原创性突破"。

2.重点产业领域自主创新成果丰硕

在人工智能领域，以信息技术应用创新、工业机器人等为代表的人工智能"七链"领域聚集国家高新技术企业超 900 家，取得 5G 射频前端、晶圆抛光及减薄装备、银河麒麟操作系统 V10 等国内领先技术成果。在生物医药领域，康希诺生物新冠疫苗三期生产基地产品下线，成为国内第一个获批上市唯一的单针疫苗；埃博拉病毒疫苗、人工心脏等多项成果实现全国第一；一批创新产品获得国家审批上市，如赛诺医疗公司自主研发的创新产品"颅内药物洗脱支架系统"获得国家药品监督管理局批准，成为全球首个专用于颅内动脉狭窄治疗的药物洗脱支架。在新能源新材料领域，光伏用 12 英寸硅片全球首发，智能磁悬浮透平真空泵技术国际首创，27.5kV 高压有源电力滤波器等技术达到国际领先水平。

3.科技型企业创新主体能力全面提升

2021 年，天津市高新技术企业群体突破 7300 家。"雏鹰—瞪羚—领军企业"梯度培育体系深入实施，国家科技型中小企业、雏鹰企业、瞪羚企业分别达 8179 家、3028 家、338 家，累计认定科技领军（培育）企业 216 家。天津市创业投资引导基金累计参股设立天使、创投基金 27 支，基金规模超 50 亿元，开展投资超 26 亿元，带动投融资近 140 亿元。2021 中国（天津）高成长企业发布会在津举办，天津独角兽企业数量达到 9 家，同比 2020 年新增 4 家（其中新晋 3 家）。

（三）科教优势加速向产业优势转化

1.大学科技园加快建设步伐

天津科技大学科技园、中国民航大学科技园等大学科技园均已陆续挂牌开启建设，西青区联合天津师范大学、天津工业大学、天津理工大学等 6 所高校合作共建大学科技园，全市大学科技园规划建设面积达到 30 万平方米，储备创新创业项目近300项。成果转化政策体系、服务体系、落实体系不断改善。2021年，已有天津科技大学科技园、西青大学科技园、河北工业大学科技园（北辰）、中国民航大学科技园、天津师范大学科技园、天津职业技术师范大学科技园等逐个开园运行。

2.科技成果转化生态更加优化

天津市科技成果展示交易运营中心正式启用，包括科技成果展示、交易、服务三大功能，提供线上线下结合的科技成果转化全链条服务；建立科技成果库和企业技术需求库，汇集技术转移机构180多家、技术经理人900多名。针对生物、信创等重点产业，举办了第六届中国创新挑战赛（天津），建立企业、高校、科研院所间的技术对接通道，促进技术成果高效、精准转化落地。加强京津冀技术转移机构互联互通，在成果供给、高校院所资源共享、投融资、知识产权等方面强化合作，共同加快科技创新要素市场化流通。

（四）科技创新标志区、集聚区加快建设

1.京津冀协同创新载体加快建设

滨海—中关村科技园、宝坻中关村科技城等承接载体构建了北京龙头企业产业化基地和重点科研成果产业化转移基地，合作步伐显著加快，宝坻中关村科技城完成186家北京转移来津项目认定，与中关村生命园、中关村集成电路设计园签署战略合作协议。京津冀"科创中国"开源创新联合体成立，将汇聚开源创新资源，建设开源实验室、开源社区、开源创新示范基地等新型融合机构。

2.科技创新标志区创新生态逐步完善

环天南大知识创新聚集区高质量推进建设，博创园二期顺利开园，天南大科技园加速建设，新动能引育中心·硬科技创新基地开招即满园，吸引钧晟科技、泰和自控仪表等硬科技企业进驻。"中国信创谷"聚焦国家自主可控和信息安全重大关切，突破芯片设计、制造，操作系统适配攻关，行业开放应用等关键核心领域"卡脖子"困境，布局麒麟国家基础软件创新中心、飞腾芯片研发总部、中国长城自主创新基地、腾讯IDC基地、360总部、紫光

芯云产业基地、华为鲲鹏生态等龙头领军企业项目。高新区"细胞谷"已经集聚细胞相关企业超过 30 余家，形成了集群化发展态势，基本形成细胞全产业链。滨海新区、南开区、宝坻区成功获评全国"科创中国"试点城市（园区）。

3.创新型产业集群实现高质量发展

天津目前共有天津高新区新能源产业集群、天津信息技术应用创新产业集群、北辰高端装备制造产业集群和天津泰达高端医疗器械产业集群 4 家国家级创新型产业集群，在领军企业聚集、创新人才集聚、产业链集聚等方面取得明显效果。截至 2021 年，集群拥有企业 1329 家，其中高新技术企业 586 家，挂牌"新三板"企业 26 家，已上市企业 19 家；集聚高层次创新创业人员 9.4 万人，其中硕士、博士占 8%；集群工业总产值超过千亿元。无人机和新材料等一批产业人才创新创业联盟对人才和项目"虹吸效应"显现。据世界知识产权组织发布的 2021 年全球创新指数报告（GII）显示，天津位居全球第 52 位，较 2020 年提升 2 名，已实现连续 4 年提升，在国内城市中排名第 9 位。

二 天津加快推进科技创新的经验做法

2021 年作为"十四五"开局之年，天津科技创新以规划为引领，强化创新意识、危机意识、机遇意识，在危机中育先机，于变局中开新局，奋力而为，把握三个"主动"，全力构筑新发展优势，全面推动高质量发展。

（一）主动融入大局

1.主动融入新发展格局

当前我国面对复杂的国内外经济形势，科技创新是应对百年未有之大变局的关键变量。新发展格局，需要高度重视科技创新的推动作用，不断提升自主创新能力，从根本上破解制约"双循环"要素流通的障碍。天津市科技创新主动融入和服务以国内大循环为主体、国内国际双循环相互促进的新发展格局，围绕产业链部署创新链，围绕创新链布局产业链，推动科技、教育、经济、产业、人才等融合发展，从建设创新型城市向建设科技创新强市转变，从自主创新向保障自主安全可控转变，从科技创新支撑向更加全面的科技创新引领转变。

2.主动融入京津冀协同发展大局

京津冀协同发展进入新时期，天津着力加快让北京的科技创新资源"流进来"，紧紧扭住疏解北京非首都功能这个"牛鼻子"，深化部市、院市、校市、企市合作，把中国科学院、中国工程院、清华大学、北京大学等科技创新资源引进来。加快京津联动创新"立起来"，围绕滨海—中关村科技园、宝坻京津中关村科技城、武清京津产业新城、北辰国家级产城融合示范区等"1+16"承接载体积极谋划布局京津协同创新中心，打造成为全市的标杆。

3.主动融入"津城""滨城"双城发展格局

"十四五"时期，为实现中央赋予天津"一基地三区"的战略定位，更深入实施京津冀协同发展战略，天津提出打造"津城""滨城"双城发展格局，作为促进天津高质量发展的战略性举措。未来，"津城"现代服务功能明显提升，形成若干现代服务业标志区，"滨城"城市综合配套能力显著增强，建成生态、智慧、港产城融合的宜居宜业美丽滨海新城。科技创新充分发挥引领性作用，围绕"津城""滨城"双城发展，优化空间布局，打造"科技的双城"，在"滨城"布局一大批科技创新标志区、集聚区，建立"创新平台＋企业孵化＋产业园区"一体化协同发展模式。

（二）主动补齐短板

1.完善原始创新平台体系

近几年来，多地开始争创国家实验室建设，如上海、北京、广东、浙江、江苏、安徽、四川等多个省市纷纷投入重金、聘请学术"大腕"，省委省政府领导、市委市政府领导亲自"挂帅"，布局培育国家实验室"预备队"，天津市在"十四五"开局之年，下大决心、大投入、大力气高质量布局建设海河实验室，推动大型地震工程模拟研究设施、新一代超级计算机尽快形成承接国家重大任务能力，布局建设合成生物学国家重大科技基础设施。高水平建设组分中药国家重点实验室、天津交叉创新中心等平台，逐渐构建起具备源头创新和前沿技术研发能力的原始创新平台体系。

2.拓展技术应用

天津坚持把创新引领作为掌握战略主动权、增强核心竞争力的唯一路径，牢牢把握天津全国先进制造研发基地这一功能定位，聚焦重点领域，从"保持现有优势""解决'卡脖子'问题""抢占未来战略必争领域"三类技术着手编制技术图谱，与产业图谱、人才图谱融合，打好关键核心技术攻坚战。坚持以用立业，充分发挥天津市在信创产业、生物医药产业等方面的优势，着力推动以信创产业为突破口、生物医药和高端装备制造等为重点创新应用方向，促进产业链、创新链、人才链深度融合，形成产学研才开放融合的创新生态。

3.发挥大学作用

从国际上来看，校友在大学周边创新创业是一种趋势。从硅谷、斯坦福等来看，基本都是校友集聚在大学周边创新创业，国内也有很多成功经验。上海闵行区、华东师范大学和知名股权投资机构飞马资本通过"政、校、企"强强联合，构建"创新创业立体生态"服务体系，支持和帮助校友在大学周边创业，解决科研转化"最后一公里"难题。山东大学与海尔集团、青岛高新区建立了"政、校、企"三类"国家双创示范基地"融通创新机制，产生了聚变效应。天津高校院所科技成果转化难，政策支持和载体不足是重要原因，天津市提出国家级、市级、培育级梯次化培育大学科技园的举措，对于更好地发挥大学对城市建设发展的作用具有积极意义。

（三）主动营造生态

1.抓好引才育才

人才是核心战略资源，高质量发展离不开人才支撑。2021年，天津市出台《关于深入实施人才引领战略加快天津高质量发展的意见》，打造"海河英才"行动计划升级版，具有引才政策更开放、育才措施更精准、用才机制更灵活、服务保障更贴心等特点。先后成立无人机和新材料、智能轨道交通、智能网联汽车、半导体和集成电路、高端装备和智能制造、互联网新经济、动力与电气、电子信息与大数据、生物医药、航空航天等 10 多个产业人才创新创业联盟，对人才和项目"虹吸效应"加速显现，日益成为天津人才工作的重要载体和亮丽名片。

2.完善体制机制

天津市科技创新总体上处于从量的积累向质的飞跃、点的突破向系统能力提升的重要时期，体制机制改革是"发动力""动力源"。天津通过持续深化科技管理体制改革，积极探索"揭榜制＋里程碑""包干制"等新型项目组织方式和"无纸化"等项目申报管理服务模式，推动出台许可审批、社会保险、住房公积金等 20 多项外籍人才来津创新发展突破性政策，被科技部誉为"天津模式"，并在全国推广，形成以科技创新体制机制改革的强劲"动能"，大幅提升我市科技创新能力和水平的"势能"。

三 天津科技创新面临的困难与挑战

对天津来说，科技创新更是关系到城市发展命运。天津资源禀赋决定，未来要靠实体经济、靠制造业立市。制造业的兴衰成败，很大程度上要靠科技创新。没有科技创新，或者科技创新活力不足，产业转型升级便难以实现，未来新的城市竞争力便难以形成，实现中央赋予天津的"一基地三区"功能定位将面临重大挑战。对标国际先进、国内一流，天津在重大科技创新平台、科技型企业总量、标志性的科技型企业数量等方面还有差距，在体制机制创新、营造良好创新生态方面仍需持续发力。

（一）原始创新仍显不足

从重大的科研设施和平台上看，我市国家重大科技基础设施 1 家，与上海（14 个）、北京（20 个）还存在明显的差距。前沿技术布局不够，在量子科技、脑科学、区块链等方面的科研机构和人才团队实力不强。2019 年，天津市有效发明专利占比仅为 17.5%，低于全国 28% 的平均水平，国际 PCT 专利仅 215 件，远低于深圳的 17459 件、北京的 7200 件、上海的 3200 件。

（二）科技成果转化不足

高校教师的创业观念尚未完全转变，很多仍认为创业是"不务正业"，学生创业环境不浓厚、支持力度小。天津市高校有效专利 10706 件，但仅转让 111 件，占比 1.04%；技术含量较高和涉及知识产权的技术合同成交额占比分别为 9.65%、23.26%，均明显低于全国平均水平（全国为 33.27%、38.5%），受资本环境等因素制约，很多科技成果到外地转化，"墙里开花墙外红"问题比较突出。

（三）创新创业活力不足

科技型企业"底盘"偏小、实力偏弱，我市国家高新技术企业数量约为北京的 1/5、上海的 1/2、深圳的 1/3，独角兽企业仅有 9 家，与北京的 80 家、上海的 36 家、深圳的 20 家相比差距明显。市教委统计，近三年天津籍毕业生在津就业人数占天津籍总毕业人数的比重分别为 75.4%、68.8% 和 61.3%，外地毕业生相应比重为 33.4%、30.6% 和 21.9%，越来越多的高校毕业生选择离开天津就业创业。部分企业因营商环境、土地厂房、人才供给和供应链配套等问题纷纷在长三角、珠三角等地建设生产或研发基地，有的甚至整体迁出。

（四）创新要素聚集不足

从创新人才看，我市仅有 37 名院士，是北京的 4.9%、上海的 20.6%、南京的 46.3%、武汉的 55.1%。从创新金融支持看，支撑科技企业全生命周期的科技金融体系不够完善，缺少针对初创期、种子期企业的金融产品，特别是天使投资、风险投资严重不足。国家实验室分别在北京、武汉、合肥、青岛、兰州、沈阳等地布局，我市还是空白。从创新服务看，体系不够健全、整体水平不高。我市创新资源普遍存在"孤岛"现象，高校院所单打独斗、各自为战的问题比较严重。

四　天津加快推进科技创新的对策建议

当前，在"十四五"开好局基础上，迫切需要我市进一步把科技创新摆在第一动力的战略位置，加快落实科技创新三年行动计划和五年规划部署，坚定不移实施好创新驱动发展战略，采取有力措施，加快科技创新布局和发展步伐，提高原始创新能力和自主创新能力。

（一）加强面向实体产业的研发转化，引领支撑实体产业转型升级

要实现制造业立市、建设制造业强市，就需要天津将把发展制造业特别是战略性新兴产业摆到重要位置，加快推动新技术、新产业、新业态、新模式的发展，努力探索一条依靠创新促进实体产业转型升级的新路子。第一，强化硬技术创新创业，脚踏实地抓制造业生产经营、研发转化环境的改善，不断提高自立自强能力。第二，强化原创成果的研发转化体系建设，培育未来产业。抢抓新一轮科技革命和产业变革带来的机会窗口，加强与天津大学、南开大学等高校、驻津科研机构的战略性互动，支持基础科学研究，加强前沿技术开发及其创业，抢占产业发展制高点、培育竞争新优势。第三，驱动新经济新业态创新主体发展。统筹政策、资金、人才等要素，梯次推进雏鹰、瞪羚、独角兽、领军企业培育，强化数字经济企业培育工作。

（二）着力培育战略科技力量，提升科技创新能级和体系化能力

围绕信创、现代中医药、合成生物、物质绿色制造、细胞生态等重点领域，对标国家实验室高标准筹建海河实验室，打造海河实验室、技术创新中心、产业创新中心、制造业创新中心、临床医学中心等国家级创新平台和后备平台体系，形成具有国际国内影响力的综合性科技创新大平台群，力争在战略必争领域和"卡脖子"技术领域取得一批突破性成果。围绕提高领军企业的平台化创新，加快企业牵头组建创新联合体、国家企业技术中心等大中

型企业融合创新平台，作为产业关键核心技术，提升产业创新系统化能力。

（三）抓好京津冀协同创新共同体建设，强化多层次合作交流

依托京津冀，加强区域联动、促进优势互补，进一步拓展新业态新模式发展空间，完善京津冀产业链、供应链、创新链布局。一是继续推进京津冀创新共同体建设。加强创新规划对接、创新资源共享、创新攻关协同、创新环境共建，推进京津冀区域产业链根植化、产业配套本地化、产业生态共生化，增强创新带动产业发展的能力。二是推动京津冀微中心建设，高标准建设中关村科技园。要充分发挥核心载体在京津冀协同中的关键作用，开展先行先试，增强三地财政支持、税收优惠、金融发展、人才引进等创新发展政策的协同性，制定政策落实的保障机制，确保好的政策落实到位。

（四）创新人才引育机制，培育人才发展的大平台、大载体

发挥重大科研设施、原始创新平台和战略性重大工程的作用，进一步发挥海河英才的引才效能，探索"薪酬谈判制""人才双聘制"，从全球范围内引进顶尖人才和团队。鼓励重点企业在高端人才集聚地区建立海外研发飞地，利用当地优势人力资源，实现借智研发和科技成果转化。大力度营造一流创新创业生态环境，让人才发展"如鱼得水"。强化人才主动服务，提供高端猎聘、科研服务、双创投资等全链条人才创新创业服务。完善知识产权保护、创新创业容错免责等法律法规，为人才创新创业提供法治保障。

（五）拓展多元资金渠道，千方百计增加科技投入

科技投入由支出变为投资，是一项重大理念与实践变化。除了各级政府的科技投入，需要从社会各界、各类创新主体、投资基金、投资机构、资本市场多种渠道、不同视角关注融合增加科技投资，使第一动力有投入作为坚强保障。

（六）保障规划落实落地

有了好的蓝图，还需要有好的实施机制。着力提高六大新能力，包括对原创新技术新产业的识别能力、对技术与社会趋势的预见能力、对重大决策的运作执行与策划动员资源的能力、融合能力、聚才能力、监测预警能力。

参考文献：

[1] 天津市科技局：《2021 年天津科技工作报告》，天津市科技局网站，2021-03-05，http：//kxjs.tj.gov.cn/ZTZL6839/。

[2] 天津日报：《"科创中国"创新枢纽城市和第二批"科创中国"试点城市（园区）名单发布　滨海新区南开区宝坻区入选》，津滨网，2021-06-06，http://www.tjbh.com/c/2021-06-06/893661.shtml。

[3] 滨海新区政府：《滨海新区细胞产业跻身国家级创新型产业集群》，天津政务网，2021-08-03，http：//www.tj.gov.cn/sy/zwdt/ggdt。

[4] 李春成：《新阶段京津冀协同创新思路与措施》，《科技中国》2020 年第 3 期。

[5] 天津市科技局：《第六届中国创新挑战赛（天津）信创产业赛、现场赛成功举办》，天津市科技局网站，2021-10-20，http：//kxjs.tj.gov.cn/XWDT4045/BMXW1075。

天津城市基础设施建设研究报告（2022）

崔　寅　天津社会科学院城市经济研究所助理研究员

摘　要： 城市基础设施是城市生存和发展的必要条件，也是维持城市各系统正常运转的物质基础。近年来，随着城市规模的快速扩大，天津不断提高城市基础设施的投资规模，出台多项支持政策促进其建设水平的提高。当前，天津城市基础设施规模庞大，种类齐全，相关产业发展迅速。新型基础设施建设也正在逐步展开。但同时，天津也面临着城市基础设施建设速度滞后于城市规模扩展速度、传统基础设施更新改造缓慢、新型基础设施技术水平与应用程度较低、对经济发展的支撑作用偏弱等问题。研究认为，未来天津城市基础设施建设以提高民生福祉为目标，扩大城市基础设施建设规模，加大新建小区的配套基础设施建设力度；及时更新传统基础设施设备，加快其智能化改造，推进城市更新行动；以智慧城市建设为目标，加强新型基础设施建设力度，扩大其应用范围与水平；推动城市基础设施建设与企业生产经营相融合，增强城市基础设施的服务功能。

关键词： 城市基础设施　发展现状　主要问题　对策建议

城市基础设施是指为城市生产和居民生活提供公共服务的工程设施，是城市生存和发展以及顺利进行各种经济活动和其他社会活动所必须具备的工程性基础设施和社会性基础设施的总称，主要包括能源基础设施、给排水基础设施、交通运输基础设施、邮电通信基础设施、环境保护与卫生基础设和防卫防灾安全基础设施六大类。它的建设水平，是体现一座城市综合发展能力和现代化水平的重要标志。加快传统基础设施改造升级、推动新型基础设施建设，是天津市未来推进城市更新行动、建设社会主义现代化大都市的重要任务之一。

一　建设现状

（一）出台多项相关行动计划和方案，促进城市基础设施建设与发展

　　近年来，天津针对不同类型的城市基础设施建设出台了多项提升计划和规划方案。其中，涉及信息通信基础设施的建设方案与计划较多。2017年，市第十六届人大出台了《天津市公共电信基础设施建设和保护条例》，明确提出支持公共电信基础设施建设、规范公共电信基础设施运营者活动、加强公共电信基础设施保护等内容，给电信基础设施建设提供了法律保障。此后，市政府办公厅分别于2018年和2020年出台了《天津市通信基础设施专项提升计划（2018—2020年）》和《天津市人民政府关于加快推进5G发展的实施意见》，提出实施通信基础设施水平增速行动、新型通信网络布局争先行动、基础设施建设管理水平增效行动、发展政策环境创优行动与通信基础设施保障行动等专项行动，推进5G应用发展，引领5G产业创新聚集发展，为信息通讯基础设施的未来发展提出了方向和行动指南。此外，天津也在关注交通基础设施的建设。2021年，市政府办公厅出台了《天津市综合交通运输"十四五"规划》，在总结"十三五"综合交通运输发展成就的基础上，明确了"十四五"发展目标和任务及保障机制，为提高本市综合交通运输水平、全面建设社会主义现代化大都市提供坚强的交通支撑。

　　同时，天津也高度重视新型基础设施的建设，出台了相应的配套政策。2018年，市发改委出台了《天津市加快新能源汽车充电基础设施建设实施方案（2018—2020）》，从充电基础设施建设与布局等方面提出了指导意见。2021年，市人民政府办公厅发布了《天津市新型基础设施建设三年行动方案

（2021—2023 年）》，从加快建设信息基础设施、全面发展融合基础设施、前瞻布局创新基础设施等方面，对本市新型基础设施的未来发展进行规划，为实现基础设施的升级更新、夯实智能经济的发展基础提供政策支撑。

（二）不断扩大城市基础设施投资规模和比重，稳步推动城市基础设施投资

随着城市规模的不断扩大以及对基础设施服务需求的增加，天津也在逐步增加城市基础设施的投资规模（如图 1 所示）。2015 年，其投资额达到 2898.13 亿元，为 21 世纪以来最高。之后，其投资额有所回落，自 2019 年以来再次回升。2021 年，天津计划安排基础设施建设项目 97 个，总投资 4862.05 亿元，年度投资 811.59 亿元，上半年实际完成投资 1112.53 亿元。绝大多数年份里，城市基础设施固定资产投资额占 GDP 的比重保持在 10%～20%之间。2018 年该比重略有下降，为 9.22%，之后再次上升。2021 年上半年，该比重为 15.22%。

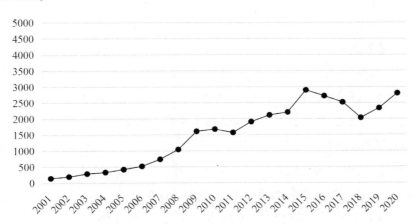

图 1 天津市基础设施固定资产投资额（亿元）

数据来源：历年《天津统计年鉴》与天津市国民经济和社会发展统计公报。

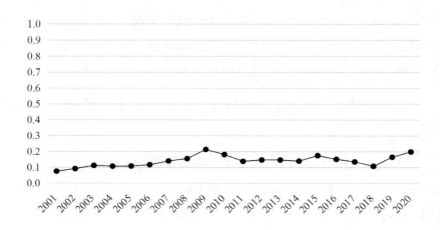

图 2 天津市基础设施固定资产投资额占 GDP 的比重（%）

数据来源：根据历年《天津统计年鉴》与天津市国民经济和社会发展统计公报数据计算而得。

（三）城市基础设施体系逐步完善，种类较为齐全，存量水平不断提高

1.公路和高铁密度位居全国前列，市内公交地铁规模庞大

截至 2021 年上半年，天津公路总里程约为 1.6 万公里，其中农村公路总里程约为 1.1 万公里，高速公路通车里程为 1325 公里，路网密度居全国第二位。铁路运营总里程 971 公里，其中高速铁路运营里程 317 公里，运营密度 280.5 公里/平方公里，位居全国第一。天津公交市区常规线路 169 条，通车里程 3385.7 公里；观光线路 4 条，通车里程 77 公里；快速线路 2 条，通车里程 44.4 公里；支线线路 49 条，通车里程 468.6 公里；郊区线路 304 条，通车里程 9680 公里；通勤快车线路 35 条，通车里程 717.8 公里；轨道交通线路 7 条，通车里程 244.4 公里。

2.邮电通信基础设施发展较快，覆盖范围较广

截至 2020 年 12 月，天津互联网普及率达 81.4%，比全国互联网普及率高出 11 个百分点。从互联网基础资源情况来看，IPv4 地址数量为 408.7 万个；

基础电信企业互联网省际出口带宽 26074.2Gbps，同比增长 19.9%；100Mbps 以上宽带用户占比 96%，高于全国平均水平（89.9%）；光纤接入（FTTH/O）用户规模达 516.1 万户，占固定互联网宽带接入用户的 96.5%。就邮电基础设施而言，全市拥有邮电局所数 466 个，其中，中心城区 164 个，环城四区 71 个，远郊五区 139 个，滨海新区 92 个。平均每一邮电营业场所服务面积为 2.74 平方公里，服务半径为 0.93 公里，服务人口为 0.32 万人。

3.能源水务基础设施规模不断扩大，管网改造同步推进

截至 2020 年底，天津供水管网长度 1.54 万公里，供水面积 3581 平方公里，覆盖人口 1019 万人，自来水产水总量 6.97 亿立方米。全市供热用户约 480 万户，集中供热面积约 5.4 亿平方米。发电量为 752.8 亿千瓦小时，同比增长 5.58%，比"十二五"末增长 21.09%。从发电结构来看，2020 年火力发电量为 737.7 亿千瓦小时，占比为 97.99%；风力发电量为 11.2 亿千瓦小时，占比 1.49%；太阳能发电量为 3.83 亿千瓦小时，占比为 0.51%。2021 年 1—8 月，发电量为 513.7 亿千瓦小时，同比增长 6.5%，其中火力发电量占比为 96.89%，风力发电量占比为 1.95%，太阳能发电量占比为 1.17%。同时，天津积极推进能源基础设施管网改造工作。截至 2020 年底，全市供热、燃气旧管网改造分别完成 55.1 公里和 51.2 公里。

4.环境保护基础设施建设扎实推动，污染治理能力不断提升

截至 2020 年底，本市公园数量 134 座，公园绿地总面积 11431.51 公顷；深入实施"871"重大生态工程，双城间绿色生态屏障加快建设，重点打造十大生态片区，造林绿化工程完成 4.9 万亩，加快提升海岸线生态功能，整治修复滨海湿地 531.87 公顷、岸线 4.78 公里，全市森林覆盖率 12.07%。全市污水处理能力提高到 401 万吨/日；城镇污水集中处理率提高到 95.97%，基本实现全市城镇污水处理设施全覆盖。截至 2021 年 1 月，全市垃圾处理设施累计 16 座，生活垃圾处理能力为 17450 吨/日，中心城区生活垃圾已全部实现科学无害化处理，机扫水洗覆盖道路 2751 条，公共厕所数量 4208 座。

（四）城市基础设施相关产业快速发展，其产值和收入水平稳步提高

伴随着城市基础设施规模的不断扩大，其相关产业的产值和收入水平也在逐步提高。2021年上半年，全市电力、热力、燃气及水生产和供应产业增加值为146.95亿元，同比增长9.4%；交通运输、仓储和邮政业增加值为402.01亿元，同比增长8.7%。2021年1—5月份，信息传输、软件和信息技术服务业实现营业收入513.88亿元，同比增长15.6%。2020年，全市邮电业务总量1779.54亿元，增长32.4%。另外，从业人员的收入水平也在稳步提升。2019年，我市城镇非私营电力、热力、燃气及水生产和供应业从业人员年平均工资为156392元，交通运输、仓储和邮政业为103289元，信息传输、软件和信息技术服务业为144510元，水利、环境和公共设施管理业为96918元；2020年分别为166791元、107113元、146977元和98608元，分别增长6.65%、3.70%、1.71%和1.74%。

二　主要问题

（一）城市规模快速扩张，基础设施建设速度相对滞后

截至2020年11月1日，天津常住人口达1386万，比2000年增长了38.44%，城区常住人口1093万，位居全国超大城市行列。然而，天津基础设施供给的增长速度相对缓慢，存在着基础设施建设速度滞后于城市规模扩大速度的现象。首先，基础设施固定资产投资额近年来出现了一定的下降，占GDP的比重增长也较为缓慢。其在2015年达到最大之后出现了明显的下降，2019年起虽然有所回升，但是仍然没有超过2015年的投资规模；其占GDP的比重在2009年达到最高之后也在不断下降。该结果在一定程度上反映出城市基础设施投资力度的不足。

其次，天津部分城市基础设施的供给水平偏低，尚未充分满足城市生产生活的需要。其中，交通和环保基础设施的供给水平偏低尤为明显。据《中

国城市统计年鉴》和《天津统计年鉴》等相关年鉴的数据显示，我市人均道路面积已由 2013 年的 18.74 平方米下降到 2019 年的 12.98 平方米，每万人拥有公共交通车辆已由 2014 年的 18.30 标台下降到 2019 年的 10.93 标台；建成区排水管道密度已由 2013 年的 24.95 公里/平方公里下降到 2019 年的 19.17 公里/平方公里，人均公共绿地面积也略有下降，从 2013 年的 10.97 平方米下降到 2019 年的 9.21 平方米，同时建成区绿化覆盖率基本上维持在 35%～40% 之间，没有明显的提高。

（二）传统基础设施改造升级较为缓慢，运营水平有待提升

天津部分城市基础设施建设时间较早，其老化问题较为严重，主要存在以下三方面的不足：

第一，部分区域居民日常生活所需的基础设施设备老旧，对居民正常生活造成一定的影响。当前，很多建成时间较早的居住小区内部，日常生活所需的供电线路、供水管道、排水管网、集中供热设施等存在年久失修、设备老化与破损严重等现象，造成了电力系统超负荷运载、水压不稳、排水不畅、集中供热不达标等问题时常出现，给居民的日常生活带来了很大的影响。另外，部分小区道路设计不合理、消防安全设施更新缓慢、移动信号偏弱、光纤宽带覆盖不全面等问题，对于居民出行、生活便利与安全都产生了不利影响。

第二，居住环境的基础设施建设不足。一方面，很多小区的公共绿地覆盖范围较小，维护保养水平偏低，新建小区的公共绿化设施建设力度更是偏弱。另一方面，部分小区的道路照明设施明显不足，给居民出行带来很大不便。同时，很多小区及其周边的停车库（场）建设规划不完善，供给相对不足，造成居民"停车难"等问题。另外，部分居民区的配套适老设施、无障碍设施、文体休闲健身设施以及社区公园等规模较小，设备比较老旧，公共服务水平偏低，不利于改善居民生活。此外，新能源设施建设缓慢，导致石油、天然气等传统能源的生产比重基本维持在九成以上，既无法实现能源基础设施的绿色发展，也不利于交通等基础设施实现清洁运营，无助于人居环境的改善。

第三，城市传统基础设施的智能化改造较为缓慢，抑制了基础设施服务水平的提高。由于人工智能等新兴技术发展刚刚起步，天津老旧基础设施的智能化改造时间较短，尚未实现城市基础设施的智能化、数字化运营，与智慧城市的建设目标还有很大的差距。因此，传统基础设施的服务便利化程度还需要大力提高。另外，城市传统基础设施的管理尚未充分实现智能化，新一代信息技术与传统基础设施运营的融合程度还不够高，导致城市传统基础设施服务水平的提高受到限制。

（三）新型基础设施技术水平偏低，服务水平有待提高

近年来，天津加快了新型基础设施的建设。但是其建设水平还比较低，其技术水平和管理体制机制尚需完善。首先，新型基础设施的建设规模与覆盖范围还相对较小，需要进一步扩大。一是新能源汽车充电桩建设数量较少，覆盖范围较小。它制约了新能源汽车的推广使用，不利于交通基础施能的绿色转型发展。二是新型信息基础设施的应用范围还需要进一步扩大。当前，天津 5G 基站建设规模还不够大，截至 2021 年 5 月，累计建成 5G 基站 1.53 万个，而 2020 年底北京和上海的 5G 基站数量分别达到 3.8 万个和 3.1 万个。尚未实现 5G 网络全覆盖与行业应用热点区域的深度覆盖，应用场景还比较有限。另外，大数据中心、人工智能等与生产生活的融合还不充分，导致智慧城市的建设水平还比较低。

其次，天津新型基础设施的技术水平与服务能力还需要大力提升。一方面，互联网宽带下载速率还需要继续加快，千兆 5G 和千兆光网建设还需要进一步推进。同时，新一代互联网协议第 6 版（IPv6）尚未全面部署应用，导致许多网络终端数据传输能力还不够强，服务水平还比较低。另一方面，新一代信息技术研发能力还比较低，尚未建立完善的软件技术与信息服务产业链条，其科技研发成果的转化率还需要进一步提高。

（四）基础设施对经济社会发展的支撑作用还需加强

天津城市基础设施虽然规模庞大，但是由于更新改造较慢，其对于经济社会发展的支撑作用还未充分显现。以信息基础设施为例，2019 年，人均互联网接入用户数为 1.26 户，而同年北京市这一指标为 1.85 户，上海市为 1.68 户。同年，我市信息传输、软件和信息技术服务业增加值比重为 3.37%，而北京市该产业的增加值比重为 13.52%，上海市这一比重为 6.30%。由此可见，天津无论在信息基础设施建设规模，还是在相关产业发展方面，都与国内其他特大城市有着较大的差距。

另外，天津信息基础设施与企业生产经营的融合程度也有待进一步加强。2019 年，我市企业电子商务交易额（采购额与销售额之和）为 5572.7 亿元，而同年北京市企业电子商务交易额则高达 36656.4 亿元，上海市该交易额也达到了 31829.9 亿元。天津有电子商务交易活动的企业比重仅为 7.3%，上海市这一比重为 11.0%，北京市则为 22.2%。天津企业的信息化水平远远落后于北京市和上海市的该水平。由此可见，天津信息基础设施在企业生产经营中的应用程度还相对较低，对于经济发展的支撑作用还未充分体现出来。

三　对策建议

"十四五"时期，天津要加快推进社会主义现代化大都市建设，大力实施城市更新行动。其中，城市基础设施建设对于实现城市改造更新具有重要意义。基于上述分析，本报告对天津城市基础设施建设提出如下对策建议：

第一，提高城市基础设施投资规模，加大新建小区的配套基础设施建设力度，扩大城市基础设施建设规模和覆盖范围。在天津"十四五"规划中，增强民生保障仍然是今后工作的重中之重。随着城市规模的不断提高与建成区范围的不断扩大，配套的基本公共服务设施需要同步建设，以满足城市规模扩大对于公共服务的需求。首先，保持一定的城市基础设施投资比例，确保城市基础设施投资规模随城市经济总量的提高而不断扩大，为城市基础设施建设提供稳定的资金支持。相关部门可以根据经济社会发展需要，设置城市基础设施投资比例下限，保证其建设能够得到充分的资金支持。其次，加大对新建城区基础设施投资的倾斜力度，重点加强其周边配套的交通、环保、能源水务等基础设施建设的投资，提高其周边配套的基础设施建设规模，以满足其生产生活的基本需求。再次，进一步优化城市建设规划方案，在扩大城市建设规模的同时，同步制定相应的城市基础设施投资计划与建设安排，优化城市基础设施空间布局结构，提高城市基础设施投资的针对性和有效性，保证城市基础设施建设与城市规模扩大相互衔接。

第二，及时更新传统基础设施设备，加快其智能化改造，提高其技术水平与运营能力，推进城市更新行动。实施城市更新行动，补齐基础设施和公共服务设施短板是关键环节。以促进城市集约内涵式发展为目标，注重提高城市基础设施运营质量；在推进城镇老旧小区改造的同时，加强对城市老旧基础设施的维护与保养，提升改造城市传统基础设施，为提高城市发展活力奠定物质基础。一方面，对建成时间较早的城市基础设施加强维护，重点对老旧小区的能源供给设施、通信设施、排水管道、消防安全设施进行定期检查，及时进行设备更新换代，保证老旧设施服务水平不降低。针对部分老旧小区存在的电线老化、通信讯号较弱等问题，相关部门应通过更换设备、提高技术与管理水平等方式，及时予以更新升级。同时，城市道路管理部门还要加强老旧小区及其周边地区道路的维护与保养，重点强化对施工路面质量的检查与保护，同时还应高度重视小区照明设施的建设与维护，确保居民出行安全畅通。另一方面，加快城市传统基础设施的智能化改造，扩大智能设备在传统基础设施运营中的应用范围，加快传统基础设施智能化技术的更新进度，用前沿科技改造提升传统设施，使其能够提供更加快捷便利的公共服务，促进其技术水平与运营能力的提高。同时，加强海洋能、太阳能等能源的开发利用，加快其运营设施的建设进度，扩大其规模，提高新能源在全市能源系统中的比重，并加大其在交通等基础设施中的运用，促进全市基础设施实现绿色低碳发展。

第三，以智慧城市建设为目标，加大新型基础设施技术研发力度，培养引进相关技术人才，扩大其应用范围与水平。智慧城市建设，需要以大数据中心、人工智能等新型基础设施为载体。"十四五"时期，以智慧城市建设为目标，以实现城市生产、生活的智能化和数字化为导向，加快城市新型基础设施的建设进度，将其应用于城市生产生活的多个方面，不断提高城市新型基础设施的建设水平；同时以新型基础设施建设带动传统基础设施的更新换代，促进城市基础设施整体水平的不断提升。首先，在新型基础设施建设企业技术研发方面给予一定的资金支持，降低其在研发设备采购等方面的支出成本，同时搭建企业与高校和科研院所之间的协作交流平台，扩大企业与高校和科研院所之间的技术研发合作，将高校和科研院所的研究成果及时转化为企业所需的生产能力，提高新型基础设施的技术水平。其次，新型基础设施建设企业应加大技术人才引进力度，给予他们较为宽松的工作空间和优厚的待遇，同时加大对企业技能人才的培养，不断提高企业从业人员的技术水平。高等学校和科研院所也要加大对于新基建技术人才培养的投入，注重将理论研究与实践相结合，为新型基础设施技术研发提供人才保障。最后，新型基础设施建设企业还要加强与其他行业企业之间的产业链构建，扩大新基建在全社会各行业生产经营中的应用范围，并根据经济发展要求及时更新自身的技术水平，提高其服务经济社会发展的能力。

第四，与"制造业立市"发展战略相融合，加强基础设施对城市经济社会发展的支撑作用，推动城市基础设施建设与企业生产经营和居民生活相融合，增强城市基础设施的服务功能，促进城市经济转型发展。以城市基础设施的运营带动传统制造业转型升级与高端制造业和现代服务业快速发展，推动实现生产和服务的智能化、数字化，促进城市基础设施利用效益水平的提高，为促进城市经济社会高质量创造基础性条件。一方面，城市基础设施的建设规模、类型结构与空间布局，要与城市经济社会发展的需求相适应。城市基础设施管理部门要根据经济发展阶段的变化，调整其建设计划与安排，适当扩大对经济发展影响较大的基础设施的建设规模，提高其技术水平，增强其服务功能，满足企业生产经营对城市基础设施服务的需求。当前，天津正处于经济社会发展转型的关键时期，提出"制造业立市"战略并加快"一基地三区"建设。为适应城市发展的新需要，重点扩大信息、新能源、智慧交通等基础设施的建设规模，以满足新兴行业企业的生产经营需要为目标，加大技术攻关，提高其服务经济发展的能力。另一方面，城市基础设施建设还要以提高居民福利为目标。相关部门要加强与改善民生密切相关的能源水务、邮电通信、环保等基础设施的建设与维护，加快推动其智慧化发展，提高城市公共服务质量与水平，增强基础设施在城市发展中的基础性作用。

参考文献：

[1] 孙钰、王坤岩、姚晓东：《基于 DEA 交叉效率模型的城市公共基础设施经济效益评价》，《中国软科学》2015 年第 1 期。

[2] 刘倩倩、张文忠、王少剑等：《中国城市市政基础设施投资效率及对经济增长的影响》，《地理研究》2017 年第 9 期。

[3] 薛桂芝：《中国城市基础设施资本存量及产出弹性测算》，《经济评论》2018 年第 4 期。

[4] 韩柯子、石楠：《城市规模密度、用地结构对市政基础设施投资水平影响关系的实证研究》，《经济问题探索》2019 年第 8 期。

[5] 姜栋、赵文吉、刘彪等：《"新基建"背景下城市道路基础设施质量研究——基于智慧城市国际标准视角》，《宏观质量研究》2020 年第 6 期。

[6] 罗桑、张永伟：《"新基建"背景下城市智能基础设施的建设思路》，《城市发展研究》2020 年第 11 期。

[7] 吴志强、何睿、徐浩文等：《论新型基础设施建设的迭代规律》，《城市规划》2021 年第 3 期。

[8] 储君、刘一鸣、林雄斌等：《城市市政基础设施投资与经济发展的空间交互影响》，《北京大学学报（自然科学版）》2021年第2期。

[9] 林建鹏、曹现强、张颖慧：《中国城市市政基础设施水平影响因子及非均衡性——基于城市分层分析框架》，《地理科学》2021年第4期。

天津绿色经济发展研究报告（2022）

刘俊利　天津社会科学院资源环境与生态研究所助理研究员

丁承第　国网天津市电力公司发展研究中心高级工程师

摘　要： 发展绿色经济是新时代发展的必然趋势，也是天津推进高质量发展的内在要求。在"双碳"目标的背景下，我市坚持系统思维，统筹推进经济的绿色化、低碳化、智慧化发展及生态环境系统的经济价值转化，推动经济系统、社会系统及生态环境系统的协调持续发展。为全面落实新发展理念，统筹发展与保护，推进绿色和经济的双向转化，天津需统筹城乡发展，深化经济社会发展全面转型；加速推进产业绿色转型，打造绿色工业体系；筑牢大生态战略，推进生态环境向"生态经济"转化；强化技术创新，夯实高质量发展原生动力；发展绿色金融，为经济绿色发展提供助力。

关键词： 绿色经济　产业转型　技术创新　绿色金融

在资源环境问题突出及实现"双碳"目标的背景下，转变经济发展方式、探寻绿色发展道路成为我国各地发展共识。绿色经济是绿色发展的核心要义，以经济高质量发展为"根"、生态文明建设为"魂"、社会和谐稳定为"本"，是一种新的发展理念、发展目标、经济结构和发展方式。绿色经济综合性强、覆盖范围广、带动效应明显，发展绿色经济，形成以低碳经济、循环经济和生态经济为核心的"绿色增长"模式成为经济发展新标准，有利于转变传统的高能耗、高物耗、高污染、高排放的粗放发展模式，推动我市经济集约式发展和可持续增长。

一　天津市绿色经济发展态势分析

绿色经济以可持续发展为基本理念，兼顾经济增长、环境保护与资源永续利用、最终目的是要提高人类福祉和推动社会公平，是强调经济、社会和生态环境协同推进的新型经济发展方式。为分析天津市绿色经济发展情况，本文将从环境系统、经济系统和社会系统深入分析，剖析我市绿色经济发展中面临的挑战，提出推动其发展的应对策略。

（一）天津经济发展态势分析

1.经济增长稳中向好

近年来，天津经济总量总体呈增长趋势。就其增速分析，天津经济经历四个阶段：第一阶段是在 2014 年以前，工业快速发展推动天津经济以高于10%的速度增长，形成了坚实的经济储备和完善的产业体系；2014 年，天津经济进入新常态，从高速增长转为中高速增长，至 2016 年，天津经济增速放缓至 9%；第三阶段是在 2017 年至 2020 年，为推动经济发展从要素、投资驱动向创新驱动转变，天津通过调整存量、做优增量等方式推进新旧动能转换，夯实新经济发展基础，为经济高质量发展及绿色转型提供实践经验及转换思路，在此期间经济增速发生断崖式下滑；第四阶段是 2021 年以后，随着疫情防控常态化、经济运行平稳化及转型发展的持续向好，2021 年前三季度，天津经济增速为 8.6%，质量效益型经济发展方式正在塑造。

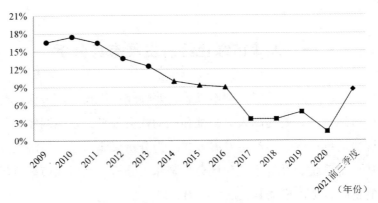

图 1　天津 GDP 增速变化趋势

2.产业转型稳步推进

产业结构不断优化，以服务业为主导的产业结构日益完善。天津三次产业格局由 2014 年前的"二三一"结构转向 2014 年后的"三二一"结构，服务业成为经济增长的重要引擎。天津产业结构持续优化，2021 年前三季度，三次产业结构为 1.23∶35.25∶63.53，服务业主导地位持续凸显。此外，工业引领经济高质量发展势头日渐显著，全市工业增加值占地区生产总值比重达29.7%，规上工业增加值增速为 10.6%，其中，制造业增加值占规上工业的69.9%，同比增长 11.7%，"制造业立市"发展目标正在稳步推进。

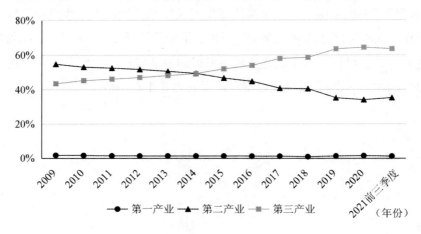

图 2　天津产业结构变化趋势

　　产业转型不断提速，新动能引领作用持续凸显。工业战略性新兴产业增加值占规上工业比重持续增长，前三季度占比 26.3%，同比增长 13.1%；高技术产业（制造业）增加值占比 15.6%，同比增长 16.7%。产业绿色化步伐不断加快，绿色产业布局不断优化。"两带集聚、多极带动、周边辐射"的产业空间布局基本形成，截至 2021 年 8 月，我市围绕汽车制造、生物医药、新能源、新材料等重点领域已培育 146 家绿色工厂，114 个绿色工厂、绿色园区等跻身"国家队"，预计到"十四五"末，绿色工厂数量将达到 300 家，我市绿色制造体系正在加速构建。此外，"钢铁围城""园区围城"治理基本完成，为产业绿色发展腾出充足空间。产业智慧化进程持续升级，不断巩固绿色经济发展后劲。《天津市促进智能制造发展条例》为加快构建现代产业体系、推动智能制造业发展提供制度保障。为推动制造业智能化升级，我市设立百亿级智能制造专项资金，累计支持 1726 个项目，涵盖制造业智能化升级项目 823个。此外，我市推动 5G、工业互联网等新技术与制造业加速融合，累计建成 5G 基站 3.2 万个，围绕智能制造等重点领域打造 5G 应用试点示范，为产业的数字化、智慧化转型注入新动能。

　　3.科技创新持续强化

　　科技创新是引领发展的第一动力，也是建设现代化经济体系的战略支撑。我市深入实施创新驱动发展战略，推动技术供给端及市场需求端并行，进而实现科技与创新的同步发展。一是持续供给创新资源，为我市科技创新提供充分保障。资金方面，2020 年，我市投入研究与试验发展（R&D）经费 485亿元，其中，研究与试验发展（R&D）经费投入强度达 3.44%，位居全国第三位，科研院所研究与试验发展经费集聚显著，研发产出效率显著提升；人才层面，我市持续推进"海河英才"行动计划，已累计引进各类人才 40 万人。其中，硕博人数占全社会研究与试验发展人员比重持续走高，人才层次高级化趋势逐渐显现。二是持续优化创新环境，为我市科技创新提供充足空间。为深化"放管服"改革及进一步优化营商环境，我市先后出台《天津市政府投资管理条例》《天津市优化营商环境条例》《天津市社会信用条例》《加强全市法治化营商环境建设专项行动实施方案》《天津市优化营商环境三年行动计划》等法规条例，通过"减""引""助"形成合力，助力我市优化营商环境跑出改革"加速度"。三是创新成果日渐丰硕，科技创新成果初见成效。全年市级科技成果登记数1880项，其中，属于国际领先水平94项，达到国际先进水平231项。全年专利授权7.54万件，其中发明专利5262件；年末有效发明专利3.82万件。四是创新驱动产业升级，创新活力不断激发。我市推动实施《科技创新三年行动计划》，自主创新和原始创新策源能力明显提升，梯次培育科技型企业、国家高新技术企业累计7420家。此外，天津充分发挥世界智能大会的牵引带动作用，以智慧赋能制造业转型升级，充分发挥我市优势产业潜力，推动我市经济高质量发展。

（二）天津环境发展态势分析

1.污染防治成效显著

环境质量持续全面改善，污染防治成效实现突破性好转。"十三五"是打好污染防治攻坚战的关键时期，我市大气环境质量及水生态环境质量得到显著改善。"十三五"末，空气主要污染物浓度下降明显，$PM_{2.5}$、PM_{10}、SO_2和NO_2年平均浓度分别下降31.4%、41.4%、72.4%和7.1%，除$PM_{2.5}$外，其他指标均达到国家标准。预计2021年空气中污染物浓度将进一步降低，空气达标天数预计将达到280天。其次，水环境质量显著提升，2020年，我市劣五类水体实现清零突破，优良水体占比达到55%，水环境质量达到近年来的最高水平，预计2021年将继续保持这一水平。近岸海域水质改善显著，相较2015年，优良水质比例增加至70.4%，主要污染因子无机氮年平均浓度下降57.9%，优于二类水平。随着产业结构的持续性调整及环境污染防治的持续推进，预计"十四五"期间，我市污染防治成效将在守住原有成果的基础上进一步提高，为推动经济绿色可持续发展提供良好的生态环境。

表 1 2014—2021 年天津市环境污染防治成效情况

类别	指标	2014	2015	2016	2017	2018	2019	2020	2021
大气环境质量	SO_2	49	29	21	16	12	11	8	9
	NO_2	54	42	48	50	47	42	39	36
	$PM_{2.5}$（ug/m^3）	83	70	69	62	52	51	48	37
	PM_{10}（ug/m^3）	133	116	103	94	82	76	68	66
	达标天数	175	220	226	209	207	219	245	280
	重度及以上	34	26	29	23	10	15	11	9
水环境质量	Ⅰ–Ⅲ类	25%	25%	15%	35%	40%	50%	55%	55%
	Ⅳ–Ⅴ类	10%	10%	30%	25%	35%	45%	45%	45%
	劣Ⅴ类	65%	65%	55%	40%	25%	5%	0%	0

数据来源：天津市环境状况公报，2021 年数据为估算数据。

2.资源利用日益充分

"十三五"以来，我市资源利用日益充分，为发展绿色经济提供极大助力。通过实施最严格水资源管理制度、加强再生水综合利用、深化节约用水管理、推进水生态文明城市试点建设，天津在水资源利用方面取得显著成效，用水效率得到进一步提升。其中，工业耗水水平及农业水资源利用等方面均处于全国领先位置，万元 GDP 用水量超过国际平均水平，万元工业增加值用水量达到发达国家平均水平，污水处理回用量逐年增加，资源循环利用水平显著提高，为发展绿色经济提供循环机制。但同时，我们也应该深刻认识到，我市的用水总量总体呈波动上升趋势，天津不同领域的节水工作存在较大差距，节水成效主要体现在产业节水层面，但生活用水总量占比在逐年增加，人均综合用水量也在不断增加，针对居民生活开展节水行动迫在眉睫。

我市能源利用效率得到显著提升，为实现"双碳"目标提供减排路径。"十三五"以来，我市统筹推进优化能源结构、推广清洁能源等多条路径，同时强化节能管理、推广先进技术、发展能效提升项目、推广节能产品、推行合同能源管理模式，并在提高能源利用效率方面取得显著成绩，相较 2015 年，2020 年，我市万元 GDP 能耗累计下降 19.1%，超额完成国家下达的能耗强度目标。

3.节能降碳持续推进

气候变化与人类生存发展、绿色低碳转型是全球大势所趋，随着碳达峰碳中和目标的提出，我市坚持系统思维，推进减污降碳及增绿储碳双管齐下，通过生产方式及生活方式深入变革、科技创新及制度创新双轮驱动，推动经济社会发展建立在资源高效利用及绿色低碳发展的基础之上，目前，我市节能降碳成效显著，"双碳"目标正在有序推进。一是推动能源结构及能源消费深度调整，通过削减煤炭用量、开发利用可再生资源、改造燃煤锅炉、破解钢铁围城、治理工业园区、推动港口运输公转铁等方式，结构性减排成效显著。二是持续构建绿色低碳工业体系，以智能制造为引领，持续推进战略性新兴产业及高技术制造业的发展。三是聚焦立体交通，通过发展公共交通、打造城市慢行系统，优化港口运输方式搭建绿色交通体系。四是提升绿色低碳建筑，大力发展节能低碳建筑。五是推进绿色低碳循环产业发展，强化废弃物的资源化利用。六是持续增强生态系统碳汇能力，推进山水林田湖海的一体化修复与建设。"十四五"期间，我市经济社会总体规划充分融合碳达峰碳中和的战略目标，随着"双碳"工作的持续推进，我市绿色经济发展将不断注入新鲜血液。

（三）天津社会发展态势分析

1.环境治理成效显著

随着蓝天、碧水、净土保卫战的深入推进，我市城市环境大幅改善，在"十三五"收官之年，我市生态环境实现总体性、历史性及突破性好转。其中，NO_2 和 PM_{10} 首次达到国家标准，劣五类水体实现清零突破。为了落实乡村振兴战略，我市深入开展农村人居环境整治及农业面源污染治理，其中，农村生活垃圾收集率达 100%，无害化处理率超过 95%，畜禽养殖粪污资源化利用率达到 85%以上，化肥、农药使用量实现负增长。农村人居环境实现突破性好转。

2.生态建设稳步推进

为增强城市发展竞争力，提升群众宜居感及满意度，自 2018 年起，我市建设绿色生态屏障，重塑城市发展空间布局，截至 2021 年 6 月底，我市绿色生态屏障区蓝绿空间占比已达 64%，不断夯实我市高质量发展的绿色基底，推动"绿水青山"向"金山银山"转化。一方面，生态屏障区建设显著改善我市局部气候，降温增湿效应显著提升，在绿色生态屏障作用下，中心城区东南部降温 0.2—0.4 摄氏度，增湿 2%，中心城区和滨海新区核心区两个"热岛"的发展被阻断，城市热岛效应持续减弱；另一方面，生态屏障区的生态价值进一步体现，屏障区森林和湿地面积明显增加，碳汇能力显著提升，每年可产生 15 万至 20 万亩的森林碳汇，为我市推进碳达峰碳中和助力，为我市经济社会高质量发展不断扩大环境容量生态空间。

3.民生工程不断优化

城镇化水平不断提高。预计 2021 年末，我市城镇化率将达 83.75%，人民生活水平进一步提升，预计 2021 年末，我市人均可支配收入及支出将达到 47000 元及 35500 元，相较 2016 年分别提升 38.2% 及 36.16%。绿色交通体系日渐完善。轨道交通不断拓展，近 5 年，运营车辆及线路长度的年均增长率均超过 10%。为鼓励低碳出行，我市积极修建人行便道，人行道面积以年均 5% 的速率增加，预计到 2021 年末，我市人行道面积将达到 4350 万平方米。智慧化网络覆盖率不断提升。互联网宽带普及率实现较大幅度增长，预计到 2021 年末，我市互联网宽带用户数量将超过 700 万户，移动宽带、固定宽带下载速率均跃居全国第 3 位，网络科技传播力进一步提升。截至 2021 年 5 月，我市累计建成 5G 基站 2.5 万个，城镇区域与应用热点区域已实现 5G 网络覆盖，此外，5G 技术与多个服务行业的相互融合，如"5G + 智慧教育""5G + 智慧远程医疗""5G + AR 实景地图旅游"，为我市居民生活带来更大的便利，推动实现民生建设的智慧化、便捷化。

二 天津绿色经济发展面临的问题与挑战

"十三五"期间，我市大力推进产业结构转型升级、能源结构调整和节能减排，面对碳达峰碳中和的新要求，"十四五"期间，我市在推进经济绿色转型方面仍面临不小的压力和挑战。

（一）经济绿色发展的系统性不足

一是绿色经济发展的整体性不足，生产、生活、生态空间统筹不够，城乡的产业发展、生态环境、基础设施、公共服务等方面仍有较大差距，面对新阶段、新形势、新任务，城乡发展与建设需统筹推进、重点突破、率先变革，实现绿色发展与转型。二是农村地区经济绿色发展引力不够。随着双碳目标的提出，我市乡村建设也面临比较艰巨的节能减排任务，随着城镇化推进和人民生活的不断改善，碳排放占比将呈上升趋势。农村地区拥有良好的生态基础空间，目前，将生态价值转化为经济价值，从而带动乡村发展的引力稍显不足。着力打造现代化生态乡村，挖掘乡村经济发展增长点，将成为未来一段时间内我市的重点任务。

（二）经济绿色转型任务艰巨

我市"重化"产业结构、"高碳"能源结构还未发生根本性转变，经济绿色转型仍存在不小的挑战。产业层面，我市引领新经济增长的新兴产业整体规模偏小、比重偏低，战略性新兴产业占比规上工业产值不足30%，高技术产业（制造业）占比不足20%，新兴产业发展速度相较北京、上海等一线城市还有较大差距，现有新兴产业体量不能对经济高质量发展形成有力支撑；而汽车、石化等传统产业发展过程中也存在一些瓶颈问题，一是产业核心竞争力不足，产业链处于中低端水平；二是产业结构不合理，产品附加值较低。由于上下游资源互享、原料互供的产业链条还未完全形成，推进产业链向上拓展向下延伸、提升上下游一体化水平的步伐还需提速。此外，推动传统产业向低碳、绿色、智能化转型升级过程中也面临诸多阻碍，如核心技术挑战，诸多企业由于自身条件限制，或靠购买设备和引进新技术，或与研究机构合作研制设备和开发技术推动转型，转型升级需要大量资金投入，但很多企业都面临融资难、融资贵的问题。能源层面，受成本及资源禀赋等客观因素的影响，我市能源结构仍以煤炭消费为主，占比超过50%，而风电、水电、太阳能等可再生能源的开发利用规模相对偏低，能源利用效率相较北京、上海等一线城市还有待提升。

（三）绿色技术创新亟待突破

绿色技术是绿色可持续发展的基石，而科技创新是经济转型发展的内生动力，绿色技术创新既能实现绿色技术的商业价值，又能衍生形成社会价值及生态价值。对标国内一流城市，我市在绿色技术创新层面还存在以下问题：一是绿色创新能力有待提高。人才是推动技术创新的原生动力，但目前，我市专业型领军人才数量远远低于北京、上海等一线城市，现有人才中新兴领域的高学历技术型人才占比偏低，技能型人才流失严重，越来越多的高校毕业生选择离开天津就业创业。还有，绿色技术开发与储备不足，尤其在新兴领域缺乏高精尖的核心技术，许多核心技术要靠国际技术市场购买引进。二是企业创新创业活力不足。企业创新主体地位不高，在规上工业企业中，仅有 10.55% 的企业有研发机构，26.98% 的企业有研发活动，显著低于北京、浙江等地水平，小型企业开展创新活动的比例远低于全国平均水平；我市科技型企业"底盘"偏小、实力偏弱，国家高新技术企业数量相较北京、上海、深圳等一流城市差距明显；部分企业也因营商环境、人才供给和供应链配套等条件限制纷纷迁至在长三角、珠三角等南方地区，有的甚至整体迁出。三是创新链与产业链融合度不够，主要体现在科技型、创新型的龙头产业与其上游研发机构及下游关联产业的发展程度不能良性匹配，不能发挥应有的融合效应、关联效应和带动作用。绿色技术创新亟待实现更大突破。

（四）绿色经济机制有待健全

绿色金融对产业优化升级及区域经济转型发展具有积极的促进作用，而绿色经济发展的资金需求及发展方式转型升级也驱动绿色金融产品和服务的进一步优化及创新，二者之间互动协调、耦合共生。相较于全国其他城市，我市绿色金融发展水平相对较低，主要表现在：一是关于绿色金融的顶层设计不足，主要体现在推动绿色金融发展的法律政策、奖惩机制、核算标准不够完善，目前很多政策停留在指导层面，深入实践应用还有很长的过程；二是信息不对称导致金融机构与企业部门存在信息壁垒，企业信息披露不足、准确性低导致绿色金融的资金配置效率低，投资风险增加，加快信息交流平台建设成为当前发展绿色金融的当务之急。

三　推进天津绿色经济发展的对策建议

2021年，我市开启"双碳"目标新征程，"双碳"目标给我市发展带来巨大挑战的同时也提供了重大机遇。以实现碳达峰碳中和目标为契机，将达峰目标与我市"十四五"规划纲要及经济社会发展目标相衔接，将助力我市经济社会高质量发展和生态环境高水平保护的协同推进，从而实现经济社会全面绿色转型。

（一）统筹城乡绿色发展，深化经济社会发展全面转型

坚持以新发展理念为引领，将经济社会全面绿色转型和发展贯穿城乡发展与建设的全过程和各方面。一是推动城乡建设的整体性、系统性和包容性发展，以绿色低碳发展为路径，推进城乡基础设施补短板和更新改造专项行动，提高基础设施绿色、智能、协同、安全水平；推进既有建筑绿色化改造，发展零碳建筑，助力建筑领域碳达峰、碳中和。二是立足资源优势，打造独具特色的绿色农业产业链，大力发展乡村旅游、休闲、民宿、健康养老等农村经济发展新业态；基于天津农业发展特点，大力推进稻田虾蟹立体养殖，形成绿色循环农业发展模式，重现津沽稻米良田，打通"绿水青山"向"金山银山"转化的实现路径。

（二）聚焦"双碳"目标，加速发展方式绿色转型

一是推进产业绿色转型，打造绿色工业体系。加快传统产业绿色化升级改造步伐，推进工业互联网、5G等新技术与传统产业深度融合，利用先进技术改进生产工艺和流程，实现传统产业的数字化、低碳化、智能化改造；加

速壮大新一代信息技术、新材料、新能源、节能环保等战略性新兴产业规模，发展光伏、氢能、绿色节能、资源循环利用等清洁低碳环保产业，扶持关键企业，整合区域资源，强化产业集聚发展，推进产业链的高级化、协调化发展。二是优化调整能源结构，提高能源利用效率。持续削减煤炭等化石能源在能源结构中的比例，加大对风电、太阳能等清洁能源的开发利用，聚焦重点用能领域开展实施的"双替代"策略，推进我市能源体系清洁低碳发展；提升终端能源电气化水平，持续推进工业、交通、建筑等领域的绿色电力替代，大力发展可再生能源，不断提高能源使用效率。

（三）筑牢大生态战略，推进生态环境向"生态经济"转化

聚焦"双碳"目标，我市系统推进减污降碳及增绿储碳协同布局，持续深入推进"871"生态保护修复工程建设，加快推进736平方公里绿色生态屏障建设，为高质量发展拓展绿色空间。以绿色生态屏障区建设为契机，严格屏障区内分级管控、环保准入和产业准入，扎实推进智能科技、生物医药、新能源新材料、装备制造等先进制造业发展，加快人工智能、云计算、大数据开发应用等智慧元素与传统产业的深度融合，赋能传统产业智能化、低碳化、绿色化发展。此外，良好的生态环境既是自然财富，也是经济财富，我市绿色生态屏障南北链接两大湿地，借助河流、生态廊道形成更加完整的生态系统，为动植物创造良好生境，为增加生物多样性奠定广泛基础；生态屏障区大规模植树造林，每年可产生15万~20万亩的森林碳汇，协同湿地、耕地、草地、水域等形成我市重要的碳汇储库，目前屏障区内正在探索碳汇交易，未来需持续深入推进绿色融资渠道及碳汇交易市场建设，为生态产品赋予其经济价值及社会价值。

（四）增强绿色技术创新，完善协同创新机制

绿色技术创新是推动经济绿色转型、实现高质量发展的内生动力。依托我市科技力量及创新资源，加速培育及壮大一批科技型龙头企业、骨干企业和典型示范企业，充分发挥其科技创新的带头引领及辐射示范效应，积极引

导中小企业进行绿色技术创新，不断壮大绿色技术创新主体，提高绿色技术供给能力；优化绿色技术创新环境，健全知识产权保护及管理，为绿色技术创新筑牢知识产权保护"屏障"；加快绿色技术创新人才培养，积极引导高校、科研院所加强相关学科专业建设和人才培养，聚焦发展需求，持续推动人才引进策略，为留住人才、激发其创新能力提供基础保障；加快绿色技术创新链、产业链和资金链的衔接配合和深度融合，提升绿色技术附加值；建立健全绿色技术创新产品和服务的市场交易体系，完善政府采购制度，运用市场化手段实现绿色技术创新产品和服务的经济价值，推动绿色技术创新成果的市场化及产业化应用。

（五）构建绿色金融体系，保障绿色经济发展

发展绿色金融是促进产业结构、能源结构、交通运输结构转型升级、推动经济发展方式转变的重要途径，"双碳"目标的提出为发展绿色金融提供了巨大机遇。首先，完善绿色金融政策体系，强化制度的顶层设计，以法律条文对绿色金融产品的目标选定、投资标准、财政补贴等问题进行具体规定，使金融系统成为经济绿色转型的支撑平台。其次，完善绿色金融标准体系，绿色金融标准是识别绿色经济活动、引导资金准确投向绿色项目的基础，明确绿色项目认定标准、落实绿色金融核算标准、完善绿色金融评价机制，保证绿色金融的客观性、权威性和准确性。再次，鼓励金融机构开发绿色保险、绿色债券、碳金融等多种金融产品和服务，促进各类绿色金融要素向绿色产业流动，帮助企业在转型中降低融资成本，解决企业融资难、融资贵等问题。最后，搭建绿色金融和绿色项目的交易市场和交易平台，建立绿色技术成果转让和产权融资平台，拓宽绿色技术创新的融资渠道。

参考文献：

[1] 万帆帆：《甘肃省绿色经济发展水平测度及时空差异研究》，兰州财经大学学位论文，2019年。

[2] 黄渊基、熊曦、郑毅：《生态文明建设背景下的湖南省绿色经济发展战略》，《湖南大学学报（社会科学版）》2020年第1期。

[3] 朱于珂、高红贵、肖甜：《工业企业绿色技术创新、产业结构优化与经济高质量发展》，《统计与决策》2021年第19期。

[4] 侯纯光、程钰、任建兰等：《科技创新影响区域绿色化的机理——基于绿色经济效率和空间计量的研究》，《科技管理研究》2017年第8期。

[5] 孙畅、王湛、刘嘉琦：《绿色技术创新与绿色金融体系发展的耦合性研究》，《金融理论与实践》2021年第10期。

[6] 付思琦：《绿色金融对区域绿色经济发展的影响研究》，江西师范大学学位论文，2020年。

[7] 任相伟、孙丽文：《绿色经济的内涵、演化逻辑及推进路径——基于经济—生态—社会复杂系统视角》，《技术经济与管理研究》2020年第2期。

《天津经济发展报告 2022》勘误表

页码	行数	误	正
《天津经济发展 2021 年十大亮点和 2022 年十大看点》P1	第八行	"智引育稳促"	"治、引、育、稳、促"
P175	倒数第二行	努力减低破除地区之间的利益藩篱和政策壁垒	努力破除地区之间的利益藩篱和政策壁垒